대사관 순간의 기록

Ambassadors' Memoir: U.S.-Korea relations through the eyes of the ambassadors
Copyright ⓒ 2009 by the Korea Economic Institute
All rights Reserved.
Korean language edition ⓒ 2010 by Maekyung Publishing Inc.

이 책의 한국어판 저작권은 저작권자와의 독점 계약으로 매경출판㈜이 소유합니다.
신 저작권법에 의하여 한국 내에서 보호를 받는 저작물이므로 무단전재와 무단복제를 금합니다.

한미 외교 비사의 현장들

대사관
Ambassadors' Memoir
순간의 기록

Korea Economic Institute 엮음 · **매일경제 국제부** 감수 · **최경은** 옮김

매일경제신문사

대사관 순간의 기록

초판 1쇄 2010년 4월 15일
    3쇄 2011년 9월 20일

엮은이 Korea Economic Institute   **감수** 매일경제 국제부   **옮긴이** 최경은
펴낸이 윤영걸   **담당PD** 성영은   **펴낸곳** 매경출판㈜
등 록 2003년 4월 24일(No. 2-3759)
주 소 우)100-728 서울 중구 필동1가 30번지 매경미디어센터 9층
전 화 02)2000-2610(편집팀) 02)2000-2636(영업팀)
팩 스 02)2000-2609   **이메일** publish@mk.co.kr
인쇄·제본 ㈜M-print 031)8071-0961

ISBN 978-89-7442-656-9
값 13,000원

머 리 말

2006년 나는 한미경제연구소(KEI) 소장을 맡게 되었다. 당시 나는 1990년대 초부터 시작된 KEI 정기 행사를 이어가게 되었는데, 바로 워싱턴 D.C. 밖으로 나가 한국의 경제·사업 환경을 주제로 세미나를 개최하는 것이었다. 참가자들은 주로 워싱턴에 기반을 둔 전문가들과 한국에서 온 정부 관료들이었다.

이 행사는 1992년 도널드 그레그 당시 주한 미국 대사가 세미나 기조 연설 통해 미국 국민들에게 한국의 이야기를 알리는 데 일조하고 싶다는 뜻을 KEI에 전해오면서 시작됐다. 같은 시기에 현홍주 주미 한국 대사는 로스앤젤레스 폭동 이후 한국 교포 사회를 향하고 있는 인종 갈등과 오해를 풀기 위해 한국이 맡아야 할 일이 무엇일지 KEI에 조언을 구했다. 그중 현홍주 대사가 선택한 것이 그레그 대사의 KEI 경제·사업 세미나 프로그램에 합류하는 것이었다.

1992년 1월 16일 두 명의 대사가 함께 참여한 첫 번째 프로그램은 KEI와 로스앤젤레스 소재 아시아 소사이어티 캘리포니아 사무소의 공동 후원을 받아 이뤄졌다. 1993년 현홍주 대사는 그레그 대사와 뜻을 모아 11개 도시를 순회하는 프로그램을 시작했고, 이를 발단으로 KEI는 매년 한미 대사들을 위한 프로그램을 조직하였다.

원래 이 프로그램의 공식명칭은 '한국 카라반'이었다. 초창기 한국 카라반은 두 명의 대사가 특별 연설을 한 후, 동반 사업가들이 현지 사업가들과 한미 경제 관계, 특히 무역 문제를 놓고 토론을 벌이는 식으로 진행되었다. 그러다 최근 들어 사업 분야가 제외되었고, '카라반'은 '대사와의 대화'로 명칭이 바뀌었다. 두 명의 대사가 한 팀을 이루는 것은 KEI만의 독특한 특징으로, 참여하는 대사들에게도 남다른 의미가 있었다.

2006년 5월 첫 번째 '대사와의 대화' 기간 동안, 이태식 주미 한국 대사와 알렉산더 버시바우 주한 미국 대사가 서로 다른 관점에서 한미 관계의 중요성을 대중에게 전달했다. 두 대사들이 동료로서 평등하면서도 상호보완적으로 자신의 의사를 전달하는 모습이 무척 인상적이었다.

그때 내게 한 가지 아이디어가 스쳐 지나갔다. 전임 한미 대사들에게 재임 기간 동안 양국 관계에서 일어난 사건을 다룬 글을 써달라고 부탁해야겠다는 것이었다. 각 대사들이 부임지에서 근무하면서 겪었던 주요 경험들을 한 권의 책에 담아내고 싶었다. 여기에는 '대사와의 대화'에서 보여주었던 상호보완적이면서도 서로 다른 관점을 반영하고자 했다. 어느 특정 사건을 사이에 두고 양국의 대사가 각각 자국의 정부를 대변하는 입장에서 해당 사건을 바라보고 처리했던 사례들이 이 책 곳곳에 나타난다.

이 프로젝트는 2년 이상의 시간과 공을 들인 것으로 참여한 모든 대사들은 한미 관계 역사의 중요한 단면을 보여주기 위하여 바쁜 일정 속에서도 시간을 내주었다. 일부 대사들의 경우 임기 후 맡은 다른 일로 인해 원고작업을 도저히 할 수 없어 이 책에 싣지 못했으나, 다음에는 그들의 이야기도 담을 수 있길 바란다. 한편 건강상의 이유로 이 책의 출간에 동참하지 못한 경우도 있었다. 빠른 쾌유를 빈다. 그 분들의 이야기가 빠진 이 책은 뭔가 허전함이 느껴지는 듯해 아쉽다.

제임스 릴리 대사는 주한 미국 대사로 보냈던 시간을 《China Hands》라는 책으로 이미 발표했었는데, 페르세우스 북스 L.L.C. 회원인 퍼블릭 어페어즈의 재출판 허가로 이 책에 실을 수 있었다. 그 외 모든 챕터들은 이번 프로젝트를 위해 대사분들이 직접 집필해주셨다. KEI는 국가와 한미 동맹 증진을 위해 헌신한 모든 대사들의 노고에 큰 박수를 보낸다.

2008년 11월 17일 최종 원고를 넘기고 일주일 후 갑작스럽게 별세한 박건우 대사에게 심심한 조의를 표한다. 고(故) 박건우 대사는 사진도 함께 보내주었는데 박 대사 편에 넣었다. 한국 대사로서 보낸 시절의 기억을 남겨주어 매우 감사하고 이렇게 출간하게 된 것을 무척 자랑스럽게 생각한다. 영문판 책이 출간된 후 제임스 릴리 대사가 명을 달리했다. 박 대사의 사망 소식을 들은 지 불과 5일밖에 되지 않았던 때였다. 고(故) 릴리 대사의 명복을 빌며 한미 관계에 남긴 위대한 업적을 다시 한 번 기리고 싶다.

또한 이 책은 전대미문의 통찰력으로 양국 간에 발생된 사건들의 역사적 중요성을 일깨워준 한국 동료들이 있었기에 그 가치가 더욱 빛을 발하는 것 같다. 이러한 이유로 우리는 한국어 번역본을 통해 많은 한국 독자들에게 다가가고 싶었으며, KEI의 플로렌스 로-리(노명화) 재무이사 겸 출판국장과 매일경제 간의 노력 끝에 두 번째 판을 한국어로 출간하게 되었다. 한국 번역본에는 크리스토퍼 힐 대사 이야기가 추가되어 개인적으로 더욱 기쁘다.

독자들이 이 책을 통해 한미 역사의 독특하고 다차원적 순간을 읽는 즐거움을 느끼길 바란다.

KEI(한미경제연구소) 소장
잭 프리처드

머리말 ………………………………… 5

Chapter 01 제임스 R. 릴리(1986~1989년) ………………13

Chapter 02 도널드 P. 그레그(1989~1993년) ………………69

Chapter 03 현홍주(1990~1993년) ………………92

Chapter 04 한승수(1993~1994년) ………………125

Chapter 05 제임스 T. 레이니(1993~1997년) ………………143

Chapter 06 박건우(1995~1998년) ………………169

Contents

Chapter 07	스티븐 W. 보즈워스(1997~2001년)	············207
Chapter 08	이홍구(1998~2000년)	············246
Chapter 09	양성철(2000~2003년)	············271
Chapter 10	토마스 허바드(2001~2004년)	············327
Chapter 11	한승주(2003~2005년)	············346
Chapter 12	크리스토퍼 R. 힐(2004~2005년)	············370
Chapter 13	알렉산더 버시바우(2005~2008년)	············394

Chapter 01

제임스 R. 릴리
(1986~1989년)

제임스 R. 릴리(James R. Lilley) 대사는 오랜 기간 공직에 몸담았다. 릴리 대사는 공직에서 은퇴한 이후 몇몇 회사의 고문으로 일했고, 대외관계협의회 및 비정부조직에서 활동했다. 1951년 예일대학교를 졸업한 뒤, 1972년 조지워싱턴대학교에서 석사학위를 받았다. 1945~1947년에는 군복무를 했다. 1951~1978년까지 중앙정보국 요원으로 일했다. 1978~1981년에는 존스홉킨스대학교 국제관계대학원 겸임교수를 지냈다. 1986~1989년까지 주한 미국 대사로, 1989~1991년까지 주중 미국 대사로 재직했다. 미국 국무부 동아시아태평양남낭 자관보와 대만미국연구소 대표, 국가안전보장회의 동아시아 수석 전문가로도 활동했다.

　　나는 미군 폭격기의 투명한 앞 유리창 뒤에 자리 잡고 앉아 한반도 남부를 내려다보고 있었다. 1952년 11월, 나는 두 명의 중국 요원들을 만주로 침투시킨 후 일본으로 돌아가고 있었다. 당시 서울은 폐허나 다름없었다. 1950년 6월 서울은 북한군의 공격을 받은 후 극소수의 건물만 남아 자리를 지키고 있었다. 한국은 북한군과 중공군을 서울 북방 38선까지 밀어내기는 했지만 여전히 경계태세를 늦추지 않고 있었다. 서울에서 부산까지 날아가는 동안 위에서 내려다보니, 나무가 쓰러지고 마을이 파괴되는 등 황폐

해진 광경이 끝없이 이어졌다. 눈 아래 펼쳐진 이곳은 북한이 휩쓸고 간 전쟁의 상흔이 난무한 곳이었다.

그로부터 34년 후 나는 아내 샐리와 함께 활기를 되찾은 한국에 왔다. 서울은 1953년 한국전쟁이 끝난 이후 크게 발전했다. 현대식 대도시의 화려하고 복잡한 시설을 모두 갖춘 인구 1,000만 명 거대 수도의 모습을 하고 있었다. 한국은 그동안 놀라운 경제 성장으로 소위 아시아의 '4마리 용' 중 하나로 불리고 있었다. 1986년 한국의 경제 성장률은 12퍼센트를 기록했는데, 이는 세계적으로 괄목할 만한 성과였다. 게다가 1988년 서울올림픽을 개최함으로써 또 하나의 성과를 올리게 되었다.

나는 미국이 잿더미로 변해 버린 한국이 일어서는 데 일조했다고 자부한다. 한국은 냉전의 전선에서 아주 큰 성공을 거둔 사례였다. 특히 북쪽의 고립된 공산주의 형제와 비교하면 더욱 두드러진 성공이었다.

하지만 한국은 여전히 심각한 문제들에 직면해 있었다. 무엇보다도 북한으로부터의 위협이 여전히 남아 있었다. 북한은 언제든지 공격할 준비태세를 갖추지 않았던가. 그리고 서울의 다른 한 전선에서 긴장이 일고 있었다. 당시 전두환 대통령의 임기가 얼마 남지 않은 때였다. 육군 장성 출신인 전두환 대통령은 1979년 군사 쿠데타를 일으켜 정권을 잡았다. 그리고 그의 전임자들처럼 권위주의 통치를 강행했다. 전두환 대통령은 야당 지도자를 투옥하거나 연금시켰고, 언론 활동을 통제했으며, 반정부 시위를 단호히 진압했다. 호전적인 북한을 핑계 삼아 철권 정치를 정당화했던 점도 전임자들과 마찬가지였다. 당시는 무척 혼란스러운 시국이었고 전두환 대통령의 권위주의는 미국을 초조하게 만들고 있었다.

1986년 11월 내가 주한 미국 대사로 부임했을 무렵, 한국 정부의 강경책은 폭력적인 반대 시위를 불사하며 정부에 반대해온 대학생들뿐만 아니라 높아진 생활수준에 걸맞은 정치적 선택을 요구하는 신흥 중산층의 비난을 받고 있었다. 나는 타이완에 있을 때 타이완이 보다 개방된 사회로 나아갈 수 있도록 초석을 닦아놓는 데 기여를 할 수 있었다. 그러한 행운이 한국에서도 이어지길 바랐다. 미국이 한국의 민주화를 도울 수 있다면, 한국은 개방적인 경제와 정치 제도의 우수성을 보여주는 역동적인 사례가 될 것이라고 생각했다. 한편 1988년 9월 한국에서 치러질 올림픽이 권위주의적인 지도자들의 과잉반응이나 북한의 도발로 실패로 끝날까봐 걱정이 되었다.

워싱턴에서는 한국의 개혁을 독려하는 최선의 방법을 놓고 정책 대립이 있었다. 미국 의회와 국무부는 한국이라는 방정식을 다룰 때 무엇보다 민주주의를 우선시해야 한다는 주장을 쏟아냈다. 그러나 동남아시아에서 공산주의의 침투와 외부 공격으로 정부가 붕괴되는 것을 직접 목격했던 나로서는 안보에 대한 걱정을 하지 않을 수 없었다. 세계에서 가장 중무장된 군사분계선을 경계로 호전적인 북한과 맞닿아 있는 한국과 같은 나라에서는 안보 역시 우선적으로 해결해야 할 과제라고 생각했다.

북한은 아주 면밀한 감시가 필요한 나라였다. 그동안 150마일에 달하는 비무장지대(DMZ)를 따라 야비한 사건을 터뜨려온 긴 역사가 있기 때문이었다. 북한이 저지른 테러 중에는 1983년 10월 북한 공작원들이 미얀마 국립묘지에 있는 한 영묘에 폭탄 장치를 한 사건도 있었다. 사실 폭탄을 투하함으로써 미얀마를 공식 방문 중인 전두환 대통령을 암살할 목적이 있었다. 하지만 전두환 대통령의 차량 행렬이 예정보다 늦어지는 바람에 전두환 대통령 자신은 화를 면하게 되었다. 그 대신 대통령 최고 자문위원 2명과 외무부 장관 및 주미얀마 한국 대사를 포함한 한국인 17명과 미얀마인 4명이 미얀마의 가장 신성한 묘역에서 희생되었다. 미얀마 경찰은 북한 공작원들을 즉각 체포했다. 그중 한 명이 평양에서부터 추진해왔던 테러 계획에 대해 모두 자백했다.

한국에서 앞으로 3년간의 역사적인 중요성을 감안해 봤을 때, 한국 국방을 방어한다는 미국의 공약 이행에는 주저함이 있어서는 안 된다는 생각이 들었다. 미국이 동맹국을 굳건하게 지킬 것이라는 강력한 메시지를 평양에 전해야 했다.

하지만 레이건 정부 안팎에서는 내 견해에 의문을 제기하는 사람들이 많았다. 상원 인사청문회에서 매사추세츠주 존 케리 상원의원은 다음과 같은 질문으로 나를 다그쳤다.

"무엇이 우선이라 봅니까? 안보입니까, 아니면 민주주의입니까?"

나는 대답했다.

"저는 한국에 민주주의가 정착되기를 무엇보다 바랍니다. 하지만 우선 우리는 북쪽 방어지대를 튼튼히 해야 합니다. 그리고 나서 우리가 한국을 지원한다는 것을 명확히 인식시켜야 합니다."

내 주장의 요점을 제대로 전달하기 위해 성공적인 한국 정책의 일례로, 1981년 레이건 대통령이 전두환 대통령을 초청한 사건을 들었다. 레이건 대통령은 한국을 지원한다는 명백한 신호로서 전두환 대통령을 워싱턴에 초청한 것이었다. 1979년 군사 쿠데타를 지휘한 지 얼마 되지 않은 한국 대통령이 공식 방문에 초청된 외국 지도자 중 한 명으로 워싱턴에 왔다. 단, 한국 정부가 전두환 대통령과 정치적 대립관계에 있었던 김대중의 사형 선고를 감형해 해외로 망명할 수 있도록 허락해야 한다는 조건이 있었다. 이에 따라 1997년에 김대중은 한국의 대통령으로 당선될 수 있었다.

여기서 나는 미국의 현명한 정책 조정이 민주화로의 변화에 영향을 미칠 수 있다는 교훈을 얻을 수 있었다. 나는 상원 외교위원회에 보낸 진술서에서 한국에서 가진 미국의 사명이 "세계에서 가장 흥미롭고도 어려운 일 중 하나"라고 표현했다.

서울로 임명된 후, 드디어 나의 공식적인 첫 대사 생활이 시작되었다. 국무부에서 열린 선서식에는 내 삶 곳곳에서 만난 많은 사람들이 와있었다. 그중에서 특히 바버라 부시 여사와 캐스퍼 와인버거 미 국방부 장관이 눈에 띄었다. 또한 CIA 동료들과 예일대학교 출신 동문들, 그리고 가족들도 있었다. 중국 칭다오에서 태어난 이후 많은 일을 함께 겪은 엘리노어 누님도 이 날을 위해 남편 빌과 같이 매사추세츠에서 와주었다. 물론 아내 샐리도 함께였다. 그리고 워싱턴의 수많은 사람들 앞에서 아내에 대해 말할 수 있는 기회를 갖게 됐다.

"제가 여러 나라로 발령받아 근무하면서 그 다양한 문화 속에서 기쁨과 매력을 느끼고 지식을 얻을 수 있었던 것은 전적으로 아내 샐리 덕분입니다."

한국 대사로 임명되는 자리에서 나는 두 명의 남자를 떠올렸다. 그들이 나라를 위해 봉사한 바를 기리며 마무리를 지었다. 샐리의 아버지 월러 부스는 한국전쟁 초기 북한에서 군사 작전에 참가했는데, 바로 이 선서식이 있기 9개월 전에 돌아가셨다. 그리고 이미 40년 전에 고인이 되었지만 내게 늘 도덕적 양심을 일깨워 주고 있는 프랭크 형을 회상했다.

"끝으로 이미 작고해 이 자리에는 없지만 나라를 위해 봉사하신 두 분이 계십니다. 장인어른이신 월러 부스와 저의 형님 프랭크입니다. 장인어른께서 한국전쟁 때 적진의 배후에서 싸우셨기 때문에 제가 한국의 평화를 위해 일할 수 있습니다. 그리고 형님은 이 자리에 함께 있었어야 했고 있었을 사람입니다. 아마 지금 제 곁에서 함께 하고 있을 것입니다."

나는 민주주의 방정식에서 안보의 중요성을 강조한 입장이었기 때문에 한국 학생들의 공격대상이 되었다. 그들은 한반도의 분단 상황에 대해 비판적이었으며, 3만 7,000명의 주한 미군에 거세게 항의하고 있었다. 심지어 서울에 도착하기도 전에 내 모습을 한 인형이 불태워지기도 했다. 이렇게 크고 영광스러운 대접을 받은 적도 없었으리라.

그런데 한국에 와서 나는 미국에 대해 갖는 그들의 적대적 감정이 경제적 현안에까지 퍼지고 있음을 알게 되었다. 서울의 경제 개발 전략은 한국의 입장에서는 긍정적인 결과를 낳았지만, 미국과의 무역에서는 엄청난 불균형을 유발하고 있었다. 미국의 목축업자, 해운업자, 금융업자, 보험업자 및 영화 제작자들은 한국 기업이 미국에서 누리는 것과 똑같은 자유를 자신들 역시 한국에서 누릴 수 있어야 한다고 아우성을 쳤다. 그러나 한국 시장을 개방하라는 미국의 압력은 권력을 휘두르는 소행으로밖에 인식되지 않았다.

외세의 지배를 받는다는 한국인의 의식은 최소 1,000년을 거슬러 올라간 역사라고 볼 수 있다. 한국인들의 정신 속에는 만약 외부와의 접촉이 없다면 한민족 고유의 전통 속에서 평화롭고 조화롭게 살 수 있을 것이라는 생각이 자리 잡고 있는 듯하다.

1986년 한국 젊은이들을 분노케 하고 많은 기성세대의 비판을 산 사건이 일어났다. 바로 전두환 대통령이 1980년 5월 광주에서 일어난 반정부 시위를 잔인하게 진압한 것이었다. 1980년대 중반까지 "광주를 기억하자"는 외침은 한국의 민주화를 원하는 모든 세대들에게 하나의 시금석이 되어갔다.

1979년 12월 쿠데타를 주도했을 당시 군 계급 외에 다른 공식 직함이 없었던 전두환 대통령은 광주를 진압하기 전 자신의 권력을 더 굳건히 다지기 위해 전국에 계엄령을 선포했다. 이에 따라 학생 대표들과 정치 지도자들이 수감되고, 국회가 해산되었으며 언론은 검열을 받았다. 학생 시위운동 뒤에 '숨겨진 손'으로 지목된 북한의 침략을 대비한다는 구실 하에 실제로는 군이 나라를 장악하고 있었다.

1980년 5월 17일 밤 광주에서는 김대중의 체포와 계엄령 선포로 성난 군중의 시위가 더욱 거세어졌다. 학생들과 한국 특전부대 간 오랜 대치 상태가 유지되었고, 5월 27일 군대가 광주를 공격하기에 이르렀다. 공식적인 집계에 따르면 약 240명의 사람들이 사망했고, 비공식적인 추산으로는 사망자가 약 2,000명에 이르렀다.

광주 학살과 한미 관계에 대해 많은 한국인들은 이 대량 학살

에 미국도 일부 책임이 있으며, 적어도 한국군의 행동을 묵인한 잘못이 있다고 생각했다. 또한 미국 정부가 광주 학살 이후 수년 동안 그 사건에 대해 깊이 있는 언급을 회피했던 것이 미국을 괘씸하게 여기는 한국인들의 생각을 부추긴 꼴이 됐다.

나는 서울에서 미국 대사로 재직하는 동안 광주의 역사를 더 자세히 알게 되면서 한미 관계를 드리운 짙은 그림자를 걷어내고자 노력했다. 여기에서 두 가지 교훈을 얻었다.

첫 번째 교훈은 위기 상황에서 주한 미군과 미국 대사관 간에 어떠한 다른 의견이 나와서는 안 된다는 것이다. 잘못하면 한미 간 중대한 문제를 놓고 미국의 입장이 모호해질 수 있기 때문이다.

두 번째 교훈은 한국 내부에서 일어나는 일은 한국인 스스로 국가가 나아가야 할 방향을 결정해야 하는 '한국의 일'일 수밖에 없다는 것이다. 미국의 역할은 지원하는 것, 그리고 가능하다면 자문을 하는 것이지 어떤 과정을 통제하는 것이 아니다. 이는 미국이 자세를 낮추고 있어야 한다는 의미를 내포함과 동시에, 특히 한국 사람들의 의식에 면밀한 주의를 기울이고 있어야 한다는 뜻이기도 하다.

당시 서울 거리를 걸으면 곳곳에서 '다스 베이더(Darth Vader, 영화 〈스타워즈〉 속 검은 철모와 망토를 두른 악의 화신-역주)' 같은 모습의 경찰과 마주칠 수 있었다. 신문에는 연세대학교와 서울대학교에서 일어난 대규모의 시위운동 관련 보도가 연일 실렸다.

우리가 한국의 복잡한 상황에 접근하기 위해서는 세밀하게 구상한 정책이 필요했다. 나는 한국 정부를 밀어줄 문제의 경우 확실히 안심시키고 그렇지 않은 부분에 대해선 자극을 주는 식으로 해결해 나갔다. 미국에서는 국무부 아시아태평양담당 차관보로 자리를 옮긴 개스톤 시거가 자신의 의사를 좀 더 솔직하게 한국 정부에 전달하고 있었다. 시거 차관보는 1986년 페르디난드 파르코스 대통령의 필리핀 추방에 영향을 미친 민주화 개혁의 주창자로서, 워싱턴에서는 1987년 한국의 민주화 운동을 촉구하는 미국 정부의 주요 인물로 부각되었다. 훗날 그는 이렇게 회상했다.

"우리는 한국 민주화 지원 정책을 과감하게 펼치기로 결정했습니다."

개스톤 시거 차관보는 전두환 대통령이 민주화 개혁에 확실히 동의하도록 은근하면서도 강경하게 설득 작전을 펼치는 데 앞장섰다. 그는 주변 사람들을 다루거나 적절한 시기를 맞추는 데 탁월한 정치적 감각을 갖고 있었다. 게다가 그는 루이지애나 케이준 출신으로 남부 사람 특유의 느긋함과 빼어난 유머감각도 있어 많은 도움이 되었다. 1987년 2월 6일 뉴욕에 있는 코리아 소사이어티 연설에서 시거 차관보는 미국이 한국의 새로운 정치 제도를 지원할 것이라고 발표했다. 특히 한국의 대통령 선거가 민주적 방식으로 실시되도록 지원하겠다고 밝혔다. 또한 군부독재 정치가 '문민화'되어야 함을 주장했다. 그 연설은 두말할 나위도 없이 한국의 정계 및 군부를 술렁이게 했다.

전두환 대통령은 1988년 임기가 끝나면 평화롭게 정권을 교체하겠다는 공언을 해왔지만, 자신의 권력을 쉽게 양보하지 않으려는 조짐을 보였다. 일부 국민들의 커지는 불만에도 불구하고 전두환 대통령은 권력을 포기하지 않을 것이고, 필요하다면 권력을 장악할 때처럼 무력을 동원할 것이라는 소문이 돌았다. 결국 '문민화'는 정치에서 한국 군부의 부당한 영향력을 몰아내겠다는 직접적인 표현이었다.

1987년 4월 전두환 대통령이 서울올림픽 이후까지 개헌을 보류하겠다고 결정을 내리자, 우리의 행동과 성명은 더욱 긴박하게 돌아갔다. 전두환 대통령의 이러한 결정은 한국의 다음 대통령도 그가 쉽게 통제 가능한 선거인단을 통해 선출될 것임을 말해주는 것이었다. 이는 심각한 위협이었다. 한국의 야당과 일부 미국 정치인들은 전두환 대통령이 충성스러운 후임자를 당선시킨 후 막후에서 계속 권력을 행세하려는 계획을 갖고 있다는 사실을 알아차리기 시작했다.

이런 전두환 대통령의 결정에 반대하는 시위운동에 불이 붙으면서 정치 분위기가 급속히 달아올랐다. 긴장감의 고조가 정점에 달하면서 시거 차관보의 방한이 여러 차례 이루어졌다. 방문 때마다 시거 차관보는 항상 김대중과 회동을 가졌다. 당시 김대중은 1985년 망명 생활을 자진 청산한 후 서울에 돌아와 가택 연금 상태에 있었다. 한 번은 시거 차관보가 김대중의 자택으로 가고 있었는데, 한국의 보안 요원들이 타고 가던 그의 자동차를 매우 심하게 흔드는 바람에 거의 전복될 뻔했다. 그것은 가장 조악한 형태의 공포 전술이었다.

격동의 1987년 수 개월 동안 나는 야당 당수들과 만남을 가졌고, 심지어 학생 시위대들도 만났다. 하지만 시거 차관보가 요청을 해도 김대중과의 만남에 함께 하지는 않았다. 나는 시거 차관보에게 대사로서 현 정부 지도자들과 관계를 유지해야 하기 때문에 같이 갈 수 없다고 설명해주었다. 한국 정부는 김대중을 공산주의자로 낙인찍고 과격한 학생 시위대의 배후 세력으로 지목하고 있었던 것이다.

나는 더욱 침묵을 지키며 업무에 임했다. 미국이 한국의 현 정권을 지지하고 있다는 점을 한국 지도자들에게 재차 강조하고 공개된 선거, 언론의 자유, 진정한 야당의 존재를 갖춘 민주화가 도래할 것을 믿는 미국의 희망을 이해해달라고 나는 역설했다. 만약 내가 한국 정부와 소원하게 지낸다면 미국 대사로서의 임무를 제대로 수행하지 못할 것이기 때문이다.

1987년 6월 초 집권여당이었던 민주정의당 전당대회에 참석한 사건은 미국 대사로서 문제가 될 수 있는 행동 중 하나였다. 심지어 대사관 측에서조차 참석을 반대했다. 대사관 정무과는 다음과 같은 이유를 들면서, 아무런 상의 없이 내가 참석하지 않을 것이라고 언론에 보도자료를 냈다. 민주정의당 후보 노태우는 4성 장군 출신의 전두환 대통령 지명 후계자로 여당이 계속 집권하기 위한 장치인 선거제도의 수혜자인데, 만약 미국 대사인 내가 참석한다면 잘못된 과정, 즉 이전 권위주의 통치자를 교체하는 새로운 권위주의 통치자를 축하하게 되는 셈이라는 것이다. 대사관 정무참사관은 내가 불참함으로써 그러한 비민주적 절차에 대한 반대의사를 표명해야 한다고 말했다. 하지만 나는 그렇게 하면 결국 그들을 분노하게 만들 뿐이라고 맞섰다. 노태우 후보는 중요한 때에 우리가 지원해주면 그 영향을 받을 유형의 지도자라는 생각이 들었기 때문이나.

내가 전당대회에 나타나자 미국 대사는 안 올 것이라 예상했던 몇몇 언론들은 놀라움을 금치 못했다. 사실 서울에 주재한 대사 중 60명이 참가를 거부했다. 민주정의당 전당대회는 완벽히 연출된 행사였다. 흡사 텍사스 A&M 축구 경기 응원전을 연상케 했다. 치어리더들이 익숙한 응원 구호를 선창하면 팬들이 다함께 따라하는 식이었다. 전당대회가 끝난 후 노태우 후보는 내게 다가와 참석해주어 정말 고맙다는 인사를 했고 결코 쉬운 결정이 아니었음을 잘 안다고 덧붙였다.

6월 10일 노태우가 민주정의당 대통령 후보로 공식 지명되자 서울에서 전례 없는 대규모 시위가 발생했다. 기존의 부정한 선거제도 그대로 노태우를 입후보자로 밀고 나간 전두환 대통령의 결정은 결국 대통령을 직접 선거로 선출하지 않겠다는 의미였다. 서울 시내에 있는 미국 대사관 옥상에서 보건대 시청 앞 광장에 모인 시위 군중이 20만 내지 30만 명은 되어보였다. 그리고 오래지 않아 서울 거리에서 시위대는 경찰과 격전을 벌였다.

이번에는 시위대에 학생들만 있는 것이 아니었다. 주부·상인·교사들이 시위에 가담했고, 이는 한국의 중산층이 일어나 동조하고 있다는 증거였다. 한국에서 일어난 대규모 시위는 미국 언론에 대대

적으로 보도되었다. 심지어 이란-콘트라 정치 스캔들에 관해 진행 중인 청문회에 대한 관심을 능가할 정도였다. 텔레비전에 비친 서울은 마치 포위된 전쟁터 같았다.

그런데 당시 대사관에서 위기가 전개되는 상황을 주시하고 있노라면 갈등을 돋우는 미국 언론에 화가 치밀어 오르지 않을 수 없었다. 미국의 언론들은 선정주의, 소위 '피와 핏덩이'를 향한 청중들의 요구를 십분 이용하고 있었다. 1987년 6월 28일 나는 아들 제프에게 편지를 썼다.

"한국의 실제 상황은 미국 언론이 묘사하는 것과는 다르단다. 서울 시내의 90% 이상은 폭력의 흔적 없이 조용하지. 일전에는 경찰이 햇볕을 쬐며 휴식을 취하고 있었고, 30피트 떨어진 곳에서는 급진파 학생들이 잔디 위에 누워 담배를 피우면서 담소를 나누고 있더구나. 그러다가 어느 방송사 카메라맨이 차를 몰고 나타났는데 학생들이 즉각 일어나 구호를 외치며 돌을 던지기 시작했어. 그러니까 경찰이 대응했고, 이 내용이 그 날 저녁 뉴스의 주요 기사로 났단다."

언론 보도 내용에 과장이 있었지만, 한국이 당면한 문제들은 실제 심각한 수준에 이르러 있었다. 쇠락하고 있는 권위주의 정부가 권력을 유지하려고 하니 온 나라가 몸살을 앓았다.

한국에 부임해 처음 몇 달간 보다 개방된 사회를 외치는 행렬을 보며, 나는 정작 해결되지 않은 가족 문제에 대해 잠시 생각하는 시간을 가졌다. 엘리노어 누님이 프랭크 형의 죽음에 대해 쓴 편지를 읽고, 형의 인생과 일본 구레에 있는 연합군 기지에서 보냈던 생애 마지막 날들을 다시 회상해 보았다. 프랭크 형의 자살에서 가장 의문스러운 부분은 야전침대에서 남긴 유서에 자신이 한 최후의 절박한 행동이 이기심을 버리려는 충동에서 유발된 것이라고 설명해 놓은 점이다. 그의 죽음 이후 40년 이상이 지났는데도 우리는 그에게 정말로 무슨 일이 있었는지 몰라 궁금했다. 그가 26세 꽃다운 나이에 왜 생을 마감했는지 내가 추측한 바를 엘리노어 누님에게 답장으로 보냈다.

'프랭크 형은 1946년, 그러니까 핵폭탄이 투하된 지 1년 후 구레에 갔었어. 구레는 히로시마 바로 옆에 있지. 히로시마의 비극은 상상을 초월할 정도였어. 그곳은 완전히 파괴되었고, 살아남은 사람들도 냉소적으로 바뀌어 상처입은 채 절망 속에서 살아가고 있었어. 전쟁이 가장 끔찍하고 비참한 본질을 드러낸 거야. 형은 어린 시절 중국과 일본에서 보았던 이상적인 모습을 간직하고 있었을 거야. 하지만 어릴 때 이해했던 중국의 모습은 1945년 원난성에서 근무하며 무참히 깨져버렸어. 깔끔하고, 질서정연하고, 약간 우스꽝스럽기도 했던 일본 사람에 대한 인상도 히로시마에서 영원히 바뀌어 버렸지. 그리고 형 자신은 매 순간을 충실히 사는 사람이었어. 형의 일기를 보면 이를 알 수 있는데 내가 다시 한 번 읽어보았어. 거기에는 삶의 부침, 즉 깊은 우울증, 신랄한 자아비판, 그리고 자부심, 성취감 및 충만함이 모두 담겨있었어. 이 요소들이 모두 한 데 뭉쳐 형을 공격한 거야. 외로움이 여기에 가세했고. 형은 전쟁으로 산산조각이 나고 부패한 중국을 떠나 히로시마로 건너왔어. 우울증이 급습했고 집에서 보낸 편지는 무척 멀리서 온 듯 느껴졌겠지. 더 이상 살아봐야 소용없다는 것이 형의 마지막 심정이었을 거야. 그 의미를 완벽하게 이해할 수 없는 것이 어쩌면 우리에게 더 나을지도 몰라. 나는 동생으로서 형을 우상처럼 바라보았어. 이것이 옳은 방법은 아닐지라도 나는 언제나 그렇게 형을 추억할 거야.'

앞서 1986년 10월 워싱턴에서 했던 주한 대사 취임 연설에 대해 말한 바 있다. 그때 나는 제2차 세계대전 중 아시아에서 얻은 평화를 지키기 위해 노력하겠다는 약속을 했다. 1987년 한국은 권위주의의 길을 계속 갈 것인가, 아니면 민주주의 사회로 방향을 바꿀 것인가의 기로에 서 있었다. 나는 워싱턴에서 보낸 현지 대사로서 한국이 전쟁의 비극을 다시 겪지 않도록 최선을 다해야 했다. 위기는 고조되고 있었다. 미국은 한국에서 북한 및 중국의 공산 정권과 뚜렷하게 대비되도록, 민주사회 수립을 돕고 나아가 북한과 중국 역시 변화하도록 자극하고자 노력해왔다. 그것은 높은 이상을 성취하려는 프랭크 형 같은 사람들이 지지하는 미국의 사명이었다. 그러나 실제 사건이 펼쳐지는 현실에서는 형의 이상주의가 비집고 들어갈 공간이 거의 없어 보였다. 우리는 현장에서 전개되는 상황에 따라 치밀하게 계산된 외교 전술과 본능적인 직감에 따라 대처해 나갔다.

1987년 6월 10일 저녁, 격렬한 시위 끝에 쫓긴 소수의 학생들이 서울 시내에 있는 명동 성당으로 모여들었다. 명동 성당은 1890년대 외국인 선교사들이 설립한 성당으로 한국에서 가장 신성한 은신처 중 하나였다. 학생들은 명동 성당에 대피함으로써 한국의 교회가 자신들의 요구를 전적으로 지지하고 있다는 사실을 사람들에게 알릴 수 있었고, 이는 상당한 이목을 끌었다. 며칠이 지나자 시민들은 성당을 점거한 학생들에게 옷·음식·돈을 기부하려고 몰려들었다.

하지만 한국 정부의 입장에서는 성당을 점거하는 것이 당황스럽고 난감한 일이었다. 정부 고위층에서는 학생들을 강제로라도 내몰아야 한다는 주장이 있었다. 그러자 문득 저돌적인 특수부대와 완강하게 저항하는 학생들 사이의 폭력적인 대립으로 피가 난무한 성당의 모습이 떠올랐다. 만약 그 처참한 장면이 방송을 타고 전 세계로 퍼진다면, 한국 정부뿐만 아니라 이 나라 전체가 파멸에 이를 것이었다.

6월 13일 최광수 외무부 장관을 만난 자리에서 나는 의사를 분명히 밝혔다.

"절대 성당 안으로 군대를 들이지 마십시오. 전 세계가 떠들썩해질 것입니다."

나중에 한 정부 고위인사를 통해 알게 되었는데, 그때 나의 주장이 사태를 진정시키는 데 도움이 되었다고 한다. 이성적으로 판단하자는 사람들이 늘어났고, 이후 신부들의 중재로 교착 상태가 평화스럽게 해결되기도 했다. 너무 소란스럽고 불손하고 지저분했던 시위 학생들의 경우 실제로 성당 주변 동네에서 인심을 잃었다.

6일 후 위태로운 분위기는 더욱 고조되었다. 반정부 시위운동은 전국적으로 퍼져 계속되었다. 이때까지만 해도 나는 전두환 대통령을 타협하지 않고 자기 방식에만 매달리기로 굳게 결심한 사람으로 판단했다. 심지어 광주 사태를 재현시킬 시도를 할 수도 있다고 생각했다.

그러나 전두환 대통령이 시위대를 무력 진압하라고 명령해도 모든 군인이 따르지는 않을 것이라는 징조가 보였다. 7년 전 광주 현장에 있었던 한국 장성들이 아직 남아 있었고, 그들도 나와 같이 더 이상의 유혈 사태를 원하지 않을 것이라는 강한 직감이 들었다. 대표적으로 광주 진압 특전부대 사령관이었던 정호영 장군은 민간인 동요에 대한 군사력 투입을 반대했다. 최악의 시나리오로 군부가 서로 분열하여 내란이 일어날 가능성도 배제하지 못했다. 불과 16개월 앞으로 다가온 서울올림픽의 운명이 위기에 처하게 되었다. 호시탐탐 테러 기회를 노리는 북한이 한국의 내란 상황을 이용하리라는 것은 굳이 언급할 필요도 없었다.

6월 17일 수요일 미 대사관 정무참사관 해리 던롭으로부터 전화 한 통을 받았다. 그때 나는 오래 미루어온 지방 미국문화원 방문 일정을 소화하고 있었다. 던롭은 우리가 그토록 기다려온 전두환 대통령에게 보내는 레이건 대통령의 친서가 그날 밤 도착할 것이라는 소식을 전했다. 던롭은 내가 전두환 대통령을 만나 그 친서를 직접 전달할 수 있도록 약속을 잡아놓겠다고 전했다. 나는 일정을 단축하고 즉시 서울로 돌아왔다.

레이건 대통령이 친서를 보낸 것은 전두환 대통령이 더 이상 무력을 쓰지 못하도록 하기 위해 한미 양국 간 조정된 전략이었다. 워싱턴 주재 한국 대사 김경원은 레이건의 친서를 일반적인 외교 채널인 한국 외무부를 통하지 말고 주한 대사인 내가 직접 전두환 대통령에게 전달해야 한다며 미국 국무부에 자문을 했다. 김경원 대사의 자문은 청와대에서 오랜 기간 근무해온 그의 경험과 직관에서 우러나온 지혜였다. 당시 우리는 서로 잘 몰랐고 그와 개인적으로 이야기를 나눈 적도 없었다. 단지 그는 내가 친서를 전달하고 그 내용을 뒷받침하는 몇 마디를 거드는 것이 전두환 대통령의 무력 동원을 막는 가장 효율적인 방법이라고 생각했던 것이다.

하지만 던롭은 아직 청와대와의 면담 약속을 받아내지 못하고 있었다. 그 다음날 오후 나 역시 전두환 대통령을 접견하고자 한다는 메시지를 남겼으나 답이 오지 않았다.

6월 18일 목요일, 던롭이 한국 외무부에 전화를 걸어 알아보니 전두환 대통령은 나를 만날 의사가 없다고 했다. 결국 그는 한국 외무부 대변인을 대사관으로 불렀다. 한국 외무부 대변인은 던롭에게 정중하게 거절의 뜻을 거듭 전했고, 던롭이 격앙된 목소리로 말했다.

"하지만 그럴 수는 없습니다. 이것은 우리 대통령이 귀국의 대통령에게 대사를 통해 직접 보내는 친서입니다. 전달하는 자리에서 부연 설명을 하라는 지시도 받았습니다."

그러자 한국 외무부 대변인이 말했다.

"아, 네, 잘 압니다만, 우리 대통령은 대사와의 만남을 거부할 수 있습니다."

이에 던롭은 의전까지 들먹이며 설득했으나 소용이 없었다. 그는 전두환 대통령이 이미 무력을 동원하기로 마음먹어서 만남을 거부하는 것 같은 생각이 들어 그만 의기소침해지고 말았다. 어느 한국 정부 관료는 친서를 우편함에 넣거나 방문 밑으로 밀어 넣는 방법도 있다고 던롭에게 귀띔해주었다.

"그렇게 하면 전두환 대통령이 받지 않겠습니까?"

목요일 오후 나는 전두환 대통령을 접견할 것으로 생각하고 서울로 돌아오고 있었다. 미 대사관에서는 정무과 직원들이 항상 라디오를 켜놓고 시위대의 안전에 관한 보도를 듣고 있었고, 사무실에는 방독면이 구비되어 있었다. 미 정무과 직원들은 계속 바쁘게 드나들었다. 던롭은 마침내 평정을 잃고 전화에 대고 소리를 질렀다.

"전두환 대통령이 (미국 대사를 만나지 않겠다는) 그러한 결정을 내렸다는 사실을 믿을 수가 없습니다. 귀국 대통령이 그런 결정을 내렸다고 생각하지 않겠어요. 그럴 만큼 어리석은 분이라고 생각하지 않습니다. 그럴 수는 없습니다. 이런 젠장, 누가 그런 결정을 내렸는지 그 이름을 대요. 지금 당장!"

나는 약 한 시간 후 대사관에 도착했다. 이내 전화벨이 울렸으니 던롭이 폭발한 효과가 나는 것 같았다. 최광수 외무부 장관이었다.

오늘은 안 되지만 6월 19일 금요일에는 내가 전두환 대통령을 만날 수 있을 것이라고 했다.

밤새 격렬한 시위가 계속되었다. 서울에서는 한 병사가 죽음을 맞았다. 부산에서는 경찰청장이 치안을 위해 군의 지원을 요청했다. 경찰은 모두 너무 지쳐 더 이상 질서를 유지할 수 없다는 것이었다. 미 대사관에서는 전두환 대통령이 이미 계엄령 선포를 결심했다는 예측이 적중한 것으로 보았다.

6월 19일 금요일 오전 10시, 전두환 대통령은 국방부 장관, 3군 참모총장, 안기부장과의 회의를 마치고, 토요일 새벽 4시까지 캠퍼스와 여러 도시에 전투태세를 갖춘 군을 배치하라는 명령을 내렸다. 게다가 여당 정치인을 구속하고 군사 재판을 여는 것까지 계획되어 있었다. 이한기 국무총리는 나라가 급속히 '사회적 혼란' 속으로 빠지고 있으므로 이 사태를 수습하기 위해 무언가 '특별한 조치'가 필요하다고 경고했다.

6월 19일 오후 2시, 나는 청와대에서 전두환 대통령을 단독으로 예방했다. 그에 앞서 서울 시내의 한 호텔에서 주한 미군 사령관 윌리엄 J. 리브시가 함께 참석한 오찬 모임을 가졌다. 그곳에서 그를 만나리라 예상치 못했는데, 곧 전두환 대통령을 예방한다는 나의 계획을 그에게 말할 기회가 된 셈이었다. 마음속 깊이 새겨진 광주 사태의 교훈을 떠올리며, 만약 리브시 사령관과 내가 공동 전선을 펼친다면 한국 정부가 계엄령을 선포하여 군을 동원하지 않도록 잘 설득할 수 있을 것이라고 생각했다.

오찬을 함께 하고 호텔에서 나오는 길에 나는 리브시 사령관에게 레이건 대통령의 친서를 전달하면서 시위를 진압하는 데 군사력을 사용하지 말 것을 전두환 대통령에게 요구할 것이라고 설명했다. 리브시 사령관은 차분히 내 말을 듣고만 있었다. 나는 그의 침묵을 동의로 받아들였다. 나는 이제 전두환 대통령에게 가서 미국은 대통령부터 서울에 와 있는 고위 장군 및 외교관까지 이 사안에 대해 의견의 일치를 보고 있다고 강조할 수 있게 되었다.

드디어 나는 전두환 대통령을 만나는 자리에까지 오게 되었다. 전두환 대통령은 90분 내내 굳은 표정으로 앉아있었다. 방 안에는 최광수 외무부 장관과 통역사만 배석했다. 예전에 가졌던 접견에서 전두환 대통령은 활발한 모습이었다. 자기가 한 말에 자기가 웃기도 하며 독백을 하듯이 대화를 주도했었다. 하지만 그 날 오후에는 깊은 고뇌에 빠진 사람처럼 보였다. 나는 레이건 대통령의 친서를 전달했다.

전두환 대통령이 그 친서를 읽어보았다. 편지에서 레이건 대통령의 어조는 친근했다. 먼저 미국의 안보 공약을 재확인시키고 한국 대통령의 평화적 정권 교체 공약에 박수를 보냈다. 아울러 정치범을 석방하고, 권력을 남용한 경찰 공무원을 기소하고, 자유 언론을 신장시키는 등 계속적인 정치 발전을 도모할 것을 조언했다. 레이건 대통령은 그러한 변화의 움직임이 "당신이 정확하게 표현했던 이른바 '낡은 정치'를 타파하려는 의지를 전 세계에 알리는 극적인 신호가 될 것"이라고 썼다.

이어 내가 덧붙였다. 나는 계엄령 선포에 관한 미국의 입장을 단호하고 명확하게 진술하며 레이건 대통령의 우호적인 서신의 내용을 보충하고 사태의 심각성을 각인시켰다. 내가 주한 미군을 대표하여 발언하고 있다는 점을 우선 강조했다.

"주한 미군 사령관과 나는 무력을 사용하지 않아야 한다고 권고하기로 했습니다."

나는 전두환 대통령에게 만일 총리가 계엄령 선포가 임박했다고 발표한다면 한미 동맹을 그르치는 행위가 될 수 있으며, 1980년 광주의 참혹한 사태의 재발을 초래하는 결과가 생길지도 모른다고 강하게 말했다. 청와대를 나오면서 최광수 외무부 장관은 "좋은 결과가 있길 바랍니다"라고 말했다. 나는 그를 당시 한국에서 가장 유능한 외교관으로 여겼다.

미 대사관 직원들은 내가 돌아오길 숨죽이며 기다리고 있었다. 청와대에서 내가 한 말을 정리하고 접견에 대한 나의 관찰사항을 덧붙여서 미 국무부에 긴 전문을 보냈다. 그 날 오후 늦게 최광수 장관의 전화를 받았다. 청와대에서 나와의 접견 후에 전두환 대통령이 계엄령을 선포하지 않기로 결정을 내렸다는 것이었다. 대사관에서 비서로 일하던 한국계 미국인 여직원은 그 소식을 듣고 복도에서 나를 얼싸안고 말했다.

"고맙습니다. 계엄령 선포를 막아주어 고맙습니다."

사실 그 여직원이 해리 던롭도 함께 안아주어야 했는데…. 내가 그 친서를 전달하도록 중간에서 열심히 노력했고 실제로 한국 관료들에게 나보다 더 단호하게 나갔던 던롭이 아니던가. 던롭이 나중에 말하기를 자신이 역사에 영향을 미칠 만한 일이 있다면, 그날 전화에 대고 분노를 터트린 것이라고 했다. 아마 그의 말이 맞을 것이다.

우리도 우리가 한 일에 기뻐할 만한 이유가 있었지만, 한국인들 스스로, 특히 묘하게도 군 고위층이 전두환 대통령의 무력 사용 결정을 저지하는 데 가장 많은 영향을 미쳤을 것이다. 그들은 상황이 일단락된 6월 19일까지 긴장감이 팽배했던 며칠 동안 전두환 대통령에게 진언을 해주고 있었다. 그러는 동안 외교정책자문관들 역시 비슷한 내용을 전하고 있었다.

타이밍도 잘 맞았다. 워싱턴의 김경원 대사가 레이건 대통령의 친서가 가고 있다는 전문을 보내는 동안 지방 출장 중이었던 나는 시간적 여유를 벌었다. 그 이후 던롭이 접견 일자를 잡느라 힘썼다. 청와대로 가던 날 나는 우연히 리브시 사령관을 만나 동맹 전선을 맺었다. 그리고 계엄령 선포가 초읽기에 들어가는 순간 마침내 전두환 대통령과 마주할 수 있게 되었다.

사실 리브시 사령관은 내가 그의 침묵을 동의한 것으로 받아들였던 것에 대해 불만족스러워 했다. 다음날 대사관 사무실로 찾아와서 내가 자기 동의를 구하지 않고 행동한 것에 대해 큰 소리로 불평을 했다. 리브시 사령관과 잠깐 의견을 나누었던 것은 예정에 없었던 일이었다. 리브시 사령관에게 말을 건네고 공동 전선을 대표했던 것도 직감적으로 했던 행동일 뿐이었다. 워싱턴의 김경원 대사가 전두환 대통령에게 친서를 직접 전달할 사람으로 직감적으로 나를 꼽은 것과 마찬가지다. 그러나 일단 6월 19일에 내려진 결정이 효력이 있는 것처럼 보이자, 리브시 사령관은 미군이 한국군의 서울 진입을 막을 준비가 되었다고 내게 말했다.

그 다음주는 회의의 연속이었다. 한국이 역사적 전환점에 섰다는 생각을 한 시거 차관보는 내 제안에 따라 갑자기 일정을 변경하여 싱가포르에서 서울로 날아왔다. 서울에서 보낸 우리의 보고가 워싱턴을 강타한 것이 분명했다. 시거 차관보는 그때 일을 이렇게 회상했다.

"(한국에서 온) 전문을 모두 읽고 잠을 이룰 수 없었지요. '무언가, 우리가 무언가를 해야 하는데'라는 생각이 계속 맴돌았습니다. 마침내 우리는 지원하겠다고 말한 것을, 지원한다는 것을 보여주기 시작했습니다."

시거 차관보는 방한 중 전두환 대통령과 야당 지도자들 모두와 회동을 가졌다. 나도 전두환 대통령·노태우 후보와의 모임을 비롯하여 여러 모임에 동석했다. 사태는 급박하게 돌아갔다. 6월 24일, 전두환 대통령이 김영삼과 처음으로 만났다. 전두환 대통령은 우리와 함께 한 모임에서 야당이 시위운동을 부추겨 자신의 업적에 흠집을 내려 한다고 주장했다. 게다가 시위가 통제할 수 없을 만큼 커질 경우 여전히 무력을 동원할 가능성을 배제하지 않았다. 하지만 그의 정권에 대한 반대가 거리 항쟁의 형태로 계속 굳어져가면서 전두환 대통령의 선택은 점점 줄어들게 되었다. 그는 자부심이 강한 사람이었고, 남은 임기 8개월 동안 계엄령을 선포함으로써 자신의 업적에 오점을 남기고 싶지 않다고 말했다.

노태우 후보는 한국에 불어 닥친 역사적 대세를 전두환 대통령보다 더 적극적으로 받아들이는 것 같았다. 전두환 대통령은 청와대 내 고립되어 있는 반면, 노태우 후보는 여당의 지도자로서 변화하는 정치적 사고와 조화를 더 잘 이루었다. 그의 한 측근이 우리에게 말하기를 노태우 후보가 한국의 역사에서 '지금이 아주 중요한 시기'임을 잘 알고 있다고 했다. 하지만 노태우 후보는 전두환 대통령의 뒤를 잇는 내정자였고, 그의 덕에 정치적 입지를 다진 신세를 지고 있는 형편이었다. 그래서 두 사람 간 사고방식 차이로 인해 이

긴박한 기간 동안 노태우 후보는 초초해졌다.

6월 25일 노태우 후보와 사석에서 나는 그가 전두환 대통령 권력의 비호 아래에서 너무 멀어질까 두려워하고 있다는 느낌을 받았다. 그는 나에게 속내를 털어놓았다.

"우리나라가 겪고 있는 힘든 시기, 매우 힘든 자리에 제가 있는 것 같습니다."

나중에 노태우 후보의 측근에게서 들은 바로는, 그해 그는 불안정한 6월을 보내면서 근심 걱정이 너무 많아져 나와 만났던 그날 밤 미국 대사관에 도피하고 싶어 하기까지 했다고 한다. 그러나 다른 사람들은 그런 일은 없었다고 부인했다. 6월 25일 만남 이후 나는 워싱턴에 노태우 후보가 불안해하고 있다고 전문을 보냈다. 이렇게 긴박한 시기에 미국은 한국을 지속적으로 지원하고 있음을 증명해야 한다고 생각했다.

6월 29일 민주정의당 본부에서 의례적인 사진 촬영 행사가 끝나고, 노태우 대통령 후보가 출입기자들에게 잠시 더 남아달라고 요청했다. 그곳에 있던 기자들과 TV 생중계를 보던 시청자들은 깜짝 놀랐고 뒤이어 노태우 후보는 극적인 개혁안을 발표했다.

"저는 이제 우리나라의 미래에 대해 확고한 신념이 생겼습니다."

이렇게 시작된 6·29 선언에서 노태우 후보는 야당의 모든 요구를 수용하겠다고 말했다. 그중 골자는 대통령 직선제, 김대중의 사면복권 및 모든 정치범들의 석방이었다. 어느 미국 상임 관리는 이를 두고 "지금까지 보았던 것 중 가장 놀라운 일"이라고 표현했다.

7월 1일 전두환 대통령은 '대통령에게 건의하는 형식'으로 발표된 노태우 후보의 개혁안을 공식적으로 승인했다. 전두환과 노태우 중 누가 6·29 선언의 창시자인가에 대한 논쟁이 오늘날까지 계속되고 있다. 주장한 사람이 1987년 6월 당시 어느 진영이었는지에 따라 의견이 첨예하게 대립되었다. 훗날 전두환과 노태우 모두 부패혐의와 광주 학살의 책임을 묻는 재판에서 실형을 선고받아 신임을 잃었다. 이 때문에 그들의 지지자들도 대부분 저자세를 취하고 있지만 6·29 선언에서만큼은 자신들의 지지를 한껏 드러낸다. 개인적인 생각으로는 노태우 후보가 6월 29일 발표된 민주주의 메시지의 주창자였고 전두환은 조심스럽게 뒤따라갔던 것 같다.

한국에 새로운 시대가 열렸음을 알리는 가장 좋은 방법으로, 나는 미국 대사관저에서 열릴 7월 4일 축하 행사에 한국 정치 인사들을 초청하기로 했다. 우리는 여당 후보자인 노태우와 야당 지도자 김영삼과 김대중까지 초대의 범위를 넓혔다. 7월 4일은 대통령을 공개 선거로 뽑고, 군이 문민의 지휘 하에 있으며, 3권이 분립된 민주주의 원칙을 지키는 나라인 미국의 국경일이라는 의미가 있었다.

대사관저 행사에 김대중을 초청하기 전에 나는 그의 정치적 이력을 조사해보았다. 한국 정부는 오랫동안 김대중이 공산주의자이며 북한 공작원이라고 주장해왔다. 이 혐의로 그에게 실형을 선고하고 가택 연금까지 시켰다. 나는 미국 국무부에 보관된 기밀 보고서와 경찰 조사서를 포함하여 이 반체제 정치인에 대한 모든 자료를 요청하여 읽어보았다. 내가 내린 결론은 그가 초기에 좌파 성향을 지녔고 반정부 활동에 가담했었지만, 공산주의자는 아니라는 것이었다. 뿐만 아니라 한국 정부가 주장하는 것처럼 무력을 동반한 반란을 선동한 증거도 없었다.

그리하여 어느 무더운 7월 오후, 서울에 있는 미 대사관저에서 딕시랜드 밴드의 재즈 선율이 울려 퍼지는 가운데 김대중이 마당으로 들어섰다. 손님들은 마시던 음료수 잔을 내려놓고 목을 길게 빼어 출입문 쪽을 바라보았다. 김대중은 수행원들에 둘러싸여 지팡이를 짚고 절뚝거리며 긴 야외 계단을 올라왔다. 야당을 고압적인 자세로 다루는 것으로 유명한 나라에서, 대표적인 반체제 인사가 자신을 반대해온 모든 세력을 대표한다고 볼 수 있는 원로 군 장성 오자복과 악수를 나누었다. 나일강의 원류를 찾아 나선 리빙스톤 박사를 만난 스탠리의 영광이 빛나는 듯했다.

그날 대사관저에는 1987년 12월 한국 역사 상 가장 자유로운 대통령 선거에 출마할 세 명의 주요 후보자가 모두 참석했다. 야당 후보자인 김영삼과 김대중은 개인적인 이유로 갈라서서 단일 후보 정

책에 동의하지 않았다. 이로 인해 여당 후보자인 노태우가 과반수에 못 미치는 36%의 득표율로 당선되었다. 만일 양 김이 합세했다면 노태우 후보에 아마 압승을 거두었을 것이다. 물론 노태우의 6·29선언이 투표장에서의 선택을 많이 좌우했을 것으로 보인다.

대한항공 858기 폭파 사건

세계의 부랑아 북한 정권은 라이벌인 한국이 올림픽을 개최하게 되면서 세계에서 고립되는 결정적인 계기를 맞이하게 되었다. 올림픽 준비 과정에서 보였던 행동으로 북한은 공산주의 동맹국들로부터도 따돌림을 받게 되었고, 아이러니하게도 한국과 중국이 더 가까워지는 결과를 가져왔다.

　북한은 꾸지람을 받은 아이처럼 올림픽에서 일부 역할을 하겠다고 요구했다. 국제올림픽위원회(IOC)의 중재로 김일성 정부는 한국과 공동주최하겠다는 협상을 벌였으나 한국이 제안하는 조건은 모두 거부했다. 1987년 8월 평양이 IOC가 제안한 절충안을 거부하자 협상은 종결되었다. 공산권 국가들은 북한이 올림픽 개최에 참가할 수 있도록 충분한 기회가 주어졌던 것에 만족했다. 이에 따라 소련과 중국을 포함한 거의 모든 공산권 국가들이 서울올림픽에 참가하기로 동의한 상태였다.

　돌이켜보면 북한이 IOC와의 회담을 가진 것은 한국의 경계를 늦추려는 책략이었을지도 모른다는 생각이 든다. 지금도 그렇지만 그것이 북한의 전술이었다. 한 손으로는 협상을 통해 합의에 도달하려는 것처럼 보이면서 다른 한 손으로는 은밀히 공격 태세를 갖추거나 협박을 통해 상대방이 양보하게 만드는 것이다.

　1987년 11월 29일 다른 손이 행한 은밀한 공격이 일어났다. 아부다비에서 서울로 돌아오는 대한항공(KAL) 여객기가 안다만 해역 상공을 날고 있을 때 폭탄이 폭발한 것이다. 탑승한 승객과 승무원은 전원 사망했다. 비행기가 실종되었다는 뉴스를 듣고 나는 북한의 만행임을 당장에 알아차렸다. 나는 혼자 중얼거렸다.

　"끔찍한 일을 저질렀군. 철저하게 조사하고 진상을 규명해 반드시 응징해야 해."

바레인 정보기관은 비행기 실종 소식 이후 재빠르게 대응하여, 바그다드에서 아부다비로 가는 KAL 858기에 탑승한 승객 중에 아버지와 함께 여행 중인 하치야 마유미라는 25세 일본 여성의 여권이 위조된 것이라는 사실을 밝혀냈다. 11월 30일 아부다비를 떠나 귀국길에 올랐던 수상해 보이는 두 사람은 바레인 공항에서 로마행 비행기에 올라타려는 순간 바레인 경찰에 체포되었다. 후에 북한의 일급 비밀요원으로 밝혀진 나이 많은 남자는 청산가리로 도포된 담배를 씹고 즉사했다. 그러나 이안 헨더슨 바레인 경찰국장은 젊은 여자의 입술에서 같은 독이 묻은 담배를 잡아챘다. 그 여자가 잠시 머뭇거리는 사이 헨더슨은 담배를 입 밖으로 튀겨내었고 그녀는 결국 살았다. 영국 태생인 헨더슨은 지금도 궁금해 하는 사람들에게 당시 '담배'를 뺏으려는 순간 그 젊은 여성이 깨물어 남은 상처를 보여주곤 한다.

처음에 그 젊은 여성은 수사관들에게 자신의 이야기를 꾸며내었다. 그녀는 자기는 일본에서 자란 중국인 고아로 이번 폭발과 아무런 관계가 없다며 단호히 주장했다. 그러나 그녀의 행동으로 그것이 거짓이라는 게 탄로 났다. 한 번은 그녀가 바레인에서의 성적 경험에 관한 질문을 받고 격분한 적이 있었다. 그녀는 여성 통역사를 발로 차서 쓰러뜨리고, 망치 같은 주먹으로 헨더슨의 사타구니를 강타한 다음 권총을 빼앗았다. 권총으로 자살을 기도하려던 그녀는 전기총에 맞아 충격을 받고서야 쓰러졌다. 헨더슨은 이 여자를 바로 서울로 보내며 말했다.

"이 여자를 여기에서 내보내시오. 한국에서 알아서 하세요."

김현희(그녀의 본명)를 서울로 데리고 온 사람은 박수길 외무부 차관이었다. 박 차관은 KAL 858기 폭발 직후 국가안전기획부 3명의 요원과 함께 바레인으로 갔다. 바레인 당국에 김현희가 북한 공작원임을 증명하기 위해서였다. 가장 명확한 증거는 청산가리로 도포된 담배를 분석한 것이었다. 그 담배가 한국 내에서 체포된 북한 공작원이 사용한 것과 같은 종류임을 증명해 주었다. 바레인은 시리아와 같은 비우호국들로부터 김현희를 중국으로 보내라는 압력을 받고 있었다. 박 차관은 바레인 정부 관료들에게 테러 용의자를 계속 붙들고 있을수록 북한의 구출 시도 과정에서 발생하는 위험에 더 많이 노출될 것이라고 지적했다. 그러면 바레인 사람들을 포함해 많은 인명 피해가 생길 것이라고도 말했다. 김현희의 공격성을 본 바레인 정부는 마침내 그녀를 한국 정부에 인계했다.

서울에서 김현희는 24시간 감시 하에 있었다. 한국 정부는 일본어와 중국어로 이뤄진 심층 심문 끝에 그녀의 자백을 받아냈다. 심문 8일째 되는 날, 김현희는 여성 심문관 품에 맥없이 쓰러지며 한국말로 대답했다.

"용서해주세요. 죄송합니다. 모든 것을 다 말하겠어요."

한국 수사단은 능숙하게 심문을 진행했다. 마치 오랫동안 군사훈련을 받은 사람처럼 매일 아침 잠자리를 군대식으로 정리하는 그녀의 모습을 유심히 관찰했고, 중국 북쪽 지방에서 자란 삶을 묘사하면서 남방 중국어를 부정확하게 구사하는 모순점을 잡아냈다. 한편 서울 구경을 데리고 다니며 구슬리기도 했다.

김현희는 바그다드에서 아부다비로 가는 동안 액체 폭약으로 만든 시한폭탄을 KAL 858기 수하물 선반에 장착하는 것을 돕고 동료 공작원과 함께 아부다비에서 내렸다고 시인했다. 두 명의 북한인이 아버지와 딸로 위장하여 3년 이상 해외를 돌아다니며 이 테러를 준비했다고 털어놓았다. 흥미롭게도 한국은 김현희가 원래 중국 출신이라는 사실을 북한에 되받아칠 때 이용했다. 한국은 홍콩에 나와 있는 신화통신을 통해 베이징에 알렸다.

"당신의 북한 친구들이 중국을 곤경에 빠뜨리고 있어요."

이에 중국인들은 화를 냈다. 아마 당황했을 것이다. 한국이 불과 5개월 전인 6월에 중국과의 외교 채널을 통해 북한에 미국의 안보 공약을 과소평가하지 말라는 것과 '한국의 현 정세를 이용하려는' 시도를 하지 말라는 메시지를 전달했었기 때문이었다.

박 차관은 테러 용의자를 가능한 한 빨리 서울로 데리고 오라는 명령을 받고 바레인으로 날아갔다. 결국 그는 대통령 선거 며칠 전에 김현희를 서울로 데리고 올 수 있었다. 김현희가 서울에 도착했다는 소식은 전 세계 언론의 헤드라인을 장식했다. 이는 노태우 대통령 후보에게 아마 해가 되지는 않았을 것이다. 북한에 반대하는 노태우 후보의 강경 정책은 주요 경쟁 후보였던 김영삼과 김대중의 온건 정책보다 더 인기를 얻었다. 선거 결과 노태우 후보는 830만 표를 얻어 640만 표를 얻은 2위 김영삼을 누르고 당선되었다. 나중에 노태우 후보의 고위 보좌관이 박 차관에게 한 말에 따르면 김현희가 서울에 도착한 것이 최소 150만 표를 가져다주었을 것이라고 했다.

　김현희의 자백으로 김일성 정권의 실상이 다시 한 번 밝혀졌다. 도덕성 상실, 테러와 은폐의 선호, 그리고 기초적인 인권 탄압이 드러났다. 우리는 비무장 지대에서 북한 TV를 보곤 했었다. 뉴스는 가슴부터 허리춤까지 훈장을 달고 최고인민회의에 앉아 있는 군 장성들을 보여주었다. 머리를 뒤로 빗어 넘기고 배가 불쑥 나온 아이는 굽 높은 신발을 신고 오리걸음으로 걸어 나와 굳은 표정의 장성들 앞에 앉았다. 그 '뚱뚱한 아이'가 바로 김일성의 아들이자 현재 북한 지도자인 김정일이었다. 한국 정부에서 실시한 조사에 따르면 그가 바로 다가오는 서울올림픽 대회를 방해하기 위해 한국 여객기를 폭파시키라는 명령에 서명한 사람이라고 한다. 북한에서 반복해 비추었던 이 TV 장면은 내가 본 것 중 가장 기괴한 장면이었다. 나는 언젠가 한국 사람들에게 물었다.

"이게 뭐예요?"

북한 방송을 모니터하던 한국인은 대답하지 않았다. 요즘 많은 한국 사람들이 그러하듯, 그는 외국 사람들 앞에서 자신의 동포를 비하하고 싶지 않았을 것이다. 그럼에도 불구하고 뉴스를 보면 우리가 얼마나 이상하고 심지어 매우 위험한 정부와 상대하고 있는지 알 수 있다.

미국 대사관은 나를 대상으로 하는 북한의 선전 전단지를 여러 차례 수집할 수 있었다. 북한이 선전을 통해 나를 공격하기 시작했던 것이다. 이것은 내가 옳은 일을 하고 있었음을 반증하는 것이었다. 대학 캠퍼스에서 발견되는 만화 전단지는 북한 동조자들이 배포했거나 북한에서 띄운 풍선을 타고 날아온 것이었다. 처음 주운 만화에서 내 이름을 한 캐릭터는 전혀 나와 닮지 않았다. 대머리에 담배를 물고 운동복을 입고 있었다. 북한 홍보부는 모든 미국 대사들이 1971년부터 1974년까지 주한 미국 대사를 지냈던 필립 하비브처럼 생겼다고 짐작했던 것 같았다. 나중에 주운 만화에서는 노태우 대통령과 함께 북한 반대 음모를 꾀하는 내 모습을 발견했는데 적어도 겉모습은 나와 비슷했다. 안경을 쓰고 있었고, 머리숱이 많아졌다.

북한 공작원의 자백을 받은 후 한국은 북한 정권의 행동을 추궁하기 시작했다. 1988년 2월 우리는 서울에 있는 미국 대사관에서 미 국무부와 한국을 도와 이 현안을 유엔에 의제로 올리고자 안전보장이사회 회원국 3분의 2의 찬성표를 모으려고 노력했다. 중국과 구소련이 모두 거부권을 행사하거나 최소한 기권할 가능성이 높았기 때문에 안보리결의안까지 얻기란 쉽지 않았다. 당시 한국은 공산주의 국가들과 외교 관계가 없었다. 그래서 베이징과 모스크바로 평양의 폭탄 테러행위에 대한 한국의 입장을 전하는 데 미국에 크게 의존하고 있었다. 많은 노력 끝에 양쪽 공산주의 진영은 이 문제에 대한 논의를 막지 않는 데 동의했다.

안보리 토의 준비 과정에서 우리는 김현희가 중국 여성으로 위장하여 빠져나가려고 했다는 사실을 중국에 알리는 것이 매우 중요함을 재차 강조하였다. 홍콩 주재 한국 총영사관이 1970년대 초반 미국이 비공식적 채널로 이용했던 신화통신 대표에게 이 내용을 전달했다. 이 때문에 뉴욕에서 중국 유엔 대사가 최광수 외무부 장관을 사적으로 만났을 때 매우 우호적인 태도를 보인 것 같았다.

유엔 청문회에서 북한 대사는 미국이 전 세계 파괴 활동과 테러를 지원했다고 공격했다. 그리고 한국이 서울로 김현희를 데려오기 위해 바레인 당국에 뇌물을 주었다고 비난했다. 북한 대사가 한 시간이나 장광설을 늘어놓으면서 한국의 박수길 외무부 차관을 가리켰다.

"여기 박 외무부 차관이라는 사람이 있습니다. 바레인 왕실을 뇌물로 매수하기 위해 수백만 달러어치의 보석을 갖다 주었습니다."

분위기가 달아올랐다. 확증도 없는 북한의 중상으로 모욕을 당한 주바레인 미 대사는 몹시 흥분하여 발언권을 요청했다. 뜨거운 설전이 오가는 사이 최 장관은 박 차관에게 돌아보며 이렇게 말했다.

"괴물과 싸우게 됐군요. 그렇다고 우리까지 괴물이 될 순 없어요."

KAL 858기 폭파 사건으로 미국은 북한을 테러국 명단에 올렸고 다가오는 서울올림픽 보안과 관련해 한국을 돕기 시작했다. 1988년 3월 레이건 대통령은 예두아르트 셰바르드나제 소련 외무부 장관과의 접견에서 올림픽에 북한의 테러 공격은 없을 것이라는 확약을 받아냈다.

1988년 서울올림픽은 대성공을 거두었다. 소련·중국·동유럽국을 포함하여 전 세계 159개국이 참가했다. 이 나라들은 한국이라는 나라를 알리는 축제를 축하하기 위해 온 것이나 다름없었다. 한국은 자긍심을 가질 만했다. 2년간 한국은 민주주의 정치 체제를 제도화했고, 테러리스트의 공격을 견뎌냈으며, 탄탄한 경제 성장을 이어나갔다.

한국은 내가 처음 본 이후 놀랄 만큼 많이 변하였다. 전쟁으로 황폐화되었던 한국의 모습을 떠올리면서 9월의 어느 상쾌한 가을 저녁 웅장한 서울올림픽 경기장에서 펼쳐지는 개막식을 보았다. 올림픽 경기장에서 춤추는 무용수들의 손에서는 옷자락이 펄럭였고 한국적인 감각을 잘 살린 개막식은 성공리에 치러졌다. 1936년 베를린 올림픽에서 일본 국적을 달고 뛰어야 했던 한국인 마라톤 선수가 올림픽 성화 봉송 최종 주자가 되었다. 이번에는 일본 황제의 백성을 의미하는 일본 이름이 아닌 한국 이름을 달고 뛰고 있었다. 아니 그는 천천히 편안하게 조깅하고 있는 듯 보였다.

나와 아내가 앉은 자리에서 몇 줄 떨어진 곳에 주미 한국 대사 김경원이 앉아 같이 개막식을 즐기고 있었다. 김경원 대사는 시국이 어지러웠던 1987년 당시 전두환 대통령이 군사력을 동원하지 못하도록 막은 인물이었다. 1950년 12월, 북한에 살던 12살 소년 김경원은 어머니·할머니·남동생과 함께 북한군과 중공군을 피해 남쪽으로 피난을 갔다. 많은 다른 난민들을 가득 실은 보트를 타고 사흘 동안 떠돌다가 몹시 추운 어느 캄캄한 12월 밤 서해안 부근에서 바위에 부딪혀 좌초되었다. 어머니는 자식들이 살아남지 못할지도 모른다는 생각에 절망을 느꼈지만 자신의 반지를 빼서 두 아들의 새끼손가락에 끼워주며 말했다.

"우리가 서로 헤어지더라도 이 반지를 꼭 끼고 있어야 한다. 이걸 팔면 음식을 살 수 있을 거란다."

그러나 배가 물에 가라앉자, 가족은 얼음장같이 차가운 물을 헤치고 가까스로 해안에 닿았다. 그들은 피난민의 행렬에 섞여 한반도 남쪽으로 내려와 부산에 정착했다. 부산은 부산교두보 중앙에 있는 도시로 1950년 12월 연합국의 통제 안에 있었다. 전쟁이 끝난 후 김경원과 가족들은 가난을 극복하고자 노력했다. 마침내 김 대사는 매사추세츠주에 있는 윌리엄스대학교에서 장학금을 받으며 유학을 가게 되었고, 하버드대학교에서 박사 학위를 받았다.

나와 같은 이들에게 김 대사의 이야기는 가난 속에서 부자가 된 정말 특별한 성공 이야기다. 그러나 일본의 지배를 받고 내란으로 나라가 갈기갈기 찢기고 오늘날은 계속되는 분단으로 고통받고 있는 한국에서는 매우 흔한 이야기다. 한국인들은 자신의 나라 역사와 관련된 슬픔과 상실감에 이름도 붙였다. 마음속 깊은 그 슬픔의 감정을 '한'이라 부른다. 국가의 감정인 동시에 개인의 감정이기도 하다.

개막식에 이어 서울 시내에 있는 쉐라톤 워커힐 호텔에서 열린 만찬장에서 아내 샐리는 김 대사 옆 자리에 앉았다. 첫 번째 올림픽 경기가 한강을 가로지르며 열리고 있었고 파티 장에는 애국가 선율이 흐르고 있었다. 김 대사는 부드러운 말씨로 내 아내에게 말했다.

"장려한 개막식을 보면서 우리나라가 그렇게 짧은 기간에 어떻게 이 정도까지 발전했는지 놀라웠어요. 제 인생이 눈앞에서 주마등처럼 스치면서 감정이 북받쳤어요. 저는 그래도 그 감정을 조절

할 수 있을 것이라 생각했는데, 제 아내를 보니 뺨에 눈물이 흘러내리고 있었어요. 아내와 저는 손을 잡고 나머지 공연을 눈물 속에서 보았지요."

한국 선수들은 올림픽 전 종목에서 훌륭한 성적을 거두었다. 전통적으로 강한 팀인 소련, 동독, 미국 다음으로 많은 메달을 따며 세계 4위를 차지했다.

하지만 한미 관계에서 껄끄러운 순간이 있었다. 미국의 올림픽 주관 방송 NBC가 불합리한 판정을 받고 링 위에 앉아 항의하던 한국 권투선수의 시무룩한 얼굴을 반복하여 보도하자, 한국 언론은 둔감한 미국을 맹렬히 비난했다. 이 사건을 통해 나는 한국인들이 스스로 조롱받는다고 느낄 때마다 얼마나 큰 상처를 받는지 알게 되었다. 여기에는 동전의 이면처럼 선천적으로 예의 바른 한국인의 태도가 서려있다. 한 예로 미국 라이트 미들급 권투선수인 로이 존스가 한국 선수 박시훈과의 경기에서 편파판정으로 금메달을 빼앗긴 일이 있었다. 그때 상당히 영향력 있는 지위에 있었던 한국 동료들이 내게 전화를 걸어 박 선수보다 미국 선수가 명백히 더 뛰어났다고 원통함을 터뜨렸다. 결국 올림픽이 끝난 후 그 경기를 맡았던 세 명의 심판이 뇌물을 받았던 것으로 밝혀졌다.

우리 미국인들도 당황했던 순간이 있었다. 아내와 나는 개막식에서 미국 선수단이 경기장 안으로 밀려들어와 무질서하게 경기장을 가로지르는 것을 보고 아연실색했다. 다른 나라 선수단은 모두 질서정연했는데, 미국 선수단만이 방만한 행동을 해 아름다운 공연이 펼쳐지고 있는 개막식에 찬물을 끼얹고 한국식 예절에 어긋난 행동을 했던 것이다. 미국 선수단의 행동을 보고 있던 김 대사는 머리에 손을 갖다 대고 괴로워했다.

서울올림픽 기간 중 나는 한밤중에 자다 일어나 두 명의 미국 수영선수를 유치장에서 데려오기도 하였다. 그들이 레스토랑에서 잘못된 행동을 했기 때문이었다. 그날 초저녁 나는 800미터 계주에서 세계 신기록을 세운 그 수영선수들을 축하해주고 왔었다. 그런데 내가 돌아간 뒤 그들이 축하파티를 하며 레스토랑 벽에 붙은 상표를 떼어버리는 행동을 하고 말았다. 한국인들은 처음에는 내게 공식적인 사과를 요구했는데, 나중에 화를 가라앉히고 그 선수들을 보내주었다. 철없이 한 행동이지만, 외국에서의 그러한 행동은 나를 더욱 당황스럽게 만든다.

언제나 그렇듯 올림픽은 스포츠 축제였다. 미 대사관은 특히 북한에 대한 경계를 늦추지 않으면서 한미 합동 보안 대책으로 선수들 주변에 안전망을 덮어주었다. 아내와 나는 그 덕분에 수영, 승마, 농구, 배구, 육상 경기 등을 보며 올림픽을 즐길 수 있었다. 그중 수영 부문 5관왕에 오른 매트 비욘디 선수가 기억난다.

저녁이면 올림픽 경기를 보러 서울에 온 손님들과 그날 본 경기에 대해 이야기하며 지냈다. 동북아시아의 미 대사 중 스포츠에 열광하는 사람이 나 말고 또 있다는 것도 알았다. 주중 미 대사 윈스턴 로드와 미 국무부 정치담당 차관 마이크 아머코스트가 서울에 와서 올림픽을 즐겼다. 로드 대사는 진정한 스포츠팬이었다. 아침부터 밤까지 하루 종일 경기를 참관하고, 대사관저로 돌아와서도 TV를 켜고 방송이 끝날 때까지 그날의 마지막 경기와 하이라이트 장면을 보았다.

　로드 대사와 아머코스트 차관은 시간을 따로 내어 자신들이 직접 시합을 벌이기도 했다. 어느 날 두 외교관은 내 큰 아들 더글러스와 가족의 지인인 스콧 심슨에 도전장을 내밀었다. 20대인 두 친구들과 2대 2 농구 경기를 펼친 것이었다. 더글러스는 팀을 섞어 한 편을 이루자고 제안했다. 하지만 로드 대사의 생각은 그게 아니었다. "우리가 같은 팀이야"라고 아머코스트 차관을 향해 말했다.

　시합 전 몸을 풀면서 아머코스트 차관은 원 핸드 셋 슛을 선보였다. 아마 한국 전쟁이 끝나갈 무렵, 미네소타 칼튼대학교에 다닐 때 코트에서 연마한 기술인 모양이었다. 첫 번째 경기에서 대사들은 기습 공격을 당했다. 더글러스가 공을 들고 스콧에게 신호를 보내자 스콧은 공을 받을 듯이 페이크 모션을 취했다. 아머코스트 차관이 열심히 스콧을 따라붙자, 스콧은 후방으로 돌아가 재빨리 공을 받아 골인시켰다. 예상했던 대로 젊음과 민첩성이 연륜과 외교적 통찰력을 이겼다. 재경기는 없었다.

윈스턴 로드 대사는 그 당시 베이징에서 미 대사로서 그 역량을 십분 발휘하고 있었다. 1988년 로드 대사와 같은 팀에서 일하면서 나는 한국이 공산국가인 중국과 친선을 도모하기 위해 내딛은 첫 행보를 도왔다. 이러한 움직임은 노태우 대통령 북방정책의 일부로 공산권 나라들과 외교 관계를 수립한다는 대범한 정책이었다. 대통령 선거 당시 접전을 치른 노태우 대통령은 전두환 대통령 시절에는 가질 수 없었던 정통성을 갖고 동유럽 공산주의 국가들과 소련, 그리고 중국과 접촉을 시도할 수 있게 되었다. 공교롭게도 KAL 858기 폭파사건은 북한의 신뢰도를 떨어뜨리고 그 역할을 격하시킴으로써 한국과 동유럽 공산권의 화해가 이루어지는 데 일조했다.

노태우 대통령은 내가 중국에 있었던 것을 알고 중국 문제에 대해 나와 논의하고자 했다. 그는 나를 자신의 '중국 전문가'라고 불렀다. 1988년 어느 날 노태우 대통령은 나를 청와대에 초청해 붓글씨 실력을 보여주기도 했다. 노태우 대통령이 음악, 시, 소설 등 다양한 분야에 관심이 많다는 것을 익히 들어 알고 있었다. 나아가 품격 높은 서예를 즐긴다는 사실로 말미암아 경직된 전임 지도자들과 다르다는 것도 느낄 수 있었다. 그는 서예를 하면 마음이 평안해진다고 하였다. 노태우 대통령은 몇 자를 우아하게 쓰고 난 후 나에게도 한 번 써보라고 권했다. 완전 방심한 틈에 허를 찔렸다. 중국에서 태어

나서 중국말은 할 줄 알지만, 서예를 공부한 적은 한 번도 없었다. 한자로 내 이름을 간신히 쓰는 것으로 끝냈다.

노태우 대통령에게 북방 정책에 대해 어떻게 생각하느냐는 질문을 받으니 비로소 안심이 되었다. 나는 북방 정책을 실시한 의의가 매우 크다고 답했다. 중국 정부가 덩샤오핑이 주도하는 실용적인 경제 정책을 채택함으로써 한국에 개방할 준비가 되어있다고 믿었기 때문이다. 중국 대표단은 최첨단 기술을 자랑하는 포항제철을 방문한 후 매우 큰 감동을 받고 돌아갔다. 나는 노태우 대통령에게 말했다.

"중국에 대단한 영향을 주셨습니다."

1988년 8월 최광수 외무부 장관은 내게 전화를 걸어 그가 중국을 경유하도록 미국이 도와줄 수 있는지를 물었다. 나는 베이징의 윈스턴 로드 대사에게 연락을 취했다. 최 장관은 1988년 8월 20일 모하마드 지아 울 하크 파키스탄 대통령의 국장에 참여하기 위해 파키스탄으로 갈 계획이었다. 가장 빠른 비행편은 도쿄에서 베이징을 경유하여 이슬라마바다까지 가는 것이었다. 한국의 외무부 장관이 중국을 경유하고자 했을 때 중국 정부가 어떤 반응을 보일지 궁금해 했다. 두 나라는 외교적 관계를 수립한 적이 없고 한국이 존재하는 동안 냉전의 적대국으로 자리 잡고 있었다. 최 장관의 요청에 대한 중국의 반응은 두 아시아 국가 간 미래 관계 증진의 신호가 될 수도 있었다.

윈스턴 로드 대사는 중국 외교부가 한국의 요청을 받아들여 베이징 공항에 두 시간 머물렀다가 이슬라마바드행 비행기를 갈아타도록 허락했다는 전문을 보냈다. 최 장관은 1988년 8월 19일 베이징을 경유하여 파키스탄으로 날아간 것으로 중국에 들어가는 것이 허락된 한국 최고위급 관료가 되었다. 로드 대사는 공항에서 최 장관을 직접 만나 90분 동안 이야기를 나누었다. 그는 대화를 마무리하며 로드 대사에게 부탁을 하나 했다. 한국 정부가 중국과의 관계 정상화를 희망한다는 뜻을 중국 외교부에 전해달라는 것이었다.

그로부터 한 달도 안 되어 중국 선수단이 1988년 서울올림픽에 참가하기 위해 서울에 도착했고 이는 큰 화제를 낳았다. 최 장관은 윈스턴 로드 대사의 역할에 대한 보답으로 올림픽에 그를 초청하였다.

1987년 어느 날 나는 미국 대사 자격으로 항구도시 인천을 방문, 극동 방송이 만든 기독교 라디오 방송국 개국식에 참석했다. 나는 1950년대 필리핀에 근무할 때부터 이 회사를 알고 있었다. 극동 방송은 수십 년 동안 필리핀 기지국에서 중국으로 기독교 프로그램을 송출해왔다. 이제 기부금으로 한국에 라디오 방송국을 세웠으니 중국 본토의 기독교인들에게 보다 강한 전파를 보낼 수 있게 되었다.

방송국 개관식이 진행되는 동안 기부자 명단에서 폴 카우프만이라는 이름을 들을 수 있었다. 우리 가족은 1930년대 칭다오에서 살 때부터 선교사의 아들이었던 폴 카우프만과 잘 알고 지냈다. 폴과 그의 형 도널드는 나의 형 프랭크·잭과 함께 평양에 있는 기독교 기숙사 학교에 다녔다.

나는 40년 이상 폴 카우프만을 보지 못했는데, 마지막으로 그를 본 것이 또렷이 기억났다. 1946년 우리 가족은 프랭크 형의 사망 소식을 듣고 슬픔에 잠겨있었다. 그때 폴이 예고도 없이 뉴욕 시내 부모님이 계신 아파트로 찾아왔다. 젊은 기독교 전도사가 된 폴은 우리에게 따뜻한 위로를 전하고 돌아갔다. 1937년 폴이 가족과 함께 중국을 떠난 이후 사실상 그의 소식을 듣지 못했지만, 프랭크 형의 사망 소식을 듣고 우리 부모님을 찾아온 것이다. 아무도 관심을 갖지 않을 때 형이 좋아했던 옛날 고등학교 친구가 어딘가에서 나타나 마지막 고별을 했다는 것은 기적이나 다름없었다.

사실 어떤 의미로는 프랭크 형이 폴을 구해주었다고 할 수 있다. 1936년 폴은 평양 외국인학교에서 방황하고 있었는데, 품행이 단정치 못한 것으로 소문이 나있었다. 1936년 2월 학교 이사회는 폴은 물론 형인 도널드까지, 이 반항적인 청소년들 앞에 두 손 두 발 다 든 상태였다.

그러던 어느 2월, 9학년밖에 안 된 프랭크가 폴과 룸메이트가 되겠다고 자청했다. 아마 독실한 기독교인을 가려내는 학교의 자의적인 정책에 신물이 났던 터라 자신과 마찰을 일으킬 수 있는 일면을 갖고 있던 폴이었지만 학교에서 버려진 그에게 동료애를 느꼈을 것이다. 프랭크가 가장 납득하기 어려웠던 점은 학교에서 가장 길게 기도하는 학생인 폴이 문제 행동을 고치지 않는다는 것이었다. 프랭크는 그의 부모 역할을 대신 맡기로 했다. 폴이 공부를 충실히 하는지, 방 정리를 깨끗이 하는지, 목욕을 잘 하는지 등을 두루 살폈다. 프랭크는 아무도 하려고 들지 않았던 폴을 돕는 일을 함으로써 믿음이 없으면 구원할 가치가 없다고 배운 기독교 믿음에 반박하게 되었다. 새로운 가능성을 시험하고 간곡한 믿음에 따라 행동한 것이었다.

라디오 방송국 개국식이 끝난 후 나는 폴을 찾아갔다. 프랭크가 폴을 보살핀 지 50년 이상의 세월이 흘러있었다.

"프랭크·잭 릴리와 함께 칭다오에 살았던 폴 카우프만이십니까?"

내가 물었더니, "네" 하고 놀란 듯 대답했다. 폴은 내가 주한 미대사가 된 걸 보자 흐뭇한 모양이었다. 그는 자신이 방황했던 십대 소년에서 어떻게 아시아의 기독교 선교사로 성장했는지를 설명했다. 프랭크가 들었다면 깜짝 놀라며 자랑스러워했을 것이다. 폴은 홍콩에서 기독교 선교회를 만들고 중국에 관한 책도 많이 집필했다고 했다. 중국에서 성장한 다른 선교사 아이들처럼, 폴은 중국으로 돌아갈 길을 늘 찾고 있었다. 그리고 마침내 중국으로 갔다. 1990년 내가 주중 대사로 근무할 때, 폴과 마찬가지로 선교사가 된 그의 형 도널드를 베이징에서 만났다. 자신들의 고향인 칭다오로 가는 길이었다.

프랭크 형을 회상하는 것이 꼭 형을 알던 사람들을 만나야 이루어지는 것은 아니었다. 1988년 4월 나는 한국전쟁에서 희생된 호주·뉴질랜드 연합군을 추모하는 앤잭 데이 행사에 참석했다. 북한군과 중공군에 대항하여 투쟁했던 다른 참전국 대사들과 유엔 묘지를 방문하기 위해 부산에 갔다. 산 아래 줄지어 늘어선 하얀 십자가가 눈에 들어왔다. 그때 어느 호주인이 영국 시인 로렌스 비논의 '전사자를 위하여'라는 시에서 다음의 명구를 읽었다.

> 그들은 여기 남은 우리처럼 늙지 않으리라.
> 나이가 그들을 꺾지 못하고, 세월도 단죄하지 못하리라.
> 태양이 지고 또 아침이 되어도
> 우리가 그들을 기억하리니.

맥아더 장군의 인천 상륙, 부산 교두보에서의 전투, 쑥대밭이 된 한국의 시골, 그리고 DMZ에 있는 거칠고 경직되어 있는 북한 위병들, 이런 장면들이 내 머릿속을 가득 채웠다. 1933년 북한에서 매

서운 추위를 이기며 산을 오르고 있는 프랭크 형을 떠올려 보았다. 그는 내가 나이 드는 것만큼 늙지 않았다. 나는 세상에 남아 변화와 도전의 끝없는 과정 속에서 내가 할 수 있는 것을 하고 있었다.

한반도의 반쪽인 한국은 일본 식민지에서 벗어나 내란을 겪은 후, 민주주의와 번영의 길을 가고 있었다. 반면 다른 반쪽은 스스로 전쟁 준비와 경제적 침체 속에 갇혀 있었다. 그리고 아시아에서 막강한 힘을 가진 중국은 이제 공산주의 웅변술보다 더욱 당당한 목소리를 내고 있었고, 한국에도 개방의 문을 열고 있었다. 한국전쟁에서 서로 싸운 지 40년 만에 두 나라는 외교 관계를 수립했다.

한국에서 일어난 마지막 사건 중 하나는 발전해가는 한미 관계의 단면을 드러낸다. 요즘 서울에서는 한강변 공원 지역에서 신혼부부들이 사진을 찍거나 아기들이 아장아장 걸으며 노는 모습을 볼 수 있다. 바로 용산 가족 공원으로 서울 시내 중심에 있는 녹지대다. 원래 이곳은 서울에 주둔하고 있는 미군 기지 소유의 땅이었다. 실제로 군용 골프장도 있었다. 한미 관계 초기에 미군 기지가 있었던 곳은 서울 변두리였는데, 도시가 점차 커지면서 미군 기지와 골프장이 아시아에서 가장 빠르게 성장하는 대도시의 부동산 요지를 차지하게 된 것이다.

용산 기지는 주한 미군이 고자세를 유지하려는 것처럼 보이게 만들었다. 특히 기지 내 골프장은 한국 사람들에게 아주 불쾌한 곳이었다. 마치 일본이 뉴욕의 센트럴 파크에 자국 내 사업자들을 위한 골프장을 지어놓은 것이나 다름없었다. 1988년 노태우 대통령은 취임 후 얼마 안 되어 내게 용산 기지의 주요 시설을 서울 시내에서 다른 곳으로 이전하는 문제를 도와달라는 요청을 했다. 김종휘 대통령 안보보좌관이 그해 봄에 나를 찾아왔었다. 그는 미 대사관저의 어느 구석방에서 노태우 대통령의 계획을 상세히 설명했다.

하지만 내가 볼 때 대통령의 계획은 의욕이 너무 앞서 있었다. 최광수 외무부 장관의 요청을 받아들여 양국 군 조직이 모두 수긍할 수 있는 개선안을 구상하기로 동의했다. 우리는 용산 기지 전체를 이전하는 것에서 당장 거슬리는 골프장만 옮기는 것으로 계획을 축소했다.

그러나 이 계획은 현지 미군 사령관들의 거센 반발에 부딪쳤다. 사무실 바로 밖에서 골프를 칠 수 있는 그 골프장은 미군에게 한국 발령의 특전을 상징했기 때문이다. 불행히도 우리는 그 문제를 올림픽 개최 이전에 해결하지 못했다. 1988년 말에야 비로소 서울에서 40분 떨어진 장소로 골프장을 옮길 수 있었다.

용산 골프장 이전 결정은 내가 작업한 마지막 주요 정책 이슈 중 하나였다. 민주주의가 피어나고, 올림픽을 성공적으로 개최하고, 주권을 가진 독립국가로 변모하는 1988년 한국의 현실을 반영한 결과였다.

2004년 서울 시내 미군 기지 문제도 마침내 해결되었다. 한국에서의 비판을 종식시키고 세계 곳곳의 미군을 재배치하는 계획과 맞물려, 미국은 DMZ에서 더 멀리 떨어진 곳에 용산 기지를 주둔시키기로 합의했다. 이러한 조치는 중국에게 '미국은 북한으로 쳐들어가 통일 한국 정부와 동맹을 맺을 의사가 없다'는 메시지를 전한 것이다.

나는 한국에서 대사로 근무한 것을 자랑스럽게 회상할 수 있다. 1988년 12월, 조지 슐츠 국무장관이 작별 전문을 보내왔다. 한국의 민주주의를 지원하는 데 많은 일을 한 나의 오랜 친구 개스톤 시거가 작성을 도와주었을 것이다. 당시 슐츠는 레이건 행정부에서의 임기 기간을 마무리하고 있었다. 전문 내용은 1987년 6월의 어느 여름날에 초점을 맞추고 있었다.

'대사 한 사람이 역사적 사건으로 남을 행동이나 날짜로 기억되는 건 흔치 않은 경우다. 그런데 당신은 그중 한 명이 되었다. 1987년 6월 계엄령의 비극이 불길하게 피어오르고 있던 가장 중요한 시점에서 당신은 대한민국 대통령을 직접 만나 그가 칼을 휘두르지 않겠다는 결정을 내리는 데 지대한 공헌을 했다. 대한한국 국민 및 한미 관계에 불행을 초래하는 행동을 하지 않도록 설득시킨 당신의 역할은 당시 자신과 나라에 은은한 자랑으로 남을 것이다.'

1989년 1월 아내와 나는 워싱턴으로 돌아왔다. 친지들과 인사를 나누면서 나의 마지막이 될 다음 보직인 주중 미 대사 직책을 시작하기 위한 인준청문회를 마쳐야 했다. 아내는 보통 정치적인 문제는 나에게 맡기고 관여하지 않는데, 이번 일에는 어떤 선견지명이 있었던 것 같다. 아들 제프리가 올림픽 때 NBC 연구원으로 일하면서 10개월간 우리와 함께 지낸 후 1988년 9월 한국을 떠날 때 아내가 다음과 같은 작별의 편지를 쓴 것이다.

'한국에서 지난 몇 개월간 역사적인 시간을 함께 보낸 너와 아버지, 그리고 나에게 어떤 변화의 기운이 감돌고 있구나. 한국에서 보낸 나날들은 활기차고 다채로운 시간이었지만, 나중에 돌이켜보면 지금 우리 셋이 향하고 있는 예측 불가능한 미래와 대조적으로 참 평화로웠던 시간으로 기억될 것 같아.'

도널드 P. 그레그
(1989~1993년)

　도널드 P. 그레그(Donald P. Gregg) 대사는 25년 동안 중앙정보국(CIA) 정보원으로 근무하며 일본, 미얀마, 베트남, 한국 등을 총괄했다. 1951년 윌리엄스대학교를 졸업했다. 1979년에는 백악관 국가안보회의 아시아 담당관을 역임했다. 1982년 당시 조지 H. W. 부시 부통령에게 국가안보보좌관 자리를 요청받았다. 중앙정보국에서 퇴임하면서 최고 훈장인 우수요원훈장을 수상했다. 이후 부시 부통령과 6년을 함께 일하면서 65개국을 다녔다. 1980~1989년에는 조지타운대학교에서 강사를 역임하며 대학원생들에게 '힘과 외교'라는 연구과정을 가르쳤다. 1989년 9월부터 3년 반 동안 주한 미국 대사로 근무했다. 1993년 한국을 떠나기 전 서강대학교에서 명예학위를 받았고, 국방부 특별공로훈장과 국무총리훈장도 받았다. 1993년 3월, 43년간의 미국 정부 관료 생활을 마무리했다. 외교위원회의 회원이기도 한 그는 그린마운틴대학교에서 명예학위(1996년), 뛰어난 업적으로 국방부훈장(2001년), 윌리엄스대학교에서 켈로그 어워드(2001년)를 받았다.

　　　　내가 주한 미 대사로 재임하기 전후 대사들의
행적을 되돌아보면, 내 재임 기간 동안은 상대적으로 무척 수월하
게 지나갔다는 생각이 든다. 나는 1989년 9월 서울에 도착해 1993
년 2월 말까지 근무했다. 지금은 다소 과소평가되고 있지만 매우 패
기 넘치던 노태우 대통령이 재임 중이었다. 그는 당시 워싱턴에서
전적인 지지를 보냈던 '북방정책'을 펼치고 있었다. 조지 H. W. 부시
대통령이 부통령일 때 나는 국가안보보좌관으로서 6개월 반 동안
함께 일했기 때문에 노태우 대통령과 부시 대통령은 서로 탄탄한

관계를 맺을 수 있었다.

한국은 제임스 베이커 국무장관이 선정한 정치·군사 분쟁지역이 아니어서 어느 정도 주도권을 잡고 이끌어 나갈 여지가 있었다. 노태우 대통령 임기 5년 내내 대통령 안보보좌관을 지낸 김종휘와도 친밀한 업무 관계를 맺었다. 그는 업무를 추진함에 있어 민첩성·지속성뿐만 아니라 결과를 내다보는 통찰력을 갖고 있어 내게 큰 도움이 되었다.

그 당시 가장 중요한 일을 꼽으라면 단연코 제임스 릴리 대사 시절이었던 1987년 여름, 민주주의를 향한 열망이 끝내 결실을 맺으면서 한국의 선거제도가 대통령 직선제로 바뀌는 큰 변화를 겪은 일이다. 이는 한국 사람들이 절실하게 원했던 매우 의미심장한 변화였다. 제임스 릴리 대사는 이 변화를 일으킨 일등공신이라 해도 과언이 아닌데, 그는 자신의 역할을 언제나 겸손하게 설명한다.

서울에서 근무하는 동안 늘 그렇듯 훌륭한 파트너가 되어준 아내 멕에게 고마운 마음을 전한다. 우리가 처음 김포 공항에 내리자 출구에서부터 카메라 세례가 쏟아지는 바람에 신경이 곤두서고 말았는데, 그때 아내가 침착하게 나를 도와주었다. 나는 언론 관계자들로부터 불편한 관심을 받으며 오랜 인증절차를 통과해야 했다. 게다가 겁이 많은 내게 옆구리를 찌르며 "웃어요, 여기에 오게 된 걸 좋아했잖아요"라고 귀띔해주는 아내 덕분에 행복한 표정을 연출할 수 있었고, 대사로서의 첫 관문을 무사히 통과했다.

　내가 맞이할 첫 번째 공식 방문객은 미국 통상무역대표부 칼라 힐즈였다. 힐즈 대표는 굳게 닫힌 한국 쇠고기 시장의 문을 열려는 미국의 강한 의지를 표명하는 등 한국과의 많은 무역 난제를 제기했다. 그녀의 방한은 매우 성공적이었다고 본다.

　그로부터 며칠이 지난 어느 날 아침, 아내와 나는 대사관저 바깥에서 크게 "뻥" 하고 울리는 소리에 잠을 깼다. 6명의 한국 대학생들이 부산에서부터 몰고 온 차 위로 올라가 뜀틀을 넘듯 미 대사관 주변을 둘러싼 낮은 담을 넘었다. 그들은 무장을 하지 않은 미 대사관 경비에게 커다란 폭죽 같은 것을 던지더니 이내 창문을 깨뜨리고 안으로 들어왔다. 나는 경비원이 전화로 "학생, 학생들이에요!"라고 외치는 소리에 이 침입 사건을 알게 되었다. 곧 나는 경호원에게 전화를 걸어 즉시 한국 경찰을 현장으로 부르라고 지시했다. 곧이어 미 대사관 경비부대가 전화를 걸어와 "알아서 처리하겠다"라며 우리를 안심시켰다. 나는 그들에게 대기해달라고 말했다.

　방 밖에서 들려오는 소리의 정체는 훈련을 잘 받은 암살단이 내는 소리가 아니라, 의외로 너무 쉽게 집 안으로 침입하게 되어 놀란 데다 그 다음에 무엇을 해야 할지 몰라 우왕좌왕하는 젊은이들의 소리였다. 그들은 묵직한 침실 문을 열려고 하더니 잠긴 것을 알고 복도 아래로 내려갔다. 현관에 있는 램프와 도기를 부수는 소리가 들렸다. 우리는 뒤쪽 유리창으로 빠져나와 같은 구역에 있는 다른 대사관저로 피신했다.

마침내 한국 경찰이 도착했고 학생들은 구치소에 수감되었다. 무단 침입의 주요 목적은 미국의 쇠고기 쿼터 압력에 저항하자는 것이었다. 나는 청와대 경호실에 전화를 걸어 학생들을 너무 가혹하게 대하지 말 것을 요청했다. 그러나 그들은 1년 정도 옥살이를 한 것으로 들었다. 아내와 나는 텔레비전 방송에 출연하여, 도움을 준 한국 경찰에 고마움을 표시했고 쇠고기 문제의 민감성을 익히 알고 있다고 말했다. 아내는 정중한 태도로 일관했으며 서울에 부임된 후 느끼고 있는 기쁜 마음을 연신 강조했다. 그날 아내의 행동이 한국 사람들에게 긍정적인 영향을 미쳤다는 얘기가 여러 군데에서 들려왔다.

1989년 10월 초 어느 이른 아침 우리를 '방문했던' 여섯 명의 학생들 중 네 명을 만났다. 현재 두 명은 우리당 소속으로 국회에서 떠오르는 멤버가 되었고, 한 명은 이탈리아 레스토랑 경영을 하게 되었고, 나머지 한 명은 프랑스 무역 회사에서 일하고 있었다. 2006년 12월 서울에 방문했을 때 그 학생들 중 3명이 내가 묵었던 호텔로 찾아와 사과를 했다. 많은 취재단이 동행했는데, 그 덕분에 홍보 효과가 좋았을 것이라고 긍정적으로 받아들였다.

이 사건을 통해 나는 전형적인 한국 스타일을 알 수 있었다. 우선

　열정적으로 시위하고 나중에 공손하게 사과하는 것이다. 도쿄에서 근무할 때 미 대사관이 일본 테러단에 포위된 적이 있었다. 흉기로 무장한 테러단은 극도로 위험했다. 이 두 사건은 극명하게 대조된다.
　첫 번째 정책문제로 대두된 것은 서울에서 한참 남쪽에 있는 미 공군 기지에 배치된 전술핵무기 문제였다. 이 핵무기들이 안전하게 보관되고 있는지 해마다 미국에서 전문 조사팀이 나와 세밀하게 검사를 하고 갔다. 몇 년 전 유럽에서 일어났던 핵 사고를 계기로 정기 점검을 하게 된 것이다.
　나는 조사팀장과 그 사건에 대해 자세한 이야기를 나누던 중 핵무기를 한국에 두는 데 따르는 문제점을 깨달았다. 나는 당시 북한의 핵개발 위협이 점점 더 증대되고 있는 것을 잘 알고 있었다. 한국에 핵무기를 두지 않는다면 북한이 핵무기 개발을 포기하도록 설득하는 우리 입장이 훨씬 수월할 것이라는 생각이었다. 또한 미 대사관저 무단 침입 사건으로 한국 대학생들이 언제 무슨 일을 벌일지 모른다는 점에 주의하게 되었다. 우리가 북한 핵무기문제를 공식적으로 제기하면 한국 내 미군 핵무기가 즉시 학생 시위대의 공격 대상이 될 것은 불을 보듯 뻔했다. 또한 나는 미국이 어떠한 무기 체계가 되었건 외압을 받아 한국에서 철수하는 것을 가장 꺼린다는 사실을 알고 있었다. 설령 그런 무기들을 모조리 철수해야 하더라도 우리가 자발적으로 해야 한다는 것도 알고 있었다.

나는 이 문제에 대해 우선 주한 미군 사령관 루 메네트리 대장과 논의한 후 청와대와 신중하게 토론하기 시작했다. 모두 이 주제에 대해 현명하고 열린 마음으로 의견을 나누었다. 서울에 부임한 지 약 1년이 지났을 무렵 나는 구체적인 논의를 거친 결과 주한 미군 사령관과 한국 대통령 모두가 한반도로부터의 미국 핵무기 철수를 원하고 있다는 내용을 워싱턴에 보고했다. 얼마 지나지 않아 미 국무부 아시아태평양 차관보 딕 솔로몬으로부터 나의 보고가 '매우 유용했다'는 답장을 받았다. 그로부터 약 12개월 후 조지 H. W. 부시 대통령은 미국 본토 외 지역에 배치되어 있던 모든 전술핵무기들을 철수한다고 발표했다. 아울러 모든 미국 전술핵무기가 미국의 경계 밖에 주둔한 모든 부대에서 제거될 것이라고 발표했다.

돌이켜보건대, 이 일은 내게 서울 재임 기간 동안 두고두고 특별한 만족감을 주었다.

나는 앞서 1973년부터 1975년까지 서울에서 미 중앙정보국장으로 근무했다. 대사로 다시 서울로 돌아왔을 때 그 전에 했던 일을 토대로 한미 관계가 얼마나 발전하고 성숙했는지, 한반도에서의 세력 균형이 어떻게 변했는지를 판단할 수 있는 현실적인 시각을 갖게 되었다.

1970년대 중반은 격동의 시기였다. 미국은 전쟁에서 패한 후 베트남에서 철수했다. 이 일로 30만 명 이상의 한국군을 파병했던 박정희 대통령은 동맹국으로서 미국의 힘과 신용에 의구심을 품기 시작했다. 이에 따라 박정희 대통령은 미국이 승인하지 않은 무기를 외국에서 비밀리에 주문했다. 또한 핵무기 개발 프로그램을 시작했다가 발각되어 결국 중단했다. 한편 북한은 비무장지대(DMZ) 땅굴 개발 프로그램을 강력하게 추진했는데, 이 땅굴이 발각되어 북한 침략 공포가 증대되었다. 미군 상임 장교들은 북한이 전면 공격할 경우, 미군이 서울을 지켜낼 수 있을지 여부에 대해 상당히 미심쩍은 상태라고 솔직하게 털어놓았다.

1973년 나의 한국인 카운터파트는 중앙정보부 부장이자 한국 내 제2권력자인 이후락이었다. 그 당시 중앙정보부는 굉장히 고자세적인 태도로 논란을 일으키던 기관이었다. 더욱 가관인 것은 중앙정보부가 북한을 효과적으로 다루는 일보다 강압적인 정치로 한국을 통제를 하는 일에 훨씬 더 많은 관심을 가졌다는 점이다. 중앙정보부가 도쿄에서 김대중을 납치한 사건은 그 성향을 드러내는 최악의 사례였다. 필립 하비브 미 대사의 발 빠른 대응이 미래 노벨상 수상자가 된 김대중을 살려냈다.

14년이 지난 후 미 대사로 돌아와 보니, 한미 관계가 부쩍 성숙해진 것을 알 수 있었다. 한국 사람들 스스로도 자신감에 차 있었고, 1988년 서울올림픽도 성공적으로 치러냈다. 이제 정치적으로나 경제적으로나 북한보다 훨씬 더 강한 나라라는 것을 한국 스스로 자각하고 있었고 외교적으로 활개를 칠 준비가 돼 있었다.

전(前) 독일 총리 빌리 브란트는 한국에서 매우 존경받는 인물로, 동독과 서독의 외교 관계를 수립하기 위해 그가 펼친 동방정책은 많은 주목을 받았다. 1989년 10월 브란트 총리는 〈동아일보〉의 초청으로 처음이자 마지막으로 한국을 방문했다. 브란트 총리의 DMZ 방문 일정 후 만찬 행사가 있었는데, 나도 초대받아 함께 하게 되었다. 브란트 총리는 DMZ를 '시간 왜곡'이라 칭하고 베를린 장벽이 동독과 서독 사이를 갈라놓았던 것보다 더욱 억압적인 분단선 같다고 말했다. 행사 주최 측이 베를린 장벽이 언제 무너질 것이라 생각하는지를 묻자 브란트 총리는 전혀 주저하지 않고 "제가 살아 있는 동안은 안 무너질 것입니다"라고 대답했다. 사실 베를린 장벽은 그로부터 60일 남짓이 지난 후 무너졌고, 독일의 통일 과정은 오늘날까지 한국에 자극이 되고 있다.

노태우 대통령은 임기 초기에 북한과 진정한 대화를 촉구하고 관계를 개선하기 위해 외교 공세를 펼치기로 결정했다. 노태우 대통령은 이 정책을 브란트 총리의 뜻을 기리며 '북방정책'이라고 불렀는데, 이는 무척 효과적인 외교 작전으로 평가된다. 1988년 노태우가 대통령으로 취임했을 당시 서울에는 단 하나의 동유럽 국가 대사관이 있었다. 그런데 1993년 퇴임 때에는 러시아, 중국, 그리고 사실상 모든 동유럽 나라들이 서울과 공식 수교를 맺었다.

부시 대통령은 북방정책을 적극적으로 지지했다. 그는 1990년 노태우 대통령과 미하일 고르바초프 대통령의 샌프란시스코 정상회담을 주선했으며, 이것이 1991년 러시아와 수교를 맺는 토대가 되었다. 부시 대통령은 중국이 1992년 한국과 수교하고 남북한 동시 유엔 가입을 오랫동안 반대해온 정책을 포기하도록 강력한 영향력을 발휘했다. 이후 남북한은 곧바로 유엔에 동시 가입했다.

한미 동맹 관계는 더욱 굳건해졌다. 한국은 부시 대통령이 외교적으로 강력한 지지를 보내는 것에 감사를 표했다. 남북한이 상호 작용 및 대화의 수위를 이전보다 한층 더 높이는 등 변화하는 외교적 기후를 지켜보는 것은 더 없이 흥미진진했다.

한미 관계에서 계속 불거져 나오는 부정적인 기록은 1980년 광주 항쟁에 미국이 개입한 일이다. 미국은 광주에 문화원을 하나 가지고 있었는데 미국을 몰아내려는 시위대가 화염병을 던지며 자주 공격했다. 나는 김대중에게 광주를 방문하는 문제를 상의했다. 그는 학생 시위대가 흩어질 때인 대학 겨울방학 기간을 이용하여 가라고 조언했다. 그리하여 나는 1990년 1월을 광주를 방문했는데, 도착하자마자 받은 질문이 광주 항쟁에서 미국이 했던 역할을 사과하러 왔느냐는 것이었다. 나는 우리가 사과해야 할 일은 없고 대신 광주 시민들이 미국에 대해 계속 적의를 가지는 이유를 분명히 알고 싶다고 말했다.

나는 최대한 많은 한국 사람들과 대화를 나누었지만 반미 시위에 적극 참여했다고 인정하는 사람은 만날 수 없었다. 비극적인 항쟁의 충격은 여전히 광주 시내에 드리워져 있었으며 전두환 대통령의 잔인한 진압에 미국이 가담하지 않았다는 것을 분명히 밝히려는 우리의 노력은 수포로 돌아갔다. 광주 항쟁 이후 거의 10년이 지나 미 국무부가 작성한 보고서는 너무 미약했고 늦은 감마저 들었다.

광주에서의 마지막 셋째 날 아침 나는 미국이 광주에서 했던 일을 사과하러 온 건지 다시 한 번 질문을 받았다. 그때 나는 광주를 떠돌고 있는 슬픔과 분노의 기운을 눈치 채고 답변을 바꾸었다.

"그렇습니다. 사과의 말씀을 드립니다. 저희가 너무 오랫동안 침묵을 지키고 있었습니다."

곧이어 반미단체 대표들이 나를 만나고 싶어 한다는 소식을 전해 들었다. 처음에는 철저히 비밀리에 만남을 요구했고 나도 동의했다. 그러나 나중에는 언론에 공개하길 원해 결국 공개된 자리를 가졌다.

나는 여섯 명의 한국 사람들을 만났다. 그들은 광주 항쟁 당시 일로 수감 생활을 했고 그중 두 명은 항쟁 도중에 부상을 입었다. 나를 만나는 것이 탐탁지 않을 텐데도 그들은 내가 예상했던 것만큼 거칠게 나오지는 않았다. 통역사는 그들이 원하는 조건대로 만남을 주선한 나의 태도에 그들이 다소 마음의 빗장을 열었다고 귀띔해주었다.

미국 문화원에 여러 대의 TV 카메라가 배치되고 그 앞에서 대담을 시작했다. 나는 일단 나를 만나고 싶어 한 것에 대해 감사를 표하고 어떤 질문에도 성실히 답을 하겠다고 말했다. 첫 번째 질문이었다.

"광주 거리에서 한국 시위대를 쏘라는 명령을 내린 사람이 누구입니까?"

나는 모르는 일이고 한국 사람들만이 그 질문에 답을 할 수 있을 것이라고 대답했다. 그들이 되받았다.

"그건 거짓입니다. 미국은 하늘에서 신문도 읽을 수 있는 인공위성을 가지지 않았습니까? 미국이 지켜보고 있었다는 것을 압니

다. 그러니 총을 쏘라는 명령을 누가 내렸는지 대사님은 알고 있습니다."

미국은 그런 대단한 인공위성을 가지고 있긴 있지만 그렇다고 사람의 마음까지 읽을 수 있는 것은 아니며 사람이 한 일을 단지 보여줄 뿐이라고 설명했다. 하지만 그들은 나의 대답에 만족하지 못한 채 절대 소유한 적 없는 그 전능한 기계의 책임을 우리에게 물었다.

질문이 계속되는 가운데 나는 그들이 미국에 품은 분노가 배신감에서 우러나온 것이라는 생각이 들었다. 1956년 헝가리에 반란이 일어났을 때 미국이 기대만큼 재빠르게 방어 태세를 갖추지 않자 헝가리 사람들이 드러냈던 불쾌감과 다르지 않았다. 한국 측에서 다음의 말을 꺼냈다.

"미국이 부산에 항공모함을 보냈을 때 도움을 주려고 오는 것이라 생각했습니다."

나는 그것이 북한에게 방해하지 말라고 보낸 신호였음을 설명했다. 아울러 미국은 전두환 정권에 대해 전반적으로 부정적인 감정을 갖고 있음을 분명히 밝혔다. 또 다른 질문은 이러했다.

"대사님은 한국이 들쥐의 나라라고 생각하나요?"

이것은 1980년 한 미군 장교가 한국인은 가끔 "들쥐와 같은 근성"을 보인다고 발언한 것과 관련한 질문이었다. 그 발언은 심한 질타를 받았고 10년이 지나도록 파장이 계속되었다. 나는 한국 사람들을 진심으로 존중한다고 분명히 말하면서 광주 시민들이 미국에 대해 가지고 있는 적대감을 줄이고자 이곳 광주에 왔음을 재차 강조했다. 이 대답은 긍정적으로 작용한 것 같았다.

3시간 이상 진행된 대담이 마무리될 때쯤 한국 측에서 말했다.

"미국 사람들은 전두환 대통령이 레이건 대통령을 방문한 첫 외국 손님이었던 이유로 전두환 대통령을 매우 친밀하게 여기는 것으로 알고 있습니다."

이어 내가 답했다.

"네, 전두환 대통령이 첫 번째 손님이었지요. 그리고 그 보상은 김대중의 생명이지 않습니까(레이건 행정부는 전두환 대통령과 많은 논쟁 끝에 김대중의 사형선고를 철회하고 석방한다는 조건 하에 전두환 대통령의 방문을 승인했다)."

광주 사람들에게 내가 한 말은 워싱턴과 서울에서는 이미 상식으로 통했으나 광주에서는 한 번도 거론된 적이 없었다. 내 말에 상대는 심한 충격을 받은 듯했다. 그리고 그 내용은 다음날 모든 광주 신문의 헤드라인 기사로 실렸다.

이 답변 이후 대담은 바로 마무리되었다. 한국 측 사람들은 나에게 참여해주어 고맙다는 인사를 하고 내 답변을 모두 받아들일 수는 없지만 최소한 자기들의 말을 들어주고 질문에 답하고자 노력한 점을 인정했다. 그때 통역사가 그들 여섯 명 모두 내가 방문하는 동안 경호를 맡았던 경찰에 체포될 예정이라고 나지막이 말해주었다. 그때 밖에서는 가랑비가 흩뿌리고 있었고, 나와 여섯 명의 남자들은 함께 걸어 나왔다. 나는 그중 두 명의 어깨에 손을 얹었다. 그리고 완고해 보이는 담당 경찰에게 말했다.

"제 친구들입니다. 체포하지 않았으면 합니다."

경찰은 여섯 명의 남자들을 풀어주었다. 어둠 속으로 걸어가던 그들 중 한 명이 뒤돌아보더니 나에게 손을 흔들고 사라졌다.

이후 미국 문화원을 향한 화염병 세례는 중단되었다. 우리는 미국 문화원을 보다 안전한 장소로 이전하여 광주에서의 업무가 원활히 진행될 수 있도록 했다. 임기 동안 나는 광주를 세 번 더 찾았는데, 새로운 문화원 개원 때 한 번, 많은 사람들이 참석한 독일 통일

에 관한 공개 토론 진행을 위해 독일 대사와 한 번, 동북아시아에서 러시아의 새로운 역할에 대한 공개 토론을 위해 러시아 대사와 한 번 갔었다. 총 네 번의 방문 모두 서울에서의 임기를 장식한 중요한 사건이었다고 생각한다.

첫 번째 광주 방문은 한국 사람들의 '한(恨)'이라는 감정을 배울 수 있어 더 특별한 의미가 있었다. '한'이란 타인이 저지른 일을 감당해야 할 때, 그중 정당하지 못하고, 부도덕하고, 불공평하다고 느끼는 사건을 대할 때 한국인들이 품는 감정이다. 2002년 평양을 처음 방문했을 때 12년 전 광주에서 포착했던 '한'이라는 감정을 똑같이 목격했다. 광주에서 얻었던 교훈은 북한 측과 대화를 나누고 신뢰도를 형성하는 데 많은 도움이 되었다.

한미 무역 관계에서는 대사 입장에서 논쟁거리가 되는 문제가 종종 발생한다. 한 번은 이런 경우도 있었다. 한국 상공부 장관이 시간을 오래 끌었던 보잉과 맥도널 더글러스 사의 상용항공기 구입 주문을 취소한다면서 다소 순진하게 아무런 사전 언질 없이 발표한 것이다. 그 취소 발표는 수입 시 비용 면에서 발생할 것으로 예상되는 정치적으로 민감한 걸림돌을 피하려는 한국 정부의 계획이었다. 나는 격분한 두 미국 회사로부터 주문 취소에 항의하는 전화를 받았다. 한 회사의 간부는 이렇게 말했다.

"비행기가 다 완성되었는데 어떻게 합니까? 꼬리에 마크 칠만 남겨두고 있어요."

나는 미국 비행기를 주문했던 대한항공과 아시아나항공에 전화를 걸었는데 그 두 회사 역시 보잉과 맥도널 더글러스 사만큼 화가 나 있었다. 두 회사는 새 제트기가 도착할 것에 대비하여 새로운 시설을 갖추어놓았으므로 항공기가 계획대로 도착하지 않는다면 큰 경제적 손실을 피할 수 없게 된다고 했다. 나는 담당 부처 장관에게 전화를 걸어 대한항공과 아시아나항공의 난처한 상황을 설명했다. 이로써 구매 계획은 본래대로 조용히 진행되었다.

또 다른 예로, 한 미국 회사가 한국에 대잠전투 항공기를 판매하기 위해 어느 유럽 회사와 치열한 경쟁을 벌이는 일이 있었다. 그 미국 회사에 이번 판매는 아주 중요했다. 계약을 체결하기 위해 유럽 항공사와 경쟁을 벌이는 것은 결과가 입증된 바 없는 새로운 모험이었고 동시에 엄청난 보상이 따르는 것이었다. 미국 회사는 비용절감을 통해 다른 외국 항공사와 가격경쟁을 할 수 있었다. 그 미국 항공사의 비행기는 한국 사람들에게 잘 알려져 있었을 뿐 아니라 수 년 동안 한국 사람들이 조종해왔던 것이었다. 가격경쟁력만 갖춘다면 미국 측 판매가 유리해질 것으로 예상했다. 하지만 예상은 빗나갔다. 미국이 가격을 낮추었다는 소식이 한국 국방부 장관에게 전달되지 않았던 것이다. 어느 유명한 국방부 수행원이 그 전말을 나에게 말해주었다. 나는 즉시 친분이 있는 국방부 장관과 면담 약속을 잡았다.

    나는 외교술을 최대한 활용하여 통역사를 통해 국방부 장관에게 말했다. 미국 항공기는 가격을 최대한 낮춰 다른 외국 항공기와 비견해 충분한 가격경쟁력을 갖게 되었으므로 미국 제품 구입을 진지하게 고려해달라고 했다. 이 면담에는 한국어를 잘하는 미국인 외무부 직원이 동행했는데, 그는 통역사가 내가 말한 것을 정확하게 전달하고 있지 않는 데다 심지어 미국이 가격을 낮추었다는 대목을 빼먹었다고 쓴 쪽지를 건넸다. 면담이 진행되고 있는 동안 나는 그것을 덮어두었고, 국방부 장관에게 면담 자리를 마련해주어 고맙다는 인사를 하며 정중하게 마무리했다.

    그 다음날 나는 다급하게 전달할 소식이 있다며 또 한 차례 면담을 요청했다. 이번에는 미국 통역사를 요청했다. 국방부 장관은 내 요구를 모두 승낙해주었다. 재차 진행된 면담에서 그는 미국 측 항공사가 가격을 내렸다는 소식을 전해 듣자마자 이 사건의 재검토를 지시했고 이어 미국 항공기를 주문했다. 이후 나는 서울에서 대사직을 수행하면서 미국 상무성과 함께 한국에 다양한 미국 제품을 판매하는 일에 점점 더 많이 관여하게 되었다. 나 역시 이 일을 즐겼다. 그리고 임기 말에 래리 이글버거 국무장관은 나의 노고에 경의를 표했다. 서울에서의 임기가 끝나고 얼마 지나지 않아 대잠전투 항공기를 만드는 미국 공장을 방문한 일이 있었는데 임직원들의 환대가 뜨거웠다.

아름다운 한옥 양식을 만끽할 수 있는 집에서 산 것은 주한 미 대사로 지내는 동안 누렸던 큰 즐거움 중 하나였다. 필립 하비브 대사 덕분이었다. 서울에 원래 있었던 아주 오래된 미 대사관저가 너무 낡아 더 이상 거주할 수 없게 되자 하비브 대사는 이사를 나오며 새로운 대사관저 역시 한국 건축가가 설계하고 지어야 한다고 주장했다. 미 국무부에서 일부 반대가 있었으나 하비브 대사는 끝내 주장을 관철시켰다.

임기 말년, 미 대사관저가 얼마나 훌륭한 표현의 도구로 자리매김하고 있는지 보면서(모든 한국인이 그곳에서 열리는 행사에 참여하고 싶어 했다), 이 장소의 이름을 하비브라고 붙여야 한다고 주장하는

전신을 미 국무부에 보냈다. 그런데 답이 없는 것이었다. 그러던 중 애석하게도 하비브 대사가 몇 개월 후 사망했다. 나는 두 번째 전신을 보내 하비브 대사의 장례식에서 대사관저 이름을 하비브로 발표해야 한다고 주장했다. 또 다시 답이 없었다. 세 번째로 보낸 전신에서 그 건물을 하비브라고 공식적으로 이름을 짓는 법안을 상정하겠다는 답변을 받았다. 나는 비공식적으로 실행하기로 결정을 내린 후 대문 바깥쪽 현관문 옆에 황동 현판을 멋지게 달았다. 그후 주한 미 대사관저는 '하비브 하우스'로 널리 알려졌다.

'북방정책'이 무르익기 시작할 무렵 한국인들은 북한과의 접촉을 시도하는 속도와 강도를 높였다. 미국 대사관은 이 과정을 전적으로 지원했는데, 한국군과 미국군에서 혼합된 반응이 나왔다. 매년 봄에 열리는 팀스피리트 훈련으로 수천 명의 미군이 한국으로 들어왔고 훈련은 북한의 가상 공격을 격퇴하는 식으로 진행되었다. 한편 북한은 팀스피리트 훈련에 대응하여 늘 군사 경계 태세를 최상급으로 높였고, '전쟁도발자 미국, 그 추종자 한국'이라고 불평을 토로한 선전 삐라를 날렸다.

한참 동안 밀고 당기기의 실랑이를 벌인 끝에 로버트 리스카시 주한 미군 사령관과 나는 미국과 한국의 국방부를 찾아가 1992년 팀스피리트 훈련을 취소하는 데 동의를 얻었다. 1991년 하반기에 이 내용이 발표되었다. 그 즉시 남북한은 두 가지 중요한 동의안에 서명을 했다. 먼저 1991년 12월 13일 남북한은 화해, 불가침 및 교류·협력에 관한 '기본 합의서'에 서명했다. 12월 18일 노태우 대통령은 한반도 내 핵 부재를 선언했다. 이어 12월 31일 남북한은 한반도 비핵화와 국제원자력기구의 핵사찰에 동의한 '공동 선언'에 서명했다.

이 선언문은 남북한 사이에 긍정적인 상호 작용 시대의 도래를 예고한 것이었다. 8개의 주요 부처 장관급 인사 모임이 개최되었으며, 화해의 분위기가 최고조에 달했다.

하지만 불행히도 이 평온한 시대는 오래가지 못했다. 1992년 가을 미 국방부에서 개최된 한미 안보협의회의에서 팀스피리트 훈련이 1993년 3월 재개되었다. 양국의 군은 이 훈련이 주는 교육의 가치를 열거했다. 내 의견은 묻지 않았지만, 만약 내게 자문을 구했다면 나는 강력히 반대했을 것이다. 나는 여전히 이 일이 대사 임기 동안 미국이 저지른 가장 큰 실수라고 믿고 있다.

이 결정의 쓰디쓴 결과는 곧바로 나타났다. 팀스피리트 훈련의 복귀 결정은 즉시 평양에 통보되었고 남북 협약의 이행 속도는 느려졌다. 1993년 3월 김정일 국방위원장은 팀스피리트 훈련 기간 동안 북한에 '준(準)전시'체제를 선포했다. 그리고 1993년 3월 13일 북한은 '핵 확산 금지 조약'의 철회를 발표했다.

1993년 2월 말 서울을 떠나기 직전, 나는 김종휘 전 대통령 안보보좌관과 마지막 회동을 가졌다. 우리 둘 다 정부를 떠나야 했으며 같은 팀으로 조금 더 일하고 싶은 공통점이 있었다. 김종휘 보좌관이 이렇게 말했다.

"함께 일하는 시간이 1년이라도 더 있으면 좋겠습니다. 만약 우리가 북한문제에 대해 워싱턴과 서울에서 지금과 같은 사람들과 12개월 동안 더 일할 수 있다면, 충분히 해결할 수 있을 것이라 생각합니다."

하지만 일은 그렇게 흘러가지 않았다. 조지 H. W. 부시는 빌 클린턴에게 패했고, 노태우 대통령은 김영삼에게 정권을 넘겼다. 이 국면은 1994년 중반 핵 위기의 씨앗이 되었지만 나의 후임자 제임스 T. 레이니 대사가 잘 대처했다.

서울에서의 내 재임 기간을 되돌아보면 행복하고 만족스럽다.

한미 두 나라의 빼어난 대통령들이 발휘한 훌륭한 리더십 덕분에 양국의 동맹 관계는 무르익었다. 아울러 남북 관계도 비록 짧은 기간이었지만 한창 꽃을 피웠다. 앞으로 어떤 일이 펼쳐지더라도 주한 미 대사직은 미국 정부 전체에서 가장 힘들면서도 보람찬 보직이라고 자신 있게 말할 수 있다.

현홍주
(1990~1993년)

현홍주 대사는 현재 서울 김&장 법률사무소 변호사로 재직 중이다. 한미재계회의 위원, 서울국제포럼과 삼변회의 회원이며, 태평양포럼 및 국제전략문제연구소 위원회 이사, 브루킹스 연구소 자문위원으로 활동하고 있다. 서울대학교 법대와 뉴욕 컬럼비아대학교 로스쿨을 졸업했다. 헌법재판소 자문위원을 역임했다. 1993년 법률사무소에 합류한 이후 기업 의뢰인에게 인수합병 및 전략기획을 전문적으로 자문하고 있다. 또한 국가안전기획부 차장을 지냈고 서울지검, 법무부 등에서 검사로 공직생활을 시작하였다. 1985~1988년 국회의원을 지냈다. 헌법개정특별위원회(1987년)와 대통령직 인수위원회(1988년)에서 일했다. 1988~1990년에는 법제처장을 역임했다. 뉴욕에서 유엔 한국 대사를 지낸 후 워싱턴에서 주미 대사를 맡았다(1991~1993년). 저서 《한국의 과도기》(1987년) 외 많은 논문을 발표했다. 한국 정부가 수여하는 청조근정훈장(1992년), 보국훈장(1975~1981년)을 받았고, 컬럼비아대학교 법대 명예 동문상을 수상했다(1993년).

　　내가 유엔에서 1년, 워싱턴 D.C.에서 2년, 한국 대사로 보냈던 3년간은(1990년 3월~1993년 4월) 제2차 세계대전 이래 역사적인 사건이 가장 많았던 시기라 해도 과언이 아닐 것이다.
　베를린 장벽이 무너지고 소련이 붕괴되기 시작하면서 냉전시대는 종식을 향한 진통을 겪고 있었다. 독일은 통일되고, 중국은 천안문 광장 사태를 겪은 후 새로운 발전을 위한 성장통을 예고하고 있었다. 이라크의 쿠웨이트 침공으로 촉발된 페르시아 걸프전에서 미국은 '사막의 폭풍' 작전으로 승리를 거두고 독보적인 군사력을 갖춘 유일한 초강대국으로 부상하였다. '신(新) 세계 질서'라는 용어는 유행어가 되다시피 했다.

미국에서는 조지 H. W. 부시 대통령의 지지율이 90% 이상으로 치솟았다. 포스트 냉전 시대의 전환기에 잘 대처함으로써 부시 대통령의 재당선은 떼어 놓은 당상으로 보였다.

한국에서는 노태우 대통령이 임기 3년째로 소련 및 중국과의 수교가 이루어지면서 북방정책이 가시적인 성과를 거두기 시작했다. 유엔 회원국이 되기 위한 한국 정부의 노력으로 남북한 유엔 동시 가입이 실현되었다. 이로써 1948년 한국 단독 정부 수립 이후 43년간 열망했던 숙원 사업이 이루어졌다. 나아가 노태우 대통령이 북한을 향해 적극적인 주도권을 행사한 덕분에 남북 고위급 회담이 성사되면서 두 가지의 역사적인 합의가 이루어졌다. 한반도 비핵화 선언과 남북한 화해 및 협력에 관한 선언이 그것이다.

이 시기에 한미 관계는 더없이 우호적이었다. 노태우 대통령은 민주적인 선거 방식으로 당선된 지도자로서 국내 민주화 개혁과 외교적인 성공을 거둔 업적에 자부심을 갖고 부시 대통령과 따뜻한 우정을 나눌 수 있었다. 노태우 대통령은 민족주의 성향의 외교 정책을 펼쳐 이따금씩 미국 정책 입안자들을 걱정시키기도 했지만, 북한과의 관계를 비롯한 외교 정책을 성공으로 이끄는 데 미국의 지지가 없어서는 안 된다고 믿었다.

물론 문제가 없는 것은 아니었다. 그러나 한국과 미국은 상호 신뢰를 바탕으로 공동의 이상과 목표를 추구했기 때문에 어떤 난관을 만나든지 어렵지 않게 극복할 수 있었다.

1991년 4월 11일 대사 신임장을 제정할 때, 나는 부시 대통령에게 한미 두 나라가 '공통의 가치와 목표'를 공유하고 있다고 말했다. 이에 대해 부시 대통령은 이렇게 말했다.

"대사가 언급한 대로 두 나라는 같은 가치와 책임을 공유한 동반자 관계로 발전되고 있습니다. 자유민주주의와 시장경제의 가치에 대해 새로운 열망이 일어나고 있지요. 이 열망은 대부분 대한민국과 같은 나라가 이룬 눈부신 성공에서 유래하는 것입니다."

내게 이러한 메시지는 단순한 말의 기교나 공허한 외교적 겉치레로 들리지 않았다. 당시에 미국과 한국 모두 최상의 관계를 누리고 있었고, 개인적으로는 대사 임무를 수행하며 역사적인 사건을 가장 가까운 자리에서 보는 특혜를 누리고 있었다.

워싱턴 D.C.에서 대사 재임 시절 일어났던 몇 가지 사건을 기록했다. 이 사건들을 통해 당대의 주요 이슈를 때로는 당사자로서, 때로는 근거리에 있던 관찰자의 견지에서 조명해보고자 한다.

유엔과 미국

유엔대표부 한국 대사직을 마무리한 후, 1991년 3월 주미 한국 대사로서의 임무가 기다리고 있는 워싱턴 D.C.에 도착했다. 그로부터 2주가 지난 어느 늦은 밤, 서울 외무부에서 한 통의 전화가 걸려왔다. 유종하 외무부 차관이었다. 평양에서 받은 소식을 내게 전달하는 것으로 북한 당국이 한국과 함께 유엔에 가입한다는 발표를 했다는 것이었다. 오랫동안 유엔 동시 가입을 거부해온 북한이 갑자기 입장을 뒤엎는 상황이었다. 북한이 태도를 180도 바꾸면서 내놓은 설명은 여느 때처럼 터무니없었다. 이유인즉, 일단 한국이 회원국이 되고 나면 '한반도를 영원한 분단 상태로 만들 것'이기 때문에 북한은 한국 홀로 유엔에 가입하도록 내버려둘 수 없다는 것이었다.

북한의 논리나 정치적 계산이 무엇이든 우리에게는 중요하지 않았다. 무엇보다 중요한 것은 한국이 제안한 남북한 유엔 동시 가입을 북한이 드디어 받아들였다는 것이었다.

유 차관이 축하 전화를 했던 것은 한국의 유엔 가입 권고를 오랫동안 거부해온 북한이 마침내 고집을 꺾었다는 것을 알리기 위한 목적 외에 또 다른 의미도 있었다. 한 해 동안 유엔 본부 한국 대사로 일하면서 남북한 유엔 동시 가입을 성사시키기 위한 초석을 닦은 내 노력을 인정한다는 의미도 함축된 것으로 보았다.

1990년 3월 노태우 대통령으로부터 유엔 대사로 임명되었을 당시 우리의 최우선 과제 중 하나는 유엔에 가입하는 것이었다. 이것은 소련과 중국이라는 두 북방세력과 수교한다는 북방정책의 전략 중 하나였다. 최종 목표는 1987년 노태우 대통령이 대선 후보시절 과감하게 주장했던 선거공약, "우리는 베이징과 모스크바를 경유하여 평양에 갈 것이다"에서 알 수 있듯이 북한과의 관계를 개선하는 것이었다.

이때 나는 유엔 가입을 진두지휘하라는 임무를 받았다. 쉽지 않은 일이었지만 나의 노력을 전적으로 지지해주겠다는 노태우 대통령의 언질도 있었기에 영광으로 받아들였다.

첫 부임지인 뉴욕에 도착하자마자(26년 동안 공직에 있었으나 외교관 역할을 처음이었다), 나는 세계가 급속히 변화하고 있다는 것을 깨달았다. 소련의 미하일 고르바초프가 크라스노야르스크에서 한 유명한 연설에서 '신사고 외교'를 강조한 것이 이미 2년 전이었고, 1989년 11월 9일 베를린 장벽이 무너진 것이 불과 몇 개월 전이었다. 동유럽에 있는 옛 소련의 위성국가들은 붕괴되거나 힘겨운 변화를 겪어내고 있었다. 24년간 루마니아를 장기 집권했던 니콜라에 차우셰스쿠는 1989년 처형되었다. 독일은 1990년 10월 결국 통일을 이루어냈다. 중국에서는 1989년 천안문 사태가 일어나 통치자들을 충격에 빠뜨리는 동시에 아시아의 거대한 존재가 서서히 깨어나고 있다는 강력한 신호를 바깥 세상에 전하고 있었다.

하지만 서울의 분위기는 달랐다. 노태우 대통령이 유엔 가입이야말로 가장 우선순위의 외교 안건이자 북방정책의 핵심이라고 믿은 반면, 국회의 여당 및 야당 정치인들은 이 목표에 그다지 열성을 보이지 않았다. 여당인 민주자유당의 어느 저명한 인사는 이 정책은 북한의 심기를 불편하게 만들기 때문에 북한과 조화로운 관계를 유지하는 최선의 방법이 아니라며 노골적으로 반대했다. 한국 외무부의 일부 관료들 역시 한국이 유엔 가입에 실패할 경우 곤란해질 상황을 두려워하며 미지근한 태도를 보였다.

나 역시 가입 가능성을 그다지 자신할 수 없었다. 만약 북한이 유엔 가입에 동의하지 않는다면 유엔 안전보장이사회의 상임이사국인 소련과 중국이 우리의 가입에 거부권을 행사할 것이 분명했기 때문이었다.

그러나 내가 유엔 동료 대사들을 예방하고 학자, 정책결정자, 뉴욕 언론관계자 들을 두루 만나면서, 한국의 유엔 가입 가능성을 둘러싸고 실제로는 따뜻하고 환영하는 분위기라는 것을 느끼기 시작했다. 심지어 이제 한국의 유엔 가입이 불가피한 현실이라는 의견도 많았다. 상황은 매우 고무적이었다. 나는 유엔 공동체와 대중들에게 호소하기 위해서 1990년 9월 25일자 〈뉴욕 타임즈〉에 '이제는 한국이 착석해도 되겠습니까?'라는 제목으로 한국의 가입 정당성을 호소하는 기고문을 싣기도 했다.

1990년 5월 중요한 전환점이 왔다. 노태우 대통령은 일이 잘 안 풀릴 경우의 위험도 무릅쓰고 꾸준한 노력을 기울인 끝에 샌프란시스코에서 미하일 고르바초프 대통령과 정상회담을 가졌다. 양국 대통령은 서로의 관계를 개선해나가기로 합의했다. 이때 원만한 초기 관계를 다지기 위한 방편으로 한국은 소련에게 30억 달러의 경협차관을 공여하기로 약속했다. 나는 역사적인 회담이 이루어진 페어몬트 호텔을 나와 뉴욕으로 돌아오면서 매우 고무되어 있었다. 이후 몇 개월 동안 잇따른 교섭의 결과 한국과 소련은 1991년 초부터 외교 관계를 수립하자는 잠정적인 합의에 도달했다.

1990년 9월 28일 유엔 총회에 한국 대표단을 이끌고 온 최호중

외무부 장관은 소련의 에두아르드 셰바르드나제 외무부 장관과의 회담을 준비하면서 전략 회의를 주재했다. 이 회의에서 소비에트 사회주의 공화국 연방과 대한민국의 수교를 좀 더 앞당기도록 소련에 요구하기로 결정했다. 결과가 어떻게 될지는 아무도 모르지만, 이런 요구를 해도 우리가 손해 볼 것 없다는 데 중지가 모아졌다.

 이틀 후 최 장관은 셰바르드나제 장관과의 회담에서 양국의 외교관계 수립이라는 이 '좋은 일'을 더 일찍 발표해도 되겠느냐고 물어보았다. 그런데 셰바르드나제 장관의 다음과 같은 대답에 한국 대표단은 물론이고 소련 대표단도 무척 놀랐다.

"왜 안 되겠습니까? 내일 유엔은 인류의 미래를 고민하기 위한 어린이 세계정상회의를 개최할 것입니다. 우리 두 나라의 수교 역시 미래를 내다보기 위한 중요한 일이지요. 이 좋은 소식을 1991년 1월이 아니라 당장 내일, 10월 1일에 발표합시다."

그는 곧바로 펜을 꺼내 수교 발표 날짜를 수정했다. 한국 대표부는 환호했다. 유엔 가입이라는 우리의 목표에 한 걸음 더 다가선 느낌이었다.

우리는 몇 달 뒤 수교 발표를 앞당기자는 셰바르드나제 장관의 예상치 못한 반응이 나온 배경에 대해 알게 되었다. 셰바르드나제 장관은 유엔으로 오는 길에 평양에 들러서 한국과의 수교계획을 북한에 통보했다. 그러자 김일성 주석은 셰바르드나제 장관과의 접견을 거절했다. 게다가 북한 외무성 부장은 만약 한국과 수교할 경우 북한은 소련의 반대에도 불구하고 핵무기를 개발할 것이며 소련과 일본 사이의 영토 분쟁과 발트해 3국 독립 문제에 대해 소련을 지지하지 않겠다고 협박했다는 것이다.

그해 10월 17일 나는 소련 국경일 행사에 초대받아 한국 대사로서 최초로 소련대사관에 발을 들여놓게 되었다. 함께 참석한 북한 외교관의 당황스럽고 불편한 표정이 아직까지 잊히지 않는다.

유엔 한국 대표부는 뉴욕에서 소련·중국을 상대로 외교 노력을 계속하면서 워싱턴에도 눈을 돌려 유엔 가입 지지를 호소하기

Chapter 03 _ 현홍주 101

로 했다. 우리는 미국 대통령이 유엔 정기총회에서 한 역대 연설 기록을 살펴보고 미국 대통령이 한국의 유엔 가입에 대해 언급한 적이 있었는지 확인해보았다. 그런데 놀랍게도 그와 같은 내용은 없었다. 몇 해 전 미국 국무장관이 언급한 적이 한 번 있었을 뿐이었다. 우리는 일단 이러한 사실을 파악하고, 부시 대통령이 정기총회 개회식 연설 차 뉴욕에 오면 직접 확고한 지지를 표명해달라고 미 국무부와 백악관 국가안보회의에 강력히 호소했다. 상황이 이렇게 전개되면서 나는 몇 차례 워싱턴을 방문했다. 유엔 대사가 워싱턴에서 활동하는 것이 드문 일이기는 했지만, 그 정도의 문제는 감수해야 했다.

조지 H. W. 부시 대통령의 뉴욕 연설이 예정된 1990년 10월 1일, 한국 대표단은 무척 긴장하였다. 그 날 아침 미국 대표단에서 한국의 유엔 가입 문제가 부시 대통령 연설문에 포함된 것 같다는 희망적인 언질이 있기는 했다. 하지만 부시 대통령이 한국의 유엔 가입에 대해 실제로 언급할지 안 할지는 확신하지 못했다. 부시 대통령은 이라크의 쿠웨이트 침공을 비난하면서 국제사회가 합심해 단합된 대응을 해야 한다고 강조한 후 이렇게 말했다.

"… 또한 우리는 전 세계 모든 나라의 보편적 유엔 가입이 유엔 미래에 중요하다고 믿습니다. 미국은 대한민국의 유엔 가입을 전적으로 지지합니다. 한반도의 통일이라는 궁극적인 목표에 반대하지 않고, 그리고 조선민주주의인민공화국의 동시 가입을 반대하지 않으면서 대한민국의 유엔 가입을 지지하는 바입니다."

유엔 총회 회의장 옆 구석 비좁은 자리에서 이 연설에 귀 기울이고 있던 한국 대표단은 박수를 치기 시작했다. 유엔의 의전 관례에 어긋나는 것을 알았지만 그 기쁨을 억누를 수 없었다. 미국 대통령의 직접적인 지지를 받았으니, 북한과 그 동맹국의 반대에 마지막 일격을 가했다는 생각이 들었다. 부시 대통령의 연설과 공식적인 리셉션이 끝난 후 예상했던 대로 북한의 박길연 대사가 내게 다가와 부시의 연설이 아주 훌륭했다고 말했다. 어떤 점이 그렇게 좋았느냐고 묻자, 박 대사는 "미국 대통령이 북한을 공식 국호인 조선민주주의인민공화국이라 불렀지요. 공식 연설에서 처음 있는 일인데, 아주 좋았습니다"라고 대답했다.

이후 유엔 가입 절차가 바로 가동되었다. 소련과 중국을 포함한 유엔 각국의 분위기가 우리에게 유리하게 변하고 있다는 느낌이 들었다. 특히 중국이 그해는 아니더라도 그 이듬해에 우리의 가입을 지지할 것이라는 정보도 입수되었다. 나는 노태우 대통령과 한국 외무부에 이러한 사안을 보고하면서 1991년에는 반드시 공식적인 가입 신청서를 내야 한다고 건의했다. 노태우 대통령의 승인이 떨어지자(보고서 결재난에 '새해에 신중하게 추진할 것'이라고 자필로 지시), 유엔 한국 대표부는 모든 유엔 회원국에 다음해에 회원 가입을 정식으로 신청하겠다는 공식 외교 문서를 돌렸다.

이런 진전에도 불구하고 아직 몇 가지 장애물이 남아있었다. 한국에서는 일부 정치인들이 남북 대화에 해가 될 것을 걱정하여 이 움직임에 반대했다. 북한은 한국의 가입이 승인되고 자신들의 가입은 거부될까봐 마지막 순간까지 걱정하며 주저하고 있었다. 나중에 어느 중국 외교관에게 들은 바로는 북한의 그러한 두려움은 중국이 북한에게 절차상 그런 일은 불가능하다고 안심시킨 후에야 해소되었다고 한다. 대한민국과 조선민주주의인민공화국의 가입 신청이 안전보장이사회에 하나의 단일 의제로 묶여 제출되기 때문에 그런 걱정은 하지 않아도 된다고 중국이 조언했다는 것이다.

이 시기에 우호국들의 외교사절들은 한국 사절단에 아낌없는 지지를 보내고 있었다. 토마스 피커링 대사가 이끄는 미국 사절단은 중국 정부의 당시 입장을 파악하여 알려주는 등 세심하게 도와주었다. 요시오 하타노 대사가 이끄는 일본 대표단은 내게 "중국과 러시아를 변화시키려고 너무 애쓰지 마세요. 결국에는 미국이 얼마나 지원을 하느냐에 따라 모든 상황이 달라지니까요"라는 조언을 해주었다. 그 밖에 다른 우호국 유엔 사절단의 많은 유익한 조언도 전략을 짜고 실행하는 데 큰 도움이 되었다.

이러한 과정이 있었기에 남북한 유엔 동시 가입 발표가 있던 날 유 차관이 늦은 밤임데도 불구하고 굳이 내게 전화를 걸었던 것이다. 북한의 결정을 알려주려는 목적 외에 마침내 내 노력이 보상을 받았다고 말해주고 싶어 했다.

1991년 9월 19일 우리가 정식 유엔 회원국으로서 처음 참석한 유엔 총회가 열렸다. 나는 대한민국 공식 대표단의 일원으로 참석하도록 지시를 받았다. 워싱턴에 있는 대사로서 받은 이례적인 영광이었다.

대한민국은 1948년 독립 이후 남북한 동시 가입을 위해 줄곧 유엔의 문을 두드려왔다. 그리고 53년이 흐른 뒤에야 비로소 그 문을 열고 들어가게 되었다. 대한민국의 유엔 가입 성공 이야기는 뚜렷한 목표를 향한 집중적 추구, 탄탄한 전략, 주요국 정부와의 효율적인 논의, 그리고 나라 안팎의 회의론에도 불구하고 시의 적절하게 내린 결단의 복합체다. 물론 미국의 역할도 과소평가될 수 없을 것이다. 노태우 대통령의 6공화국은 유엔 가입 성공을 통해 북방정책 실현을 위한 중요한 이정표를 만들게 되었다.

노태우 대통령과 조지 H. W. 부시 대통령

1991년 5월 17일 대사 신임장을 제정한 지 한 달 후, 나는 백악관에서 부시 대통령의 국가안보보좌관 브렌트 스코크로프트를 면담했다. 그 날 내가 가지고 간 중요한 안건은 부시 대통령과의 회담을 위해 노태우 대통령의 방미 일자를 확정하는 것이었다. 그해 여름에 한미 정상회담을 개최하자는 암묵적 양해는 있었지만 미국 입장에서 구체적인 방미 일자를 정하는 데 시간이 좀 걸렸다.

스코크로프트 보좌관은 내가 회담일자를 최대한 빨리 확정하고 싶어 하는 것을 알고 있는 듯 바로 말을 꺼냈다. 그는 1991년 7월 1일부터 3일까지 워싱턴 D.C.에서 정상회담을 열자면서 이번에는 노태우 대통령을 위해 특별한 정성을 기울인 의식 및 행사를 준비하고 있다고 했다. 예를 들면 백악관 남쪽 잔디밭에서 고적대를 갖춘 의장대 사열 등 공식 환영 행사, 대통령 단독 정상회담과 고위급 각료들이 함께하는 회의, 백악관 연회실에서 열리는 여흥 프로그램과 무도회가 포함된 공식 만찬 등을 계획한다고 했다. 놀라움을 감추지 못하는 나를 보며 스코크로프트 보좌관은 이번 행사가 국빈 방문(State visit)이 될 것이라고 확인해 주었다.

면담에 함께 참석한 유명환 대사관 정무참사관과 내겐 말 그대로 듣던 중 반가운 소리였다. 우리는 방문일자만이라도 확정하고 싶었던 것인데, 노태우 대통령이 미국 정부가 할 수 있는 최고의 격식을 갖춘 환영을 받게 된다는 전혀 기대치 않은 소식을 들은 것이다. 나중에 들은 바로 미국이 노태우 대통령의 방문을 국빈 방문으로 결정 내린 것은 민주적인 방법으로 선출된 한국 대통령을 정중하게 맞이하고 한미 간 굳건한 동맹 관계를 지원하기 위해서라고 했다. 이로써 1953년 이승만 대통령 이후 처음으로 국빈 방문이 이루어졌다.

방문 시일과 형태가 정해지고 나자 구체적인 회담 준비가 순탄하게 진행되었다. 노태우 대통령은 이미 2년 전인 1989년 10월 18일 미 상하양원합동회의에서 연설을 한 적이 있기 때문에 또 다시 연설할 필요는 없다는 데 의견이 모아졌다. 정상회담에서 다룰 주제로는 안보, 경제 및 통상에 관련된 일반적인 내용이 선정되었다. 양국 대통령이 특별하게 신경 써야 할 긴급한 사안은 없었고 대부분의 내용은 대통령의 각료 및 보좌관들 처리할 수 있는 차원이었다.

그러다 보니 한미 양국 대통령의 테니스 경기가 주요 안건이 되었다. 이렇게 된 데에는 그럴 만한 배경이 있다. 1987년 9월 노태우 대통령 후보가 로널드 레이건 대통령을 만나고자 워싱턴 D.C.를 방문했을 때, 당시 마찬가지로 대통령 후보였던 부시 부통령을 워싱턴 NBC 텔레비전 방송국에서 마주치게 되었다. 두 후보자는 각각 아침 뉴스 프로그램과 인터뷰를 하기로 되어있었다. 무대 뒤에서 담소를 나누는 동안 이들 두 대권주자들은 만약 둘 다 각자의 선거에서 승리한다면 테니스장에서 만나 축하 경기를 펼치자는 약속을 했다. 4년 전에 했던 이 약속을 지키고자, 노태우 대통령 방문 때 두 대통령이 백악관 테니스장에서 경기를 갖기로 한 것이다.

몇 가지 논의를 거친 후 테니스 경기를 복식으로 진행하자고 합의했다. 도널드 그레그 주한 미 대사와 내가 경기에 참여하는 영광을 얻었다. 그레그 대사와는 서울의 주한 미 대사관에 근무하고 있던 1973년부터 알고 지내온 사이로, 큰 이견 없이 어떻게 팀을 나눌지 수월하게 결정할 수 있었다. 우리는 그 경기가 미국과 한국 간 대결 구도로 가서는 안 되며, 더 중요한 것은 아무리 테니스장이라지만 그 어떤 대통령에게도 패배를 안겨주어서는 안 된다는 데 합의를 보았다. 두 대통령의 패배라는 난감한 상황을 연출하지 않기 위해 그레그 대사와 내가 한 팀이 되었다. 부시 대통령과 노태우 대통령 팀에 대항해 경기를 펼치게 된 것이다.

1991년 7월 2일 뜨거운 햇볕이 내리쬐는 오후, 경기가 시작되었다. 경기 전체가 한국에 중계되었으므로 국내에서도 관심이 뜨거웠다. 결과는 첫 번째 세트에서 6대 4로 두 대통령의 승리였다.

솔직히 말해서 그레그 대사와 나는 일부러 지는 경기를 연출하고 싶지는 않았다. 대신 우리는 승부욕을 약간씩 누른 채 공을 네트 너머로 부지런히 넘기는 일에 주력했다. 댄 퀘일 부통령이 나중에 이 경기 내용을 듣더니 그 날 두 대사가 테니스장에서 자신들의 경력관리를 잘 했다고 농담을 하기도 했다.

1992년 1월 부시 대통령이 서울을 방문했을 때 테니스 시합이 다시 열렸다. 장소는 청와대 테니스장이었다. 참가자는 똑같이 4인이었고 점수도 이전 백악관 경기 때와 크게 다르지 않았다. 부시-노태우 대통령의 유쾌한 테니스 경기는 그 직후 부시 대통령이 방문

했던 일본에서 열린 복식 경기와 극명한 대조를 이루었다. 부시 대통령과 주일 미국 대사가 일본팀과 경기를 펼쳤는데 왕세자와 그 파트너에게 참패당했던 것이다. 그 당황스러운 분위기란!

두 국가원수 사이에서 이뤄지는 정상회담은 비단 형식 때문만이 아니라 내용 면에서도 언제나 중요한 외교 행사다. 많은 경우 두 나라 간 난해한 문제가 이 최정상급에서 해결된다. 한편 대사관과 외무부 차원에서는 모든 외교 안건을 상세히 점검하고 성공적으로 해결할 기회가 된다. 또한 방문을 준비하는 과정에서 두 나라 정부 관리들은 상호 만족할 수 있는 결과를 찾기 위해 함께 일하고 협력하기 때문에 긴밀한 업무 관계와 동지적 친분을 만들어갈 수 있다.

정상회담이 갖는 가장 중요한 의미는 두 나라의 원수가 서로를 이해하고 개인적인 친분을 쌓는 기회라는 점에 있다. 다급하거나 위험한 시기에는 정상급에서 이루어지는 직접적인 의사소통이 가장 효과적일 수 있다. 다행히 노태우 대통령의 임기 동안 부시 대통령에게 직접적으로 이야기해야 할 만큼의 위기 상황은 일어나지 않았다.

마지막으로 정상회담의 실질적 가치는 두 나라의 국내 정치에 미치는 영향에 있다. 대통령이나 대통령 후보자가 성공적인 외교를 펼침으로써 자신이 정말 믿어도 될 유능한 지도자라는 점을 자국의 유권자들에게 과시할 수 있다. 1987년 9월 노태우 대통령이 당시 후보로서 워싱턴 D.C.를 방문했을 때 대통령 집무실에서 로널드 레이건 대통령 옆에 자연스럽게 다리를 꼬고 앉아 사진을 찍었다. 이 사진은 한국 언론에 크게 보도되었고 노태우 대통령의 선거 운동 기간 중 캠페인 자료로 활용되어 유권자들에게 강한 인상을 남겼다. 노태우 대통령은 임기 5년 동안 부시 대통령과 대략 일곱 차례의 회담을 가졌다. 장소는 대부분 워싱턴 D.C.와 서울이었고 유엔 정기총회가 열릴 때에 맞추어 뉴욕이 되기도 했다.

부시 대통령과 노태우 대통령의 만남은 순조롭게 진행되었고 모든 면에서 성공적이라는 평가를 받았다. '성공'을 뒷받침하는 이유는 어렵지 않게 짐작할 수 있다. 즉, 두 대통령이 개인적으로 서로를 좋게 생각했고 주요 사건과 목표를 다루는 데 서로 솔직할 수 있었기 때문이다. 나아가 그들은 국민들 앞에 '실패한' 정상회담을 보일 수도 없었다. 한미 관계에 어떤 틈이라도 생기면 회심의 미소를 지을 북한의 시선이 있는 한 더욱 그러했다.

핵 위기

1980년대 중반부터 미국 정보당국이 북한의 의심스러운 핵 활동을 감지했다는 사실은 지금은 다 알려져 있다. 하지만 일반 대중들에게는 1989년에 가서야 언론의 보도 및 미국과 한반도 주변 주요 나라들(중국, 러시아, 일본, 한국) 간의 협의과정을 통해서 알려졌다.

1991년 4월 부시 대통령에게 대사 신임장을 제정한 지 얼마 지나지 않아 나는 북한의 핵 활동에 관한 미 국무부 브리핑 자리에 초대받았다. 당시 나는 핵 문제에 대해 이미 한국 정부의 브리핑을 받은 상태였는데, 워싱턴에서 보았던 고해상도 위성사진은 매우 인상적이었다. 이후 워싱턴 D.C.에서의 2년 임기 동안 북한 핵 문제는 가장 큰 비중을 차지하는 업무가 되었다.

1991년 초 미국과 한국은 북한이 핵을 포기하도록 압력을 넣기 시작했는데, 이에 대하여 북한은 핵 야망을 강하게 부인하고 있었다. 국제원자력기구(IAEA)가 북한에 핵사찰을 점점 더 요구했지만 북한은 협조를 거부했다. 이유는 미국이 한국에 핵무기를 보유하고 북한을 위협하는 한 IAEA의 핵사찰 요구를 받아들일 수 없다는 것이었다.

시간은 점점 흘러 여름이 되었다. 하지만 그다지 진전된 바가 없는 상태였다. 이 기간 동안 한국 대사관이 외무부와 청와대에 보고했던 내용의 범위는 실로 방대했다. 싱크탱크, 군비통제 및 핵 확산 방지 분야의 전문가 집단 등 워싱턴 D.C.의 다양한 경로를 통해 모은 정보와 자료도 있었고, 미 국무부, 국가안전보장회의 및 기타 미국 정부 기관들과 나눴던 커뮤니케이션 내용도 있었다. 핵 문제의 본질, 미국의 정책 방향과 그에 내재된 계산을 명백히 밝히기 위해 우리는 전문 및 보고서의 목표를 서울의 정책결정자들이 이 위험한 상황을 다룰 때 도움을 줄 수 있고 그리하여 핵 문제가 한미 관계에 부정적인 영향을 미칠 잠재성을 미연에 방지하는 것에 두었다.

《두 개의 한국》이라는 책의 저자인 돈 오버도퍼에 따르면 1991년 8월 소련의 크레믈린 쿠데타가 실패로 끝나 소련의 분열이 촉발되고 세계 전략의 판도가 바뀌면서 핵 문제 해결을 위한 돌파구가 찾아왔다고 했다. 미국은 소련이 붕괴되면서 소련의 핵무기가 위험한 정권의 수중에 넘어갈 가능성이 있다고 보고 우려하고 있었다. 미국이 대적할 상대가 없는 초강대국으로 부상하면서 한반도에도 직접적인 영향을 미치는 핵무기에 관한 중요한 전략적 결정이 내려졌다.

1991년 9월 23일 노태우 대통령은 부시 대통령과 정상회담을 가졌다. 노태우 대통령이 유엔 신규가입 회원국 국가원수로서 유엔 총회에서 연설하기 위해 뉴욕을 방문하고 있을 때였다.

월도프 아스토리아 호텔에서 열린 회담에서 부시 대통령은 제임스 베이커 국무장관, 브렌트 스코크로프트 국가안보보좌관과 그 밖의 다른 관리들과 함께 노태우 대통령, 최호중 외무부 장관 및 참모들을 만났다. 부시 대통령은 한국의 안보를 확실히 지키겠다고 약속한 후, 전 세계로부터 전술핵무기를 철수한다는 결정을 곧 내릴 것임을 간접적으로 시사했다. 노태우 대통령은 미국 대통령이 안보 공약을 거듭 강조하자 안도하는 것 같았다. 노태우 대통령이 유엔 방문을 마치고 한국으로 돌아오는 도중 미국은 모든 전술핵무기를 철수할 것임을 다시 한 번 공식적으로 알렸다. 며칠 후인 9월 27일에는 공식 발표를 했다.

1991년은 북한에게 힘겨운 한 해였다. 그해 1월 '사막의 폭풍' 작전에서 미군은 막강한 화력과 첨단 신병기의 위력을 자랑하며 이라크군에 참패를 안겼다. 이를 보며 북한 장성 및 지도층은 등골이 오싹했을 것이다. 5월 북한은 유엔 동시 가입에 더 이상 저항하지 않기로 했다. 소련과 중국이 북한을 지지하는 거부권을 행사하지 않겠다고 했기 때문이다. 소련은 8월에 일어난 크레믈린 쿠데타의 실패로 그 해 12월 붕괴되고 말았다. 동시에 중국은 한국에 대한 태도가 호의적으로 변하고 있다는 신호를 보내기 시작했다.

북한은 점점 더 고립되어가는 상황을 감지하던 차에 미국이 한국에서 모든 핵무기를 철수한다는 소식을 듣고 고무된 것 같았다. 이때 한국 정부가 화해와 협력을 위한 대화를 제시하자 몇 차례의 대화에 동의했다. 이로써 마침내 역사적인 두 개의 남북협약이 이루어졌다. '남북 사이의 화해, 불가침 및 교류·협력에 관한 합의서'와 '한반도의 비핵화에 관한 공동선언'에 서명하여 '핵무기를 시험·제조·생산·접수·보유·저장·배비(配備)하거나 사용하지 않기로' 하고, 또한 '남과 북은 핵재처리 시설과 우라늄농축 시설을 보유하지 않기로' 했다.

한국에서는 핵재처리 시설을 포기한다는 항목에 많은 논란이 일었다. 많은 과학자들이 미래의 핵재처리 시설을 포기하는 것은 우리 경제로서는 자살행위나 다름없다고 주장했다. 일부 군사 전문가들은 북한이 미래에 핵을 소유할 가능성에 대비하여 핵재처리 시설을 갖추고 싶어 했다.

이 시기에 워싱턴 D.C.에 있는 한국 대사관은 군비 규제 분야의 미국 정부 및 비정부 전문가들과 연락을 취하느라 매우 바빴다. 핵문제에 관하여 미국의 입장을 더 이해하고 한국이 우려하는 바를 잘 설명하기 위해서였다. 우리는 미국의 입장이 정부 측이든 비정부 측이든 매우 단호하다는 것을 알게 되었다. 나는 워싱턴에 기지를 둔 싱크탱크의 군비 규제 및 핵확산 방지 전문가들을 만나보았다. 그 자리에서 미국은 왜 일본이 고속증식로를 포함한 핵재처리 시설을 보유하도록 하면서 한국에게는 안 된다고 하는지를 물었다. 그러자 새삼스러울 것 없는 답이 돌아왔다.

"한국은 일본이 아닙니다."

노태우 대통령과 정책보좌진은 미국이라는 가장 중요한 동맹국을 버리는 위험을 감수하며 핵재처리 시설을 유지하는 것보다는 한국과 미국의 양자 관계를 해치지 않고 남북 대화를 통해 핵문제를 해결하려는 한국의 노력에 지원을 보장받는 것이 우리의 국익에 더 중요하다고 판단했을 것이다.

노태우 대통령은 핵재처리 시설을 포기하는 결정에 동의했고 다

사다난했던 1991년을 넘기고 다음해 1992년 1월 20일 북한과 한반도 비핵화 공동선언을 발표했다.

북한의 핵문제를 다루면서 깨달은 바가 있다면, 비록 미국과 한국이 같은 목표를 추구한다 해도 상황이 진전되면서 각자의 접근 방식에는 차이점이 존재한다는 것이었다. 미국이 세계 핵 비확산이라는 관점에서 이 문제의 심각성과 다급성을 강조하는 반면, 한국 정부는 남북협상으로 해결할 수 있는 남북한문제라고 생각했다. 미국은 북한과 양자 대화를 원했지만, 한국 정부는 이제 막 가시적인 결과를 내기 시작한 남북대화가 북한과 미국의 직접적인 접촉으로 방해받을 것을 우려하여 반대를 표명했다.

노태우 대통령의 대표 외교 정책인 북방정책의 특징 중 하나는 한국이 주도권을 가지고 북한을 상대하는 것이었다. 노태우 대통령이 "우리는 모스크바와 베이징을 경유하여 평양에 갈 것이다"라고 한 말은 러시아와 중국을 한국의 편으로 만듦으로써 북한에 개혁과 변화의 압력을 넣는다는 의미였다. 결국 북한은 별 다른 도리 없이 한국과 충실한 관계를 맺게 된다는 것이다. 이런 의미에서 북방정책은 포위정책이다.

워싱턴 D.C.에 있는 한국 대사관은 이 전략을 실행하는 데 있어 미국 정부의 지지를 확실하게 받는 중요한 임무를 맡고 있었다. 미국 정책결정자의 입장에서는 북한의 진실성과 정직성에 의심을 품기도 했지만, "한반도 문제 논의에서 남북 간의 대화가 우선임"을 주장하는 한국 정부의 의견을 줄곧 존중했다. 미국이 이런 지지를 보낸 것은 한국 전략이 미국 정책결정자들에게도 합리적으로 보였고 그 전략이 비단 남북 관계에서뿐만 아니라 국제적으로도 의미 있는 성공을 거두었기 때문이다. 더욱 근본적인 관점에서 보면 실무 차원에서는 물론이고 정부 최고위층 사이에 상호 신뢰가 형성되어 평화로운 관계의 핵심을 이루었기 때문에 가능한 것이었다.

미국은 북한과의 직접적인 접촉을 적극 추진하지 않는 등 자제하는 태도를 유지했다. 동시에 나는 미국 정책이 "한국 정치의 볼모"가 되고 있다고 주장하며 미국 정책의 온당성에 때로는 노골적으로 불만을 표하는 일부 미국 관료들 사이에 상당한 반대 의견이 있음을 감지할 수 있었다. 이러한 상황에서 한국 정부는 미국과 북한의 고위 당국자가 한 차례 회담을 개최한다는 데에 동의했다. 단, 회담이 북미 관계 정상화를 위한 협상과정이 아니라 IAEA가 핵사찰을 할 수 있게 북한을 설득하는 목적이어야 한다는 조건을 붙였다.

1992년 1월 21일 아놀드 캔터 미 국무부 차관과 김일성 주석의 측근으로 알려진 북한 노동당 김용순 비서가 만났다. 회담은 계획대로 진행되었는데 사전 준비한 내용에 따라 발언을 교환하는 식이었다. 차후 회담 가능성에 대한 약속이나 언질 같은 것은 없었다.

그 날 오후 캔터 차관이 내게 전화를 걸어 뉴욕에 있는 미국 유엔 대표부에서 열린 회담 내용을 설명해주었다. 한미가 미리 양해했던 내용에서 예상치 못하게 벗어난 것은 없었다.

다만 한 가지 혼란스러운 사건이 있었다. 2000년 6월 김대중 대통령이 평양에서 역사적인 첫 남북정상회담을 가졌을 때 김정일 위원장은 놀랍게도 북한은 주한 미군의 철수를 원하지 않는다며, 심지어 통일 이후에도 마찬가지일 것이라고 말했다. 김정일 위원장은 나아가 이러한 북한의 입장이 1992년 1월 뉴욕에서 김용순 비서가 캔터 차관을 만났을 때 이미 미국에 전달되었다고 했다는 것이다.

나는 이 이야기를 듣고 어리둥절했다. 캔터 차관이 회담 내용을 전해주었을 당시 주한 미군에 대해 언급했던 기억이 없기 때문이었다. 나는 당시의 메모를 확인해보고 외무부에 기록이 남아있는지 물어보았으나 그런 내용은 발견되지 않았다. 몇 개월 후 사석에서 캔터 차관과 만났다. 그는 김용순 비서로부터 주한 미군에 관한 어떠한 말도 들은 적이 없다고 했다. 의사 전달이 잘못되었던 건지 여부는 아직도 알 수가 없다.

1992년에는 한국과 미국 모두 선거가 있었다. 양국의 대통령이 각자의 국내 정치에 몰입해 있는 동안 북한은 영변 핵시설 사찰 문제에 집중하고 있었다.

1992년 5월 IAEA의 한스 블릭스 사무총장이 핵사찰을 논의하러 북한을 방문키로 했을 때만 해도 비핵화 과정이 좋은 출발을 했다는 좋은 예감이 들었다. 하지만 북한이 철저한 사찰을 회피하고 핵 프로그램에 대한 진실(특히 폐연료 재처리 내역)을 숨기는 등 IAEA 사찰단에 뻔뻔한 태도를 보이자 분위기가 험악해졌다. 북한은 IAEA가 요구한 '특별 사찰'을 끝내 받아들이지 않았다. 그리고 북한은 1993년 3월 12일에는 핵확산방지조약에서 3개월 이내에 탈퇴할 것임을 선언했다. 이 소식을 듣고 서울은 물론이고 워싱턴도 충격에 휩싸였다. 양쪽 모두 불과 몇 주 전에 대통령 취임식을 치른 상태로, 위기를 몰고 올 이 사건에 제대로 준비되어있지 않았다.

이 뉴스가 보도될 무렵 나는 새로 들어선 정부에 사직서를 제출한 후 귀국을 준비하고 있었다. 2개월 후 서울로 돌아올 때까지 후임자를 기다리는 동안 이 문제를 해결하기 위해 많은 시간을 들였다.

북방정책과 미국

중국과 외교관계를 수립한 것은 한국에게 대단히 중요한 역사적 사건이다. 북한의 핵 문제가 계속 위기 상황으로 발전되는 가운데 대한민국과 중화인민공화국은 1992년 8월 24일 수교를 발표했다.

같은 해 9월 주치첸 중국 대사의 초청으로 주미 한국 대사관의 고위참모와 나는 워싱턴 D.C.에 있는 중국 대사관에서 오찬을 함께 했다. 한국 외교관으로서 또 하나의 '최초'를 기록하는 자리였다.

1989년 헝가리와 다른 동유럽 공산권 나라들과 수교하기 시작하면서 북방정책은 1990년 소련과의 수교로 발전하였다. 1991년 유엔 가입을 성공시킨 후 마침내 한중 수교에까지 이르러 정책의 정점에 이르게 되었다.

북방정책의 특징은 다음 두 가지다.

첫째, 북방정책은 두말할 나위 없이 북한에 압력을 가하는 전략이다. 북한의 주요 동맹국인 중국·소련과 우호적인 관계를 수립하여 북한을 젖 떼기 과정으로 끌고 가면, 남북이 진실한 대화를 나누고 협력할 확률이 높아질 것이라고 보았다.

둘째, 북방정책은 외교의 다양성을 추구한 것이다. 냉전 시대가 종식되면서 세계의 지각변동을 감지한 한국 정부는 1945년 한반도의 분단과 독립 이후 제한되었던 외교의 영역을 넓히고자 시도했다. 게다가 당시는 1988년 서울올림픽을 성공적으로 치르고 자신감을 얻은 상태였다. 북방정책은 분명 한국이 주도한 것이며 어느 한 강대국의 거대한 세계 전략의 종속 변수가 아니었다.

이렇게 독립적으로 주도한 정책을 성공시키려면 미국의 지원이 매우 중요할 것이라는 게 노태우 대통령의 생각이었다. 따라서 사건의 중요한 고비를 넘길 때마다 미국과의 협의를 거쳤거나 사전에 알렸다. 간혹 미국 정부로서는 정보가 충분히 전달되지 않았다고 느끼는 경우도 있었지만 말이다.

한국 정부는 걸프전에 한국군을 파병하는 문제를 비롯한 여러 가지 주요 이슈에 대해 미국과 협력했지만, 한국이 맹목적으로 미국의 이익을 따른 것은 아니라는 점도 분명하다. 당시 한국인들에게 널리 퍼졌던 민족적 자긍심을 반영하여 용산 미군 기지 재배치 작업을 시작하고, 평화 시 작전통제권을 한국으로 인수한 것은 바로 노태우 정권 때였다. 미국은 노태우 대통령의 정책을 흔쾌히 지원했다. 두 나라는 분명 같은 목표, 즉 한반도의 평화와 지역 안정이라는 목표를 향하고 있었기 때문이다.

1987년 6월 29일 민주화 선언 이후 국내 정치가 안정을 찾은 것과 더불어 한국의 외교 지평을 확장한 북방정책이 성공한 것은 6공화국 노태우 정부의 특징으로 기록되고 또 기억되어야 한다. 이러한 성과가 훗날 북방정책의 창시자를 포함한 전직 대통령 두 명이 수감되는 불행한 사건으로 무색하게 된 것이 정말로 아쉬운 일이 아닐 수 없다.

이보다 더 좋을 수 없다

이 시기에 한국과 미국의 전반적인 관계는 더 이상 바랄 게 없을 정도로 좋았지만 한편으로는 몇 가지 어려운 점도 있었다. 한국의 대미 수출이 증가하면서 한국 수출품이 엄격한 감시를 받다 보니 무역 마찰이 불가피하게 일어났다. 대표적인 사례가 반도체 반덤핑 관세부과 문제였다. 다행히 한국 제조업체·무역협회·IT산업 소비자들이 연합하여 노력한 덕분에 본래 부과했던 덤핑 마진보다 훨씬 낮은 관세를 부과하여 최악의 시나리오를 막을 수 있었다.

또 하나의 사례는 전화 교환기 장비를 포함한 정부 조달물품이었다. 1993년 1월 빌 클린턴 대통령의 취임식 일주일 후쯤 나는 사무실에서 미국무역대표부(USTR)의 미키 캔터 대표의 전화를 받았다. 그는 이 문제를 해결하기 위해 대사관이 개입할 것을 협박까지는 아니었지만 매우 강력하게 요구했다.

지적재산권(IPR)문제는 나의 워싱턴 임기 마지막에 대두된 중요한 문제였다. 워싱턴과 서울에서 각각 새로운 정부가 자리를 잡기 시작했을 때, USTR은 한국 지적재산권 보호에 대한 비정기 검토를 실시하면서 한국을 지적재산권 보호가 매우 미흡한 나라라는 의미의 우선협상대상국(PFC)으로 지정하려 했다. 만약 이 상황을 그대로 내버려두었다면 한국은 미국 실무관료들에 의한 기계적 검토과정을 거쳐 공식적인 우선협상대상국으로 지정되었을 것이다. 그러면 새로운 두 정부는 국민들의 반응을 감당하기 어려웠을 것이다.

나는 퇴임하는 노태우 대통령에게 서한을 보냈다. 그리고 한국

법무부 장관에게 전화를 걸어 상황 설명을 한 후 우선협상국으로 지정되는 것을 막기 위하여 더 강력한 법 집행이 필요하다고 촉구했다. 한국 정부는 이 내용을 충분히 이해하고, 1992년 말부터 1993년 초까지 지적재산권 침해를 단속하는 대대적인 캠페인을 벌였다. 아울러 특별 예산을 편성하고 전국 검찰청마다 단속을 책임지는 전담 검사를 임명했다. 곤란한 상황을 막으려는 정부의 조직적인 노력이 시작된 것이다. 그 이후로도 한국 정부는 지적재산권 보호의 질을 높이기 위하여 법률과 단속 노력을 지속적으로 개선하고 있다.

대사 시절은 대부분 좋은 기억으로 남아있지만, 몇 가지 고통스러웠던 사건도 있었다. 1992년 4월 29일 로스앤젤레스 폭동 사건이 그것이다. 한국인이 소유한 가게에서 일어난 사소한 분쟁이 인종문제가 걸린 폭력 사태로 커져 코리아타운 전역에 퍼졌다. 구멍가게 규모였던 많은 상점들은 폭도들에 의해 약탈당하고 불에 탔다.

나는 백악관 경제자문위원회를 방문하여 연방정부의 개입과 응급 지원을 요청한 후 로스앤젤레스로 날아갔다. 공항에서 로스앤젤레스 경찰 대표가 마중 나와 내게 방탄조끼를 입으라 하고 폭동 현장으로 안내했다. 피해 지역은 여전히 폭동의 흔적이 생생했으나, 내가 할 수 있는 일이라곤 톰 브래들리 시장과 로스앤젤레스 경찰 국장을 만나 한인 사회의 보호와 지원을 요청하는 것밖에 없었다.

다행히 이 비극의 그림자 이면에 한 줄기 희망의 빛이 드리워져 있었다. 변호사 및 다른 전문직에 진출한 이민 1.5세대나 2세 청년들이 이 어려운 시기에 지도자로 나서 이들의 부모들 세대에게는 기대하기 어려운 훨씬 더 호소력 짙고 효율적인 목소리로 한인 사회를 대변했던 것이었다. 이 새로운 한인 세대는 한국 이주민들의 성공을 명백히 증명했을 뿐 아니라 앞으로도 강력한 세력으로 남을 것임을 보여주었다. 로스앤젤레스 폭동은 국제 정치 및 개인의 삶에 영향을 미친 사회·문화적 요소를 포함한 한미 관계가 얼마나 복잡다단한지 오래도록 인상 깊게 남도록 하는 계기가 되었다.

나는 유엔과 주미 한국 대사라는 외교 요직에 파견된 고위 외교관으로서의 업무를 대과 없이 잘 해냈다고 만족하며 워싱턴에, 그리고 30년에 조금 못 미친 공직생활에 작별을 고했다. 그리고 1993년 4월 서울로 돌아와 민간 영역에서 인생의 새로운 막을 열었다.

워싱턴 D.C.와 유엔에서의 날들을 회상할 때 늘 함께 떠오르는 이들이 있다. 주미 한국 대사관과 유엔 본부에서 열심히 일한 동료들은 물론이고 정부 안팎에서 만난 수많은 한미 두 나라의 친구들이다. 그들이 없었다면 이렇게 해피엔딩으로 공직생활을 마무리할 수 없었을 것이다.

한승수
(1993~1994년)

한승수 대사는 유엔사무총장 세계지속성고위급위원회(GSP) 위원, 물과 위생에 관한 자문위원회(UNSGAB) 위원, 물과 재해에 관한 고위급전문가회의(유엔) 의장, 글로벌녹색성장연구소(GGGI)이사회 의장, 미국 맨스필드재단 이사, 전직 국가·정부수반회의인 마드리드클럽 회원, 김앤장법률사무소 고문, 영국 스탠다드차터드그룹 독립비상임이사 등으로 활동하고 있다. 3선 국회의원을 지냈으며 상공부 장관, 주미대사, 대통령비서실장, 부총리 겸 재정경제원 장관, 외교통상부 장관, 제56차 유엔총회 의장, 유엔사무총장기후변화특사, 이명박 정부의 초대 국무총리를 역임했다. 1968년 영국 요크대에서 유럽 경제통합의 연구로 경제학 박사학위를 받았다. 서울대 경제학과 교수로 종사했고, 영국 요크대, 케임브리지대, 일본 도쿄대와 정책연구대학원대학, 미국 하버드대에서 강의 혹은 연구를 했다. 저술로는 최근의 〈Beyond the Shadow of 9/11, A Year at the United Nations General Assembly〉 외 한영 저술과 학술논문이 많이 있다. 청조근정훈장(1990년), 수교훈장광화장(2004년), 유엔을 대표하여 2001년 노벨평화상(Nobel Peace Prize 2001), 2004년 영국여왕 엘리자베스II세로부터 명에 영국기사작위(KBE)를 받았다.

　　　　1993년 3월 1일, 삼일절 낮에 집사람과 점심을 들고 있는데 김영삼 대통령으로부터 전화가 왔다. 제14대 대통령으로 취임한 지 며칠 안 되었던 김 대통령은 나에게 문민정부의 초대 주미대사를 맡아달라고 제의했다. 이 인사 관련 건에 대하여 아직은 누구에게도 이야기하지 말라는 당부와 함께.

　　이러한 김 대통령의 제의는 다소 의외였다. 1960년대 대부분의 한국 유학생들과 다르게 나는 영국에 유학을 갔고 박사논문도 유럽통합에 관한 것이었다. 서울대학교 교수로 재직하던 때에 풀브라이트 교환교수로 1985~1986년간 하버드대학교 경제학과에서 일 년을 보낸 것이 그때까지 내 미국 생활의 전부였다. 물론 1988~1990년간의 상공부 장관 시절에 한미통상마찰의 해결, 특히 미국의 1988 종합무역법 301조 협상을 성공적으로 이끄는 과정에서 칼라 힐스 미국무역대표, 로버트 모스배커 상무부 장관, 댄 로스텐코스키 하원 세입세출위원장 등 몇몇의 미국 주요 정관계인사들과 절친하게 지내는 사이가 되기는 하였다. 하지만 그것은 조지 부시 대통령의 공화당 행정부 때의 일이었고, 이제 미국은 1993년 1월 20일에 취임선서를 한 빌 클린턴 대통령이 이끄는 민주당 행정부가 출범한 지 한 달밖에 안 되는 시점이었다.

그런데 미국 정부로부터 아그레망을 기다리고 있는 기간이던 1993년 3월 12일 북한은 북한핵시설에 대한 국제원자력기구(IAEA)의 특별사찰을 거부하면서 핵확산금지조약(NPT) 탈퇴를 선언하였다. 북핵문제로 촉발된 위기가 시작된 것이었다. 내가 워싱턴에 도착한 것은 그로부터 한 달 뒤인 4월 19일이었다.

당시 워싱턴의 주미대사관은 훌륭한 외교관들로 채워져 있었다. 특히 북핵 관계를 다루는 정무라인은 정무공사에 반기문(현 유엔사무총장), 정무참사관에 임성준(전 캐나다대사, 전 국제교류재단 이사장)과 그후에는 권종락(전 외교부1차관), 일등서기관에는 김숙(현 국가정보원 제1차장), 박인국(현 주유엔대사), 이용준(현 외교부차관보) 등이 포진하고 있었다.

나는 주미대사의 역할은 우수한 외교 인력을 잘 배치·활용하여 북핵문제 해결과정에서 국가이익을 지키면서 한미관계를 잘 조율하고, 한미경제마찰을 최소화하여 무역을 증진시키며, 민주주의를 뿌리 내리게 한 문민정부와 변화하는 한국을 미국조야에 올바로 알리고, 250만 재미동포들의 권익을 보호하는 일이라고 생각하였다. 나는 주미대사로서 이러한 목표를 달성하는 데 최선을 다했다고 생각하고 있으며 나름대로 성과도 거두었다.

그러나 이 회고록에서는 북한핵문제와 관련한 카터 전 대통령의 주미대사관저 방문을 전후하여 당시 주미대사의 활동에 한정해 기록하려고 한다. 다만 외교활동의 비밀도 보장해야 하므로 대화의 구체적 내용보다는 주로 다루었던 대강의 화제만을 기록하였다. 또한 재미교포들의 미국 주류 사회 진입을 돕기 위하여 규제적인 국내 정책을 개선토록 건의하여 이룬 성과와 문민정부의 주미대사로서 개방을 통해 교민들을 감싸고 교포들의 애환을 풀어주며 격려하였던 중요한 구체적 활동 등에 대해서는 다른 계기에 기록을 남기도록 할 것이다.

지미 카터 전 미국대통령이 로잘린 여사와 함께 워싱턴 시내 스프링 밸리 지역에 있는 한국대사관저를 방문한 것은 1994년 6월 10일 오후 8시였다. 무엇보다도 미국의 전직대통령이 우리나라 대사관

저를 방문한 것은 전무후무한 일이었다. 전날 카터 전 대통령은 백악관의 안보팀과 국무부 북핵협상팀으로부터 북한의 핵문제에 대한 브리핑을 듣도록 되어있었다. 그는 한국 측의 설명도 듣는 것이 방북활동에 도움이 될 것으로 생각하여 워싱턴 매사추세츠가에 있는 주미대사관을 방문하여 나를 만나고 싶다고 연락을 해왔었다.

　나는 대사관에서 오후 6시까지 카터 전 대통령의 내방을 기다리고 있었다. 그러나 백악관의 브리핑이 생각보다 시간을 오래 끌고 있었다. 그런데 그날은 공교롭게도 매년 워싱턴에서 열리는 연례 볼(ball)이 있는 날이었다. 한국대사관저에서는 여기에 참석하는 주요 유대인 기업가내외 30여 명이 볼에 참석하기 전에 만찬을 하도록 오래전부터 계획되어 있었다. 나는 이 행사를 주관해야 하기 때문에 나를 만나려 한다면 대사관저로 올 수밖에 없다고 카터 전 대통령 측에 연락을 해놓고 퇴근을 하였다. 카터 전 대통령 내외가 대사관저에 도착했을 때는 오후 8시로 공식행사장에서는 이미 만찬이 진행되고 있었다. 하는 수 없이 우리들은 카터 전 대통령 내외를 내실에 있는 가족식당으로 초대하여 대접하지 않을 수 없었다. 행사장의 손님들은 반기문 공사 내외가 맡아 접대를 하도록 하였다.

카터 전 대통령 내외와 우리 내외, 그리고 권종락 정무참사관과 기록을 위해 배석한 김숙 일등서기관 등 여섯 명이 한식으로 준비된 만찬했는데, 이때 나는 남북관계사를 비롯하여 북핵문제 등에 대하여 자세히 설명을 해주었다. 놀라운 사실은 카터 전 대통령은 남북 간에 있었던 접촉 또는 회의내용이나 공동선언문에 대해서는 거의 아는 것이 없었다는 사실이다. 나는 7·4공동성명, 1991년의 남북한 간 기본합의서를 비롯한 각종 남북접촉 관련 자료들을 주었다. 카터 전 대통령은 서울로 가는 비행기에서 이를 모두 읽겠다고 하였다.

그날 밤 워싱턴에서 애틀랜타로 떠나는 비행기를 타고 다시 차편으로 고향인 프레인스까지 가야 하므로 시간이 없다고 보좌진들이 말했는데도 카터 전 대통령과 로잘린 여사는 처음 먹어보는 김치지만 너무 맛있다면서 물김치를 네 그릇이나 해치웠다. 다만 로

잘린 여사는 이틀 후 긴 여행을 떠나야 하는 카터 전 대통령이 혹시 김치과식으로 배탈이라도 나면 어떻게 하느냐고 걱정을 했다. 그러나 집사람은 발효식품이라 그런 일이 없을 것이라고 안심시켰다. 그들은 보좌관의 독촉이 매우 서운한 듯이 억지로 관저를 떠나 마지막 비행기 편으로 고향으로 돌아갔다.

이틀 후 카터 전 대통령은 미국을 떠나 서울을 거쳐 민간인으로서는 처음으로 DMZ를 건너 북한 평양에 가서 김일성 주석을 만나도록 계획이 되어 있었다. 사실은 처음부터 방북을 탐탁하게 생각하지 않았던 백악관이나 국무성은 그때까지도 카터 전 대통령의 방북에 적극적 지원을 보내지 않고 있었다. 클린턴 행정부에 영향력이 강력했던 조지아주 출신 샘 넌 상원군사위원회 위원장만이 꾸준하게 카터 전 대통령의 방북을 지지하였었다.

나의 주미대사 재임기간 중에 북핵문제는 한미 양국 간에 가장 큰 현안문제였다. 특히 카터 전 대통령의 방북 전후의 한미관계는 매우 급박하게 전개되고 있었다. 당시에 얼마나 분주하게 한미 간의 협의와 조정이 이루어졌는지는 내가 그 기간 동안에 면담한 미국 행정부나 의회 인사들의 면면이나 면담내용을 보더라도 잘 알 수 있다.

카터 전 대통령이 관저를 방문하기 나흘 전인 1994년 6월 6일 오후 3시 30분에 나는 국무부에서 피터 타노프 정무 차관을 만나 북핵과 관련하여 한국 내의 분위기와 우리 정부의 입장을 전하고 미국 측의 입장을 문의하고 조율하였다.

6월 7일 12시에서 1시 35분까지 월라드호텔에서 래리 섬머스 재무 차관을 만나 북핵문제에 우려를 전달하고 우루과이 무역협상 이행법안의 의회통과가능성과 나폴리 G-7정상회의 관련하여 우리의 입장을 전달하였다.

6월 8일 10시에 국무부에서 조안 스페로 경제담당 차관을 만나 한미 경제관계가 우호하다는 것을 확인하였다. 이것은 당시의 미일과 미중 경제관계와 대조되는 관계라고 스페로 차관은 이야기했다. 한미 간 갈등의 소지가 있을 수 있는 북핵문제 해결과정에서 경제 분야에서만은 쌍무 간 마찰을 미연에 방지해 놓아야 했다.

6월 9일 11시 30분에 미국 의회에서 존 카지치 하원 군사위원회와 예산위원회의 공화당 간사를 면담하고 한반도 안보상황에 대한 의회의 지속적인 관심과 방산기술이전을 NATO수준으로 격상시키는 데 의회의 협조를 요청하고 한반도 전쟁억제를 위한 한미 공동목표 달성에 의회의 지원을 당부하였다.

6월 10일 오후 8시 지미 카터 전 대통령이 한국대사관저를 방문하였다. 나는 우선 카터 전 대통령이 퇴임 후에도 인류의 평화와 인권의 신장을 위해 노력하고 있는 데 대하여 경의를 표하고, 방북 결정이 급작스럽게 이루어지기는 하였으나 성과 있는 방문이 되기를 바란다고 말했다. 그리고 김영삼 대통령이 그가 서울에 도착하는 날 청와대에서 만찬을 계획하고 있다고 알려 주었고, 북한핵 개발의 배경도 설명했다. 나는 이미 백악관 국가안보위원회와 국무부에서 브리핑이 있었던 것을 알고 있으나 한국적 시각과 입장에서 우리가 보는 북한핵 개발 이유와 최근의 중요 동향, 그리고 북한 측이 구사하는 전통적 외교전략·전술을 설명했다. 그러면서 카터 전 대통령이 김일성 주석에게 사태의 심각성을 인식시켜 IAEA가 요구하는 안전조치를 회복하도록 하고, 그렇지 않은 경우에 유엔 안전보장이사회 제재의 불가피성을 강조해 달라고 하였다. 또한 북한이 핵 투명성을 보여야 오히려 국제적 고립을 탈피할 수 있고 세계 각국의 지원도 가능하며 체제의 유지에도 도움이 된다는 점을 강조해 달라고 하였다. 카터 전 대통령은 한국 측의 입장을 정확하게 알기 위해서 나를 방문했던 것이므로 주로 듣기만 하였고 뚜렷하게 자기 의견을 제시하지는 않았다.

카터 전 대통령은 6월 14일에 로잘린 여사, 그리고 CNN의 조단 사장과 카메라 팀을 이끌고 DMZ를 넘어 북한으로 들어갔다. 카터 전 대통령이 방북 기간 중에 김일성 주석과 함께 즐기던 대동강의 유람은 CNN을 통하여 전 세계로 생방송되었다.

6월 17일 10시에 국무부에서 북한핵 협상대사인 갈루치 차관보를 만났다. 나는 무엇보다도 카터 전 대통령의 방북이 북한핵 문제 해결에 도움이 되기를 바라지만, 그는 이미 IAEA영역을 침해했고 유엔안보리 제재의 모멘텀을 잃게 하도록 하여, 오히려 상황을 복잡하게 하고 있다는 비판이 일고 있다고 전하였다. 더불어 카터 전 대통령에게서 전달돼 온 메시지가 있는지, 카터-김일성 2차 회담의 내용을 알고 있는지를 문의했다. 그러자 카터 전 대통령으로부터 대동강의 유람선 상에서 행한 그의 CNN인터뷰 내용 외에 아직은 없다고 했다는 메시지가 왔다. 카터 전 대통령이 유람 중의 CNN인터뷰에서 유엔제재조치의 중지설을 유포했는데 미국 측은 사실과 다르다고 해명하였다.

나는 6월 10일 김영삼-클린턴 대통령 간의 통화 시에 미국 측은 카터 전 대통령이 개인자격으로 북한을 방문하는 것이며 어떠한 메시지를 갖고 오더라도 유엔제재는 영향을 받지 않을 것이며 양국 간에 합의가 안 되면 어떠한 것도 발표하지 않겠다고 한 통화내용을 상기시켰다. 그때 처음으로 TV 디플로머시(diplomacy)라는 새 용어가 쓰이기 시작하였다.

6월 19일 북한에서 김일성 주석과 남북정상회담을 주선하고 돌아와 조지아주 애틀랜타에 막 도착한 카터 전 대통령과 나는 오후 9시 5분에 통화를 하였다. 피곤한 줄은 아나 북한이 핵문제 해결에 의지를 보이고 있고 또 남북정상 회담에 관한 메시지를 갖고 온 데 대하여 평가하며 우리 정부는 서울시간으로 오늘 오전 10시(DC시간 오후 9시)에 6월 28일 남북정상회담을 위한 부총리급 준비회의를 갖자고 제의했다고 알려주었다. 이에 대하여 카터 전 대통령은 준비회의 제의는 좋은 생각이며 항상 비밀을 보장할 터이니 한국 정부가 필요할 때에는 언제든지 협조를 요청하기 바란다고 했다.

6월 20일 청와대 외교안보수석의 요청으로 김일성 주석의 다음과 같은 발언요지를 카터 전 대통령을 수행하여 북한에 다녀온 국제담당 매리온 크릭모어 대사에게 확인하여 알려주었다. 즉 김일성 주석은 "아무런 전제조건이나 철저한 예비회의 없이 조기의 정상회담을 원하고 있다"는 것이다.

6월 20일 오전 11시 45분에 칼루치 차관보의 요청으로 국무부에 들어가니 그는 전날 저녁에 클린턴 대통령과 토니 레이크 안보보좌관을 만나 다음과 같은 사항을 결정했다고 했다. "오늘 중으로 북한의 뉴욕채널(주유엔 북한대표부)을 통해 6월 29일에 제네바에서 3차 회담을 제의하겠다. 그 조건은 ① 재처리동결, ② 연료재충전동결, ③ IAEA사찰관의 계속 주재, 그리고 ④ IAEA 안전조치의 계속성 유지 등이다. 만일 상기조건으로는 3차 회담 개최가 불가하다고 하면 칼루치 차관보가 6월 24일 제네바에서 북한의 강석주 외교부부부장을 따로 만나서 수석대표 간에 조건을 협의하자"라는 내용이었다. 그러면서 30분 전에 카터 전 대통령이 김일성 주석에게 보내는 편지의 사본을 받았다고 했다.

서울과 연락하여 훈령을 받은 나는 칼루치 차관보에게 6월 20일 밤 10시 30분에 전화를 하였다. 무엇보다도 한국 정부는 6월 24일 제네바에서의 수석대표 간 양자회의 건은 반대하여 보도삭제를 요구했으며 미북 3차 회담도 시기가 적절치 않으니 연기할 것을 요청하였다. 3차 회담의 연기는 쉽게 합의하여 7월 6일로 날짜를 바꾸었으나 양자회의에 관해서는 적지 않은 의견차이가 있었다. 그러나 결국에는 미국이 한국의 입장을 받아들여 수석대표회의를 갖지 않기로 했다.

6월 21일 청와대 외교안보수석은 김영삼 대통령의 요청이라면서 카터 전 대통령에게 연락하여 6월 28일 남북정상회담준비를 위한 부총리급 예비회담에 김일성 주석이 조속히 긍정적인 반응을 나타내기 바란다는 메시지를 보내 달라고 하였다. 카터 전 대통령에게 연락하니 자기는 영향력이 없는 사람이나(나는 "그러나 북한 사람들의 존경을 받고 있다"고 했다) 직접 채널이 없으니 뉴욕채널을 통해 내일 메시지를 보내겠다고 하였다.

6월 22일 서울시간 오후 1시에 북한이 한국의 부총리급 예비접촉 제의를 수락한 것을 안 카터 전 대통령은 나에게 다음과 같은 편지를 보내왔다.

"Having learned that President Kim Il Sung has approved the preparatory meeting for a summit meeting, I have offered my assistance if any problems should develop with this or other issues. Please relay my continuing offer to President Kim Young Sam."

6월 29일 오후 6시 30분 백악관에서 외교단을 위한 리셉션이 있었다. 빌 클린턴 대통령은 나를 보자마자 "It is an exciting time to both of us"라고 하면서 남북정상회담의 성공을 기원했다.

6월 30일 오후 3시 30분에 나는 미국 의회로 로날드 델럼 하원 군사위원회위원장(캘리포니아주 출신)을 만나러 갔다. 그는 앞선 2월 17~20일 북한방문을 고려했었으나 북한 측의 미온적인 반응으로 무산이 되었었다. 나는 북핵을 포함한 한반도 안보상황에 대한 그의 관심에 사의를 표하고 한국군 전력증강현황과 미국에 대한 방위산업기술이전이 NATO수준으로 제공될 수 있도록 협조를 요청하였다.

칼루치 차관보가 3차 미북 회담을 하기 위해 제네바로 떠나는 날인 7월 6일 오후 3시에 국무부에서 그를 만나 남북정상회담의 주요 아젠다와 경수로 지원과 관련한 우리의 입장을 설명하고 제네바 회의가 남북정상회담과 보완적으로 이루어 질 수 있도록 노력해주기를 요청하였다.

7월 6일과 7일 이틀에 걸쳐 칼 레빈 민주당 상원의원(미시간주 출신)과 통화를 통하여 그가 추진하고 있는 방북계획이 남북정상회담, 제3차 미북회담을 앞두고 시기적으로 적절치 못하다는 의견을 내면서 방북계획을 취소해달라고 요청했으나 처음에는 크게 반발하였다. 결국 그의 방북계획은 추진되지 않았다.

7월 8일 오후 3시에 국방부로 새로 취임한 존 도이치 부장관을 예방하였다. 북핵 협상의 추진과 한반도 군사대비태세에 관한 견해를 교환하고 방위산업협력문제를 제기하면서 NATO나 이스라엘 수준의 기술이전, 협력이 필요한 것을 역설하였다.

김일성 주석은 1994년 7월 8일 서울시간 오전 2시에 갑자기 사망하였다. 북한의 공식발표는 7월 9일 서울시간 정오 12시였다. 북측의 예비회의대표였던 김용순은 한국 측 회의대표인 이홍구 통일부총리에게 "우리 측의 유고로 예정된 남북최고위급회담을 연기하지 않을 수 없게 됐다"라고 통보해왔다. 이로써 역사적인 남북정상회담은 무산되고 말았다.

7월 11일 오후 4시 30분에 국무부에서 윈스톤 로드 동아태 차관보와 마주 앉았다. 김일성 주석의 사망 이후 처음 만나는 미 국무부의 고위관리였다. 우리들은 김일성 사망 후의 한반도정세, 남북정상회담과 미북 제네바회담에 대하여 의견을 나누고, 우리 정부는 조문사절을 파견하지 않기로 했으며 한미 정상 간의 통화를 14일이나 15일 서울시간 오전에 할 수 있도록 요청하였다. 대북협상 초기에 윈스톤 로드 차관보가 미북회담의 미국 측 수석대표가 될 것이라는 소문이 한때 워싱턴 정가에 돌기도 했었으나 그가 사양하는 바람에 칼루치 차관보가 북핵 전담대사가 되었다는 것이었다. 만일 아시아인의 정서와 아태 지역 사정에 밝은 로드 차관보가 그 자리를 맡았다면 핵 확산방지 전문가인 칼루치 차관보와는 다르게 협상에 접근하였을 것이라는 얘기들이 한동안 떠돌기도 했었다.

    7월 18일 오전 11시에 칼루치 차관보의 요청으로 국무부에서 그를 만났다. 그는 7월 20~22일간 한국을 방문하고 곧 이어 일본, 중국, 그리고 러시아를 방문할 준비를 하고 있었다. 그는 "북한이 경수로와 관련하여 한국기술보다는 미국의 것, 그것이 안 되면 러시아 형을 원하고 있으니 핵문제 해결에 도움이 된다면 그렇게 해야 하지 않겠는가"라고 했다. 나는 "당신은 협상에 임하기도 전에 북한 측 걱정부터 해주는 듯한 인상을 주고 있다. 김일성 주석도 사망했고 북한 입장이 어떠할지는 앞으로 있을 3차 회담에서 파악해야 하겠으나 우리는 경수로에 관한 한 미국이 선도적(leading)역할을 하고 한국은 중심적(central)역할을 하도록 하는 것이 기본입장이다"고 했다. 칼루치 차관보의 "경수로를 국내정치문제에 이용하려는 것은 아닌지?"라는 질의에 대해 나는 "우리들은 경수로를 통한 북핵문제해결은 궁극적으로 남북 간 화해를 유도하고 평화적 통일의 바탕이 될 것으로 기대하고 노력하고 있는 것이지 국내 정치적으로 이를 활용할 이유도 또 그렇게 할 필요성도 없다"고 했다. 칼루치 차관보가

"국내정치 운운은 경수로를 통한 핵문제 해결이 국내정치에 미칠 영향을 이야기한 것이니 오해가 없기를 바란다"라고 한 데 대하여 나는 "북한이 한미 간의 관계에 쐐기를 박으려는 오래되고 일관된 정책에 미국은 항상 조심해야 한다"라고 쐐기를 놓았다. 그는 그렇게 하겠다고 대답했다.

그 후에도 오린 해치 상원의원(유타주 출신)을 비롯하여(7월 20일 오전 9시 30분), 윈스톤 로드 차관보(7월 21일 오후 3시 30분), 데니스 드 콘치니 상원정보위원회 위원장(애리조나주 출신, 8월 10일 오전 11시), 윈스톤 로드 차관보(8월 10일 오후 5시 30분), 샤린 바쉐프스키 미국 무역부 대표(8월 11일 오전 10시), 윈스톤 로드 차관보(8월 11일 오후 2시 30분), 피터 타노프 국무부 정무차관(8월 26일 오후 4시). 칼루치 차관보(8월 29일 오후 3시, 8월 30일 오전 9시 20분, 9월 19일 오후 3시 30분) 등과 북핵문제를 협의하였다.

카터 전 대통령 내외는 방북 전 6월 10일 저녁에 주미대사관저에서의 만찬초대에 감사하다면서 답례로 애틀랜타의 카터센터로 우리 내외를 초대하였다. 우리보다 앞서 며칠 전에는 김정일 위원장의 "앞으로 언제라도 북한을 방문해 달라"는 초청장을 가지고 주유엔 북한대사가 카터센터를 다녀갔다. 9월 20일 오전 11시 45분에 권영민 주애틀랜타 총영사와 함께 카터센터에 도착한 우리 내외는 카터 전 대통령 내외와 마리온 크릭모어 대사와 함께 2층의 가족식당에서 점심을 함께 하였다. 당시에 카터 전 대통령은 아이티의 갈등을 평화적으로 해결하는 데 크게 기여하였는데, 이에 대해 〈뉴욕타임즈〉는 사설에서 카터 전 대통령이야말로 현재로서는 세계적으로 국제분쟁의 유일한 해결사라고 극찬을 했던 때였다.

나는 우선 아이티의 갈등해결에 기여하고 있는 것을 축하한 다음 9월 16일자로 카터 전 대통령이 김영삼 대통령에게 보낸 서신에 대한 답신을 전해 주었다. 김 대통령은 카터 전 대통령의 남북관계 개선과 북핵문제 해결노력을 흡족하게 생각하고 있으며, 우리는 남북대화 재개와 관련하여 항상 문호를 개방하고 있다고 말했다. 그리고 혹시 카터 전 대통령이 이와 관련하여 구체적 구상이 있는지와 차후에 방북계획이 있는지에 대하여 문의하고 가까운 장래에 한국을 방문해 줄 것을 요청하였다. 나는 카터 전 대통령을 만난 기회에 북핵과 대북관련 주요사안, 예로 경수로, 특별사찰, 미북 관계개선, 남북대화, 그리고 평화협정 등에 관하여 우리 정부의 입장을 비교적 상세히 설명해 주었다.

점심을 끝내고 2층에서 내려오는 아래층 계단 밑에는 TV와 언론매체들이 가득 차 있었다. 우리 두 사람은 그곳에서 즉석 기자회견을 가졌고 때가 때이니만큼 그것은 대단히 크게 보도되었다. 내가 카터센터를 다녀오고 며칠 후에 김대중 야당총재가 애틀랜타의 카터센터를 방문하였으나 그와 카터 전 대통령의 만남은 별로 보도되지 않았다. 워싱턴의 Mr. K 식당에서 내게 점심을 대접하던 김대중 총재에게 카터 전 대통령 초청으로 이틀 뒤에 애틀랜타에 간다고 하였더니 그의 얼굴색이 변하는 것을 본 적이 있었다. 나는 지금도 김대중 총재의 방문이 언론에 크게 보도되기를 주저한 카터 전 대통령이 의도적으로 주미대사를 먼저 초청했던 것이 아닌가 하고 생각하고 있다.

제네바합의의 마지막 고비에도 나는 피터 타노프 정무차관, 윈스톤 로드 동아태 차관보, 그리고 칼루치 차관보 등 고위급 인사들과 여러 번에 걸친 면담과 정책조율이 있었다. 드디어 10월 21일에 북핵문제 해결에 대한 미북 간의 제네바합의(Geneva Agreed Framework)가 공식 발표되었다.

북한핵 문제가 이렇게 매듭지어진 후 두 달이 지난 1994년 12월 23일 김영삼 대통령은 나를 대통령비서실장으로 임명하였다. 나는 12월 23일 온종일 국무부와 백악관을 급히 돌며 이임인사를 하고 워런 크리스토퍼 국무장관 등 크리스마스 휴가를 떠나 워싱턴에 없었던 미국 정관계의 주요 인사들에게는 전화로 이임인사를 하였다. 1994년 12월 24일에 1년 8개월의 짧은 주미대사직을 마치고 정든 워싱턴을 떠나 크리스마스에 서울에 도착한 나는 12월 26일부터 청와대에서 새로운 업무를 시작하였다.

제임스 T. 레이니
(1993~1997년)

제임스 T. 레이니(James T. Laney) 대사는 조지아주 애틀랜타에 있는 에모리대학교 명예총장이자 한국 외교협회 태스크 포스의 공동 팀장을 맡고 있다. 예일대학교에서 학사, 신학 석사 및 박사 학위를 받았다. 또한 미국·한국·일본·영국에서 다수의 명예 학위를 받았다. 1993~1997년까지 주한 미 대사를 지내는 동안 1994년 북한 핵 위기를 무마시키는 데 큰 역할을 했다. 이런 탁월한 업무 능력을 인정받아 미국과 한국 정부로부터 공로상을 수상하였다. 에모리대학교 종신교수로 있을 때 에모리대학교를 미국 내 우수 대학으로 선정시키는 쾌거를 이루었다. 아울러 에모리대학교 캔들러신학교 학장을 지냈으며, 하버드대학교와 밴더빌트대학교에서 학생늘을 가르쳤다. 〈포린 어페어즈〉에 '북한을 다루는 방법', 〈뉴욕 타임즈〉에 '투쟁보다 대화가 낫다'를 발표했다.

　　1993년 2월 말 에모리대학교 예산위원회 회의에 참석했다가 에모리대학교 이사이자 친구인 샘 넌 상원의원의 전화를 받았다. 그는 내게 클린턴 행정부가 새롭게 들어서면 주한 대사직을 맡을 의향이 있는지 물었다. 그러면서 내가 하겠다고만 하면 나를 추천할 계획이라고 했다. 나는 신중하게 고려해보겠다고 대답했다. 대사직 자체에는 그다지 관심이 없었지만 한국에서 일한다는 것에 강한 매력을 느꼈다.

　　한국은 1947년부터 내 삶의 큰 부분을 차지해왔다. 그 당시 19세였던 나는 1년 반 동안 주한 미군 방첩대에 파견되었다. 한국 정치 과정을 교란시키려는 공산주의의 잔인한 면을 알게 되는 등 그곳에서의 경험은 나에게 큰 영향을 주었다. 또한 극단적인 빈곤 속에서도 꿋꿋이 살아가는 많은 한국인들도 알게 되었다. 이를 계기로 한 투자은행에서 근무하던 나는 인생의 방향을 새로이 설정하여 성직에 몸담고 대학원에 진학하였다.

예일대학교에서 학업을 마친 후 1960년대 초반에 가족과 함께 서울로 왔다. 연세대학교에서 5년 동안 가르치고 일하면서 우리는 정부, 교회, 의료 산업 및 교육계를 이끌어갈 사람들과 평생 가는 우정을 쌓았다. 몇 년째 연락을 지속하고 있는 이들 외에 새롭게 친분을 쌓은 사람들도 있었는데, 바로 김영삼·김대중 전 대통령들이다. 그들은 내가 에모리대학교에 있을 때 나를 찾아와 서로 알게 되었고 나중에 대통령으로 당선되었다.

내가 대사로 임명된 것은 최근 일관된 전통으로부터의 일탈이라 볼 수 있다. 정치적 임명이긴 했으나 대통령과의 친분에서 비롯되었다거나 거대한 기부가 있었던 것은 아니었다. 다만 수십 년 동안 교회 및 부속 기관과 깊은 유대관계를 맺고 한국과 관련된 일을 해온 덕분에 생긴 기회였다. 또한 지미 카터 전 대통령이 강력하게 밀어주었기 때문이기도 했다. 카터 전 대통령이 백악관을 떠날 때 나는 그를 에모리대학교 특훈교수로 임명해 에모리대학교 카터 센터에서 10년 이상 함께 일했다. 우리는 한국에 대해 여러 차례 논의했으며, 냉전 시대가 막을 내리더라도 분단된 채 고통을 감수해야 하는 한국의 문제를 함께 고민했다. 몇 년 전에 야기된 북한의 핵 프로그램 문제로 이미 복잡했던 한국의 상황은 더욱 악화되고 말았다.

1993년 가을, 내가 서울로 가기 전 몇 개월 사이에 한반도의 상황은 더욱 나빠지고 있었다. 의회, 백악관, 국무부, 국방부, 중앙정보부 등 워싱턴의 모든 이들이 긴장감이 고조되는 한국의 상황에 불안해하고 있었다. 그런데도 이 문제에 대해 중심을 잡고 조정해나갈 지도부가 보이지 않는다는 사실에 그만 말문이 막혀버렸다. 클린턴 행정부는 취임 첫 해를 맞아 자리를 잡는 중이었지만 폭발 가능성을 잠재한 한반도 상황을 실제로 책임질 사람이 아무도 없다는 것이 걱정스러웠다. 미국 국무부에서 열린 정보 브리핑은 세심하게 현실을 잘 전달한 것으로 매우 훌륭했다.

그러나 중앙정보국의 브리핑은 달랐다. 브리핑의 초점은 한국전쟁의 재현, 어떻게 발생할 것이며 왜 발생할 것인가에 맞추어졌다. 이번 토론에서 얻은 수확은 정치-군사 담당의 로버트 갈루치 차관보와의 대화였다. 그는 북한이 현재의 핵 프로그램에 대해 전기 발전을 위한 경수로형 원자로로 변경할 의향을 내비쳤다고 말했다. 핵무기를 제조할 가능성이 낮아진 것이다. 나는 이 계획에 찬사를 보냈고, 그에 따른 비용은 일본이 아직 지불하지 않은 제2차 세계대전 배상금으로 거의 충당될 것이라고 말했다. 1964년 일본이 한국에 지불하게 될 전쟁배상금이 한국 경제에 얼마나 많은 이득이 될 것인지를 밝혔던 내용이 떠올랐던 것이다.

1993년 10월 대사로 취임한 후 나는 한국을 위해 어떤 정책을 펼지 결정했다. 워싱턴은 북한이 핵무기를 소유하지 못하도록 막는 정책에 주력했다. 그러나 한반도 평화와 안정을 유지하고 잔혹한 전쟁을 막으려는 정책과 어떻게 일관성을 유지할지에 대한 구체적인 사안은 발표되지 않았다.

상황이 계속 악화되고 언론 보도를 통해 북한의 핵 프로그램에 선제 대응하라는 요구가 불거지면서 결단을 촉구하는 목소리는 점점 더 다급해졌다. 레스 아스핀 국방장관과 제임스 울시 중앙정보국장을 포함한 일부 정부 관료들은 심지어 필요 이상의 우려를 자아내기도 했다. 워싱턴에서 분명한 지침이 온 것도 아닌 상태라 대사관 내에서 약간 꺼리는 분위기였지만(일부 대사관 직원들은 우리 권한 밖의 일이라고 생각했다), 나는 이 안건에 대해 더욱 균형 잡힌 시각에서 보고서를 만들 것을 주문했다. 그중 대니 러셀 외교관이 핵심을 잘 짚어냈다.

1994년 1월 초 상원의원 샘 넌과 리차드 루거가 방문했을 때 러셀의 보고서를 그들에게 보여주고 열띤 토론을 벌였다. 그들은 이

내용의 상당 부분을 상원에 제출할 보고서에 넣었으며, 나 역시 한 부를 지미 카터에게 보내 우리가 이 상황을 어떻게 대처하고 있는지를 보여주었다.

1994년 초 상황의 악순환을 막기 위해 뉴욕에서 벌였던 미국과 북한의 노력이 수포로 돌아갔다. 서울을 '불바다로 만들겠다'는 북한의 협박으로 남북대화 역시 더욱 험악한 분위기에 빠져버렸다. 워싱턴에서는 북한의 행동을 억제하고 무력한 정부를 비난하는 미국 강경파들에 대응하기 위해 유엔에 제재조치를 구하려는 움직임이 일고 있었다. 어떤 사람들은 핵 관련 시설을 폭파하는 것이 이 문제를 해결할 최선의 방법이라고 주장했다. 하지만 나뿐만 아니라 군사 전문가들은 그건 말도 안 된다는 생각이었다.

이 무렵 개리 럭 주한 미군 사령관과 나는 매주 조찬을 함께 하고 있었다. 내가 한국에 온 후 개시한 관행이었다. 우리 둘은 이 주제에 대해 광범위한 합의를 도출했고 파괴와 대량 학살이 자행되는 전쟁은 가능한 한 막아야 한다고 확신했다. 럭 사령관은 모든 비상 대책을 강구하며 완벽한 준비 태세를 갖추겠다고 다짐했다.

북한이 적개심에 불 타 한국에 막대한 피해를 입힐 수도 있다는 것은 분명했지만, 어느 쪽이 더 우세할 것인가에는 논란의 여지가 없었다. 보고서에 따르면 북한의 군사력이 과거 몇 십 년에 걸쳐 뚜렷이 쇠퇴하고 있다고 한다. 이것은 1990년대 초반 소련의 지지가 철회된 이후 두드러지게 나타나는 현상이다. 실제로 북한의 군력은 100만 명에 이르렀고 60퍼센트 정도가 비무장지대나 그 주변에 배치되어 있기는 하지만 연료가 부족하고 군장비가 열악했다. 그러한 까닭에 주기적으로 군사력을 농업 인력으로 전환시키고 있었다. 게다가 포로로 붙잡힌 군인들을 보면 영락없이 심각한 영양실조와 발육부진으로 고통받는 모습이었다. 북한의 대포는 전쟁 발발 며칠 만에 서울을 파괴할 수도 있겠지만 한국을 점령하라는 명령에 따라 공격을 개시할 가능성은 매우 낮았다.

1960년대 남북한 경제는 비슷한 크기였지만 내가 임명될 무렵 한국의 경제는 북한보다 15배나 더 성장했고 그 차이를 급속하게 벌리고 있었다. 이러한 상황에서 북한이 군사·경제·심리적으로 안정감을 느낄 수 있는 유일한 방법은 핵 프로그램이었다.

그러므로 북한이 승리할 것이라는 생각으로 행여 선제공격을 하지는 않겠지만, 자극을 받는다든가 자기들이 공격받을 것이라는 생각이 들면 보복전을 펼칠 것이 분명했다. 김일성 주석은 평양을 방문하는 사람들에게 그 점을 재차 강조했다. 그런 직설적인 말을 들은 우리는 북한이 전쟁을 일으키지 않고 핵 프로그램을 포기하도록 만들어야 하는 난국에 처하게 되었다.

유엔 제재의 형식을 빌어 국제적인 압력을 넣으면 효과가 있을까? 김일성 주석은 유엔 제재는 곧 전쟁을 의미한다고 말했다. 북한이 선제공격을 개시하기 전 미국 군 병력을 얼마나 확충시킬 수 있을까? 회담에 파견된 북한 대표단은 걸프전에서 한 가지 교훈을 얻었다고 했다. 즉, 미국이 북한을 압도할 정도로 병력을 증가시키는 것을 막아야 한다는 것이었다. 긴장감이 고조되고 DMZ를 따라 총성이 높아지면서 의도치 않게 전쟁이 발발할 위험이 있었다.

당시 군사적 분쟁이 일어날 가능성이 있었기 때문에 우리가 할 수 있는 일을 세심하게 보정하여 최악의 시나리오에 대비해야 했다. 우선 패트리어트 미사일과 기술 인력을 들이는 단계부터 신중하게 밟기로 하고, 1994년 봄 나는 럭 사령관과 힘을 합쳐 미사일과 인력을 요구했다. 또 다른 뜨거운 감자는 팀스피리트로 알려진 한미 합동 군사훈련 계획에 관한 문제였다. 이 훈련을 통해 우리 군은 차후 일어날 전투에 대비하여 임시적으로나마 병력을 크게 증강시켰다. 북한은 이 훈련에 대해 자기들을 침략하기 위한 기동훈련이라 간주하였고 남북 간 긴장감을 완화시키는 데 주요 장애가 될 것이라며 탐탁지 않아 했다.

나는 워싱턴 행정부가 강압적인 방법에만 초점을 맞추며 너무 한 쪽 방향만 좇는 건 아닌지 점점 더 염려되었다. 북한과 차관보급 대화가 있었지만 걸음마 수준이었고, 유엔의 북한 대표단을 통해 연락을 시도해보았지만 성과가 없었다. 미국의 정책은 구술 협박과 그 반대의 협박 두 가지였다. 의사결정 과정은 도대체 어디로 사라졌는가? 급속도로 악화되는 이 상황의 책임자는 누구인가? 물론 워싱턴 행정부에 많은 담당자들이 있고 주요 이슈들은 국무부, 국방부, 국가안전보장회의 등과 같은 여러 기관들을 거치며 점검을 받았지만, 다양한 선택사항을 검토하고 그에 따른 결과를 저울질해 보는 이는 누구란 말인가?

정부의 신임 구성원인 내 눈에 비친 시스템은 일상 속에서는 꽤 잘 돌아가는 것처럼 보였지만 위험한 상황이 닥쳤을 때에는 구조적인 모순을 드러냈다. 나는 책임을 맡을 한 사람이 있어야 한다고 생각했다. 관련된 정당들과 접촉을 계속하며 관료 정치의 미궁을 헤치고 나가되 비효율적으로 그 책임자를 옥죌 정도는 아니어야 할 무엇인가가 필요했다. 시스템의 함정에 빠지지 않고 그 시스템을 어떻게 잘 이용하느냐가 관건인 것이다.

내가 제일 걱정한 것은 결과를 완전히 알지 못한 채 어떤 과정에 휘말리는 것이었다. 백악관은 강한 압력에 시달렸다. 클린턴 대통령은 군사력에 신용을 잃었고 국내 비판을 격퇴시키기 위하여 강한 사람이라는 이미지 쇄신이 필요했다. 북한은 인권 남용, 테러행위 자행 등에 의해 세계 최악의 부랑아라는 이미지가 굳게 자리 잡고 있었다. 결국 김일성은 한국전쟁을 터트렸고 이후 수십 년간 신과 같은 권력으로 군림하며 고립되고 비밀에 싸인 정권을 유지해왔으며, 북한 국민들은 기본 이하의 삶을 살고 있었다. 이후 소련의 지원마저 사라지자 엄청난 중압감을 받았다.

그럼에도 북한은 미국에 의존하지 않는다는 사실에 엄청난 자부심을 가진 나라였고 한국이 미국화되고 있다고 노골적으로 비판했다. 한국과 대치하는 상황에서 점차 쇠락의 기운을 타면서 북한은 경제적·심리적으로 점점 더 약해져갔다. 이 와중에 북한의 핵프로그램이야말로 쇠퇴해가는 군사력을 대신하는 자존심이었다. 그래서 북한은 결코 핵을 포기할 것 같지 않았다. 그것은 공개적으로 망신을 당하는 꼴이나 다름없었다. 김일성 주석은 자존심을 꺾을 사람이 아니었다. 그를 괄시하고 북한의 체제를 위험에 빠뜨리는

정책을 추구하는 것은 한반도에 재난을 불러일으키는 지름길이었다. 문제를 평화적으로 해결하는 것은 불가능하더라도, 북한에서 유일하게 의사결정을 내릴 수 있는 사람과 직접적인 접촉을 시도해보지도 않은 채 전쟁의 위협을 감수하는 것은 무책임한 행동이라는 확신이 들었다. 그러나 미국은 정상급의 접촉을 허락하지 않으려는 입장을 고수하는 것 같았다.

물론 그때도 지금처럼 북한과 같은 적대국과 어떠한 조건이 충족되기 전에 대화를 나누는 것은 항복하는 것과 다름없다고 생각하는 사람들이 있었다. 그들의 눈에 김일성은 우리의 관심을 받을 가치가 없는 존재였고 혹시라도 우리가 먼저 연락을 취하는 일이 있어서는 안 되는 사람이었다. 하지만 원칙이라는 용어로 합리화된 이 비타협적인 태도가 불러올 대가는 매우 우려할 만한 것이었다. 접촉으로 말할 것 같으면 상당한 신뢰를 받고 있는 빌리 그래햄 목사가 평양에서 김일성을 두 차례 만났다. 최근의 만남은 1994년 1월에 이루어진 것으로 김일성 주석에게 클린턴 대통령의 강력한 구두 메시지를 전했다. 그러나 예상대로 긍정의 답을 끌어내지는 못하였다.

1994년 초부터 봄 사이에 한국 정부는 점점 더 위기로 내몰렸다. 김영삼 대통령은 미국이 한국을 완전하게 참여시키지 않은 채 북핵문제를 해결하려 하는 듯이 보여 화가 났다. 이러한 초조함은 임기 내내 계속 나타났다. 김영삼 대통령이 가장 우려하는 것은 한국이 배제되는 상황이었고 이는 도저히 참을 수 없는 굴욕이었다. 다른 사람들, 특히 한승주 외무부 장관의 경우 무엇보다 큰 걱정은 미국이 한국에서 벌어질 결과에 대한 적절한 평가도 없이 일방적으로 행동할지도 모른다는 점이었다.

아이러니하게도 한국은 미국보다 북한의 핵 프로그램에 대한 걱정을 훨씬 덜했다. 미국은 이 위기를 한반도에 영향을 미치는 단순한 문제가 아니라 중대한 핵 비확산 문제로 보고, 한국을 넘어 더 큰 기준에 맞추어 계산을 하였다. 나는 김영삼 대통령, 한승주 장관과 긴 회담을 가졌다. 불필요한 전쟁을 막자는 공통된 견해 위에서 김영삼 대통령을 안심시키고 한승주 장관과 일을 진행했다. 한국은 미국이 전쟁을 촉발하는 식으로 행동하는 것이 못마땅했고 문제를 해결하기 위해 북한에 먼저 진지한 연락을 취하는 것도 싫어했다. 그렇다고 아무것도 하지 않는 것 역시 받아들일 수 없었다.

미국 대사관은 긴급한 상황이 발생하면 대사관 직원과 가족들뿐만 아니라 서울 지역에 사는 8만여 명 미국 민간인들의 안전과 철수를 책임져야 했다. 물론 서울에 있는 다른 대사관도 마찬가지였다. 우리의 철수 계획이 매우 오래된 구식이었던 까닭에 찰스 카트먼 부대사가 끊임없는 수정 작업을 하여 실행 가능한 안을 내놓았다. 이것은 결코 만만치 않은 작업이었다. 미국인이 인구 1,000만 명의 도시 서울 곳곳에 흩어져 살고 있으니 그들을 철수시키기 위해 한 자리에 집결시키기란 거의 불가능해 보였다. 더구나 북한은 분명 사전 경고도 없이 공격하여 도처에 혼란을 일으킬 것 아닌가.

1994년 초반, 날이 갈수록 긴장이 고조되자 많은 미국인 부모들은 자녀들을 학교에 보내지 않았고 미국으로 돌아가 조기 '방학'을 지내기까지 했다. 이와 동시에 서울 시민들 역시 불안감이 점점 더 커졌는데, 신문 기사, 미국의 보고 및 들려오는 소문 때문에 두려움이 더욱 증폭되었다. 1994년 초 외교 사회로도 불안이 들이닥쳤다. 나는 한 달에 한 번씩 5개의 영어권 국가 대사들과 함께 조찬 모임을 갖기 시작했다. 어떤 위급한 상황이 발생할 경우 그들도 거의 미국에 의존하는 상황이었기 때문에 우리는 새로운 소식과 사건의 진행 사항을 공유했다. 이후 몇 년 동안 이 모임은 서로 친분을 다지고 신뢰를 쌓는 근간이 되었다.

1994년 2월, 한국에서 전개되는 상황이 점점 더 심각해지고 미국에서도 획기적인 정책안이 나오지 않는다고 생각한 나는 지미 카터, 그리고 샘 넌과 회담을 하기 위해 미국으로 건너갔다. 그리고 심각한 상황으로 치닫고 있는 이 사태에 대한 나의 견해를 솔직하게 전했다. 돌아오는 길에 나는 대북 정책을 책임질 누군가가 필요하다는 판단 하에 미 국무부 상임 관료들과 상의했지만 성과가 없었다. 물론 모든 사람들이 자기 할 일이 산더미이겠지만, 관료주의 성격상 백악관같이 더 높은 권력을 끼지 않고서는 그렇게 주도해 나갈 리 만무했다.

샘 넌 상원의원을 설득할 때 나는 맥 맥라티 비서실장과 데이빗 거겐 백악관 고문과 회담을 가졌다. 나는 북한에 관한 중심 정책이 없는 현실을 솔직하게 말했고 이 문제를 해결하기 위해 발 빠른 조치를 취해야 할 것을 강조했다. 그들은 정치적으로 걸림돌이 될 것을 설명했고 나는 조치를 취하지 않을 경우 심각한 결과가 잇따를 것이라고 대응했다. 나중에 들은 바로는 우리의 회담이 끝난 후 맥라티 비서실장은 워런 크리스토퍼 국무장관에게 전화를 걸어 한국 정책을 담당할 사람을 당장 지명하라는 지시를 내렸다고 한다. 결국 로버트 갈루치가 자신이 맡고 있던 업무를 그의 보좌관에게 위임하고 이 새로운 과업을 맡았다. 갈루치는 그 이후 바로 서울로 와서 김영삼 대통령을 포함한 한국의 관리들과 함께 논의했다. 그는 아주 영민했고 그동안 우리의 노력에도 불구하고 많이 부족했던 일관성을 보태주었다. 물론 우리 정책의 골자, 즉 주한 미군의 병력을 증강시켜 유엔 제재를 가하는 것은 그대로 남아있었다.

우리의 외교 정책에 큰 영향력을 행세할 수 있는 인물인 샘 넌과 루거 상원의원은 어떤 결정적인 절차를 밟지 않고서는 북한 지도부와 직접적으로 상대할 수 없다는 사실에 놀라움을 감추지 못했다. 신중한 토론 끝에 그들은 1994년 4월 말 김일성과의 회담을 위해 평양으로 가겠다는 결정을 내렸다. 그들은 당장 워싱턴을 떠날 준비가 되어있었으나 북한은 받아들이지 않겠다고 기별을 보냈다. 직접 대면하여 대화를 하고픈 우리의 소망은 좌절되었다.

그해 5월, 나는 에모리대학교 졸업식에 참석하기 위해 애틀랜타로 간 김에 지미 카터 전 대통령과 이야기를 나눌 기회를 만들었다. 공교롭게도 클린턴 대통령도 CNN 월드 포럼을 촬영하기 위해 그 전 날 카터 연구소에 도착하였고 카터 전 대통령과 북한문제를 포함한 여러 가지 주제에 대해 토론했다. 점점 악화되는 한반도 문제를 고민하는 과정에서 고위급의 개입이 없다면 군사 충돌이 일어날 확률이 높아질 것이라는 결론에 이르렀다. 또한 미 정부가 먼저 나설 가능성은 거의 없을 것이라는 의견도 일치했다.

그해 봄 사건이 악화되는 것을 지켜보던 카터 전 대통령은 개인적으로 개입할 의지를 보였다. 그는 내가 대사가 되기 전 해에 북한이 초대했던 것을 기억해냈다. 그리고 그 초대가 아직 유효한지 뉴욕에 있는 북한 대표단에게 확인해볼 것이라고 했다. 나는 만약 가능하다면 적극 추진하여 꼭 평양을 방문하라고 했다. 우리는 위기 상황을 방지하려면 김일성 주석의 체면을 손상시키지 않는 방법이 필요하다는 데 동의했다. 북한의 타협을 끌어내기 위해서 비공식적이나마 미국 전 대통령과의 만남을 통해 북한의 과대망상에 경의를 표할 필요가 있었다.

내가 서울로 돌아온 다음 몇 주 동안 카터 전 대통령은 북한 방문을 추진하고 있었다. 그리 놀라운 일은 아니지만 클린턴 대통령은 이 의견에 그다지 열정을 보이지 않았다. 그래도 방문 허가를 내렸고 갈루치가 철두철미한 브리핑을 할 수 있도록 했다. 카터 전 대통령은 직접 열심히 준비했다. 모든 준비가 마무리되고 출발할 일만 남았을 때, 그는 내게 전화를 걸어 그의 방문단이 6월 13일에 서울에 도착할 것이라고 했다. 우리 대사관 팀은 DMZ를 건너기 전에 카터 전 대통령이 김영삼 대통령과 회담을 갖도록 일정을 잡아놓았다. 카터 전 대통령은 북한 방문길에 서울에서 가졌던 리셉션이 참으로 훌륭했다고 했다. 김영삼 대통령은 자신의 숙적인 김일성 주석이 전 미국 대통령을 초청했다는 사실은 다소 언짢아 했으며 그 방문에서 어떤 가치 있는 소득이 있으리라는 기대는 거의 하지 않았다.

그 다음날 카터 전 대통령 부부와 방문단은 DMZ를 건넜다. 그들은 한국전쟁 이후 판문점을 통과한 첫 번째 민간인이었다. 드디어 방문 첫 날, 회담에서는 별 성과가 없었고, 무슨 협상이든 잘 풀릴 분위기가 아니었다. 이튿날 카터 전 대통령과 김일성 주석이 만나고서야 중대한 문제에 대한 협상이 이루어졌다. 모든 대북제재 추진을 중단하고 북한에 전력 생산을 위한 경수로를 제공할 경우, IAEA의 감시 하에(감시단이 북한의 시설에 남아있겠다는 허가를 받음) 북한이 핵 활동을 동결하겠다는 것에 합의했다. 게다가 김일성 주석은 한국의 김영삼 대통령과 남북정상회담을 조속히 갖고 싶다는 뜻밖의 제의도 했다.

그러나 이러한 합의 내용이 평양에 전달되기도 전에 워싱턴에서는 압력을 계속 더해갔다. 심지어 카터 전 대통령이 평양에서 회담을 여는 동안에도 대북제재를 위한 움직임이 진행되었다. 더욱 불길한 것은 주한 미군 병력을 가능한 한 빠른 시일 내에 증원시키겠다고 결정 내린 것이었다.

럭 사령관은 이 소식을 들은 후 내게 전화를 걸어 급히 만나자고 하였다. 우리는 이 시점에서 주한 미군 병력을 증원시키면 북한이 공격적 의미로 받아들일 것이고 이는 심각한 결과를 초래할 수 있다고 생각했다. 나아가 그러한 증원 사실이 대중들에게 알려지게 되면 한국 사회에 공황까지는 아니더라도 커다란 두려움을 야기할 것이었다. 또한 이러한 결정은 한국에 있는 미국 민간인들의 철수를 고려하지 않고 내린 것으로 여겨졌다. 우리는 현 시점에서 그 같은 조치에 반대한다는 뜻을 강력하게 표명했다. 그리고 이러한 내용의 전문을 공동 명의로 워싱턴에 보내기로 했다. 결국 기대했던 효과가 있었다.

핵 활동을 중단시키려는 시기에 카터 전 대통령이 김일성 주석과 합의한 내용은 워싱턴에서 내린 결정을 완전히 뒤집어 아예 고려 대상에서 제외시키는 결과를 가져왔다. 카터 전 대통령과 김일성 주석의 합의 내용은 미국 정부 관료만이 할 수 있는 약속인데도 불구하고 카터 전 대통령이 직접 하는 바람에 권한을 남용한 것 같은 모양새가 되었다. 이로 인해 워싱턴에는 커다란 우려와 당혹감이 일었다.

결국 나는 방북을 마치고 DMZ를 건너온 카터 전 대통령에게 백악관이 워싱턴 말고 곧바로 플레인즈(Plains, 카터의 고향인 조지아주 시골 마을-역주)로 돌아가라고 한 말을 전해야 했다. 이에 격노한 카터 전 대통령은 고어 부통령과 열띤 논쟁을 벌인 끝에 회담 내용을 보고하기 위해 워싱턴으로 가기는 했지만, 고위 관료들은 대부분 냉담한 반응을 보였다. 줄곧 회의적인 반응을 보였던 백악관은 김일성 주석이 카터 전 대통령과의 구두 합의 내용을 서면으로 보내 확인해주자 마침내 안심을 했다. 그리고 1994년 하반기에 있을 제네바합의를 준비하기 시작했다.

한편 서울에서는 카터 전 대통령이 이루고 온 업적에 대해 커다란 안도감을 느꼈다. 처음에는 경계심을 보였던 김영삼 대통령도 김일성 주석이 남북정상회담을 제안했다는 소식을 듣고 이내 열정적인 지원을 보내게 되었다. 그러나 이 희망의 기운은 80대에 이른 김일성 주석이 갑자기 사망하는 바람에 이내 사라지고 말았다. 그리고 그의 아들 김정일이 후계자가 되었다.

과연 수수께끼 같은 인물인 김정일이 아버지가 한 약속을 이행할 것인지 불확실하기 그지없었지만, 그는 확실한 대답을 해주었다. 그러나 서면 협약을 받아내기 위한 과정은 멀고도 험난했다. 갈루치가 이끄는 미국 팀도 엄청난 인내가 필요했다. 미국은 부차적인 역할을 맡게 된 것이 거슬리던 차에 계속되는 북한의 비난에 약이 올라 끊임없이 트집을 잡는 등 한국의 입장에 도움이 되지 않았다.

한편 북한은 김영삼 대통령이 김일성 주석의 사망에 조의를 표하지 않은 것에 화가 나 있었다. 1994년 10월 제네바협약이 마침내 이루어졌을 때 김영삼 대통령은 〈뉴욕 타임즈〉와의 인터뷰에서 분노의 심정을 표현했다. 한승주 외무부 장관과 내가 김영삼 대통령을 설득하는 데에는 초인적인 노력이 필요했다. 한국이 경수로사업에 서명할 것이라는 기대가 있었기 때문에 미묘한 외교적 기술 그 이상의 것이 필요했다. 거의 모든 단계마다 남북한 어느 한 쪽에서 방해를 놓았으니 더 많은 설명과 이해가 필요했다.

김영삼 대통령이 예민해진 것은 개인적 차원의 문제가 아니었다. 국가 전체가 북한에 무시당하는 느낌이었고 남북대화 추진과 같은 정치적 압력이 점점 더 거세졌지만 북한은 단호하게 거절했다. 이 때문에 위태로운 분위기가 형성되었다. 또한 미국에 대해 노골적으로 의혹을 품지는 않더라도 새로운 경계심이 생겨났다. 이로 인해 미국이 하는 모든 행동을 반복적으로 설명하여 그 정당성을 규명해야 했다. 결국 나는 저명한 한국 인사와 정기적인 텔레비전 인터뷰를 시작했다. 기존에 전 주미 대사와 파트너가 되어 미국 정책에 대한 질문과 비판에 대응해왔던 것과 달리 언론이나 권위자의 개입 없이 대중들에게 직접 다가가자 부정적인 감정을 누그러뜨릴 수 있게 되었다.

또한 김영삼 대통령과 전에 나누었던 친분 덕분에 좀 더 자유롭게 대화를 나눌 수 있었다. 김영삼 대통령은 미국에 너무 많이 의존하는 듯 보이는 것에 아주 민감했기 때문에, 청와대에 들어올 때

자동차에 성조기를 달지 않고 오라든가, 다른 곳에 주차하라는 부탁을 했다. 내가 방문한다는 사실을 언론에 노출시키지 않기 위해서였다. DMZ 근역에서 발생하는 북한의 우발적 사고는 미국은 물론이고 김영삼 대통령도 분노를 터트릴 정도로 자주 일어났다. 제네바협정이 성사된 후 2개월쯤 지났을 때, 북한은 DMZ를 가로질렀던 미국 헬리콥터를 향해 총을 쏘아 추락시켰다. 사고 헬리콥터 본체와 부상당한 미 군인을 인계받는 과정에서 다시 한 번 힘겨운 시간을 겪어야 했다. 이 사건을 계기로 DMZ 주변의 경계령이 한층 더 강화되었다.

1996년 북한은 가뭄, 홍수, 잘못된 농업 정책으로 심각한 식량난을 겪고 있었다. 상황은 몹시 극단으로 치달아 북한은 원조를 요청할 수밖에 없었다. 미국과 한국 모두 도움을 주기로 했는데, 북한은 곡식을 실은 배에 태극기를 달고 오는 한 한국의 입국을 허가하지 않겠다고 나왔다. 도움이 절실히 필요한 상황인데도 이렇게 비협조적 태도를 보이자 한국은 또 한 번 분노했다. 한국이 오로지 이해와 인내의 힘으로 곡물을 전달하긴 했지만 씁쓸한 뒷맛을 느끼지 않을 수 없었다.

나는 이 이상하고 자멸적인 태도를 북한 전문가들의 도움으로 이해할 수 있었다. 북한은 공시적인 정책인 주체사상 때문에 궁핍한 상황이었지만 자존심이 강했다. 북한 지도부 입장에서 자신들의

숙적인 한국이 구세주가 된다는 사실이 너무나 싫었을 것이다. 그래서 북한은 국기를 없애라는 것으로 공개적인 굴욕을 당하지 않는 방법을 택한 것으로 보인다. 그러나 아무리 그렇게 이해를 해도 관용을 거절당한 한국의 입장에서는 언짢을 수밖에 없었다.

    1996년 4월 백악관은 클린턴 대통령의 방일 일정을 발표했다. 김영삼 대통령에게는 할 만큼 충분히 했다는 의견이었다. 즉, 1993년 11월 새로운 행정부가 주최하는 첫 번째 만찬에 김영삼 대통령을 초대했고 또 다시 1995년 여름에 한국전쟁 참전용사 기념관을 개관하며 국빈급 행사를 치렀기 때문이다. 결과적으로 일본행에 서울을 경유할 계획은 없었다. 무슨 의미인지 충분히 이해는 되었지만, 한국인들이 보기에는 미국 대통령이 방문하지 않는 것이 고의적이자 굴욕적인 모함으로 느껴질 것이고, 이에 북한은 내심 쾌재를 부르리라는 것을 나는 알고 있었다.

남북을 배제한 미국의 처사로 한미 관계는 연중 팽팽한 긴장감이 돌았다. 나는 당시 서울을 방문하고 있었던 토니 레이크 안보보좌관에게 1996년 4월에 다시 한 번 방문해달라고 부탁했다. 그런데 어떤 명분이 필요했다. 양국의 대통령이 서울이 아닌 한국의 한 리조트에서 비공식적인 만남을 갖고 4자회담을 조속히 개최한다는 계획을 발표하자는 합의가 이루어졌다.

남북한과 미국, 중국 4개국이 모여 한반도 문제에 대해 논의함과 동시에 남북한에게는 누가 주도권을 잡을 것인가에 대한 분쟁을 종식시킬 기회가 될 수 있었다. 클린턴 대통령과 김영삼 대통령도 이 사실에 반색을 표했고 이어 공식 발표가 이루어졌다. 그러나 불행하게도 이 계획은 실천되지 못했다. 북한은 압력을 받는 것에 겁을 냈고 원래 계획에는 없었던 중국이 완강하게 고집을 부렸다. 그러나 이를 계기로 나중에 6자회담이 성사되었으니 그 자체로 소중한 시도였을 것이다.

하지만 그 해 9월 끔찍한 사건이 발생했다. 100피트 길이의 북한 잠수함이 DMZ 바로 남쪽 동해안에서 발견된 것이다. 바다로 돌아갈 수 없었던 무장공비 중 11명은 자체 피살되었고 한 명은 생포, 13명의 잔당이 더 추적되어 총살되었다. 사건은 종결됐지만 한국 국민들은 공포의 도가니에 빠지고 말았다. 아마추어같이 서투른 습격이었지만, 김영삼 대통령이 심각하게 여겼던 북한의 공격성이 드러난 것으로 보였다. 김영삼 대통령은 대북지원을 끊고 북한 경수로 사업의 지지를 철회했다. 아울러 4자회담 진행도 중단시켰다.

미국은 김영삼 대통령이 기대하는 대로 한국 편을 드는 것과 아직 효력이 있는 북한과의 새로운 협상안을 이어가는 것 사이에서 갈등하게 되었다. 이 문제는 그해 연말 내에 해결이 될 것으로 보였지만 미국은 굳은 결의를 다져야 했고, 뉴욕에 있는 북한 대표단과의 힘겨운 대화를 해야 했다.

가을을 지나는 동안 더욱 단호해진 한국의 태도로 인해 미국 대사관 및 한국 대사관은 상당한 고민을 하고 있었다. DMZ 부근에는 적군의 총성이 나날이 증가하였는데, 그 자체가 공포라기보다는 그것이 이후 몰고 올 결과가 더 무서웠다. 다시금 고조되는 긴장감 속에, 럭 사령관만큼이나 현재까지 돈독한 관계를 유지하고 있는 존 틸럴리 장군과 나는 이 상황이 통제 불능 상태가 되기 전에 어떤 조치를 취하자고 했다.

우리는 한국의 외무부 장관·국방부 장관과 정기적인 조찬 모임을 갖기 시작하여 서로 신뢰를 쌓고 고민거리를 나누는 장을 만들었다. 응사문제가 재빠르게 대두되었다. 이 문제에 관해서는 한국이 좀 더 호전적인 입장이었다. 단순히 응사에 대응하는 것이 아니라 단계적으로 확대시키자고 주장하였다. 우리가 이 문제에 대해 명쾌한 해명, 아니 확답을 요구하면 남북 어느 쪽도 금지명령의 권한을 갖고 있지 않다는 답변을 해올 뿐이었다. 우리는 이 예측 불가능한 상황을 받아들이기 힘들었다. 우리가 미리 승인을 하거나 최소 자문을 구하지 않으면 미국 군대와 시민들은 더 큰 위험에 빠질 것이기 때문이었다. 설상가상으로 김영삼 대통령은 우리와 긴밀한 업무 관계를 맺고 있던 한국 외무부 장관을 급작스럽게 교체하기에 이르렀다.

이 문제가 서울에서는 해결되지 않자, 나는 그해 11월 말 마닐라에서 열릴 아시아태평양경제협력체 회의에서 클린턴 대통령과 김영삼 대통령이 만날 때 이 문제를 상정시킬 것을 워싱턴에 건의했다. 내 의견에 힘을 싣기 위해 나는 틸럴리 장군에게 함께 동행하자고 제의했다. 우리는 이러한 계획을 상임 관료들에게 브리핑을 했다. 그리고 클린턴 대통령이 회담 도중 김영삼 대통령에게 사적으로 전할 수 있도록 계획을 세웠다. 틸럴리 장군은 계획대로 잘 되었으며 두 대통령이 합의했노라고 전했다.

그럼에도 불구하고 나는 뭔가 석연찮았다. 이 문제에 대한 확답이 구두로 이루어졌을 뿐 아니라 김영삼 대통령은 이후에 더욱 호전적인 입장을 취했기 때문이다. 결국 분위기는 그해 말에 가서야 밝아졌다. 북한이 잠수함 사건에 대해 뉘우치는 발언을 했기 때문이다. 북한이 그러한 성명을 발표한 것은 이례적인 일이었다.

클린턴 대통령의 첫 임기가 이렇게 긍정적으로 마무리되는 것을 한국에서 지켜보면서 나도 대사로서의 임기를 마무리 짓자는 결정을 내렸다. 나는 워싱턴에 사임 의사를 전화로 알렸다. 힘겨운 난관도 있었지만 좋은 경험을 추억하며 오래 남을 성취감을 안고 서울을 떠났다.

박건우
(1995~1998년)

　박건우 대사는 애석하게도 이 글을 마무리 짓고 몇 주 지나지 않아 2008년 11월 세상을 떠났다. 1961년 서울대학교 법학과를 졸업하고 2000년 5월 순천향대학교에서 명예정치학 박사를 받았다. 1991년 주캐나다 대사, 1998년 외교부 의전장을 지냈다. 1985년 주콜럼비아 대사, 1982년에는 외무부 미주 국장, 1994년 외교부 차관으로 일했다. 1995~1998년까지 주미 대사를 역임했으며 동시에 미주기구(OAS) 국장으로 활동했다. 1998년 서울로 돌아와 남북한, 미국, 중국 4자 회담 수석대표를 맡아 한반도의 평화 체제를 구축하기 위해 노력했다. 2002 월드컵 축구유치위원회 사무총장을 맡았다. 박건우 대사는 경희사이버대학교 총장과 경희대학교 국제대학원장에 이어 2000년 2월부터 2001년 1월까지 동 대학 NGO 대학원장을 맡았다.

첫 번째 북한 핵 위기

주미 대사로 임명되기 전 9개월 동안 나는 외무부 차관을 지냈다. 그 이전에는 33년 동안 워싱턴 D.C.에 있는 한국 대사관의 각종 업무와 미주 국장직을 맡는 등 미국과 관련된 다양한 일을 했다. 나는 그 덕분에 미국에 대한 넓은 견해와 미국 동료들과의 돈독한 우정을 쌓을 수 있었다. 주미 대사직을 맡을 만큼 대사로서의 이력은 충분치 않았지만 이러한 미국 관련 업무 경험이 밑바탕이 되어 주미 대사가 되었다고 생각한다.

외무부 차관 시절, 북한 핵문제는 전 세계의 헤드라인 뉴스거리였다. 1994년 5월 북한이 다섯 명의 국제원자력기구(IAEA) 검사요원 중 세 명을 추방하면서 상황은 악화일로를 걷게 되었다.

1994년 6월 탕자쉬안 중국 외교부 차관이 방한했을 때, 우리는 유엔안전보장이사회에서 취할 수 있는 조치 등 북한 핵문제를 다방면으로 논의했다. 6시간에 걸친 이 회의는 상황의 심각성을 진단하고 분석하는 기회가 되었다. 베이징으로 돌아간 후 탕 차관은 우리가 서울에서 논의했던 내용을 중국 정부에 상세하게 보고했으며, 이에 중국은 북한에 큰 우려를 표명했다. 이러한 내용을 나는 주한 중국 대사로부터 전해 들었다. 그럼에도 불구하고 북한은 계획했던 대로 IAEA에서 탈퇴하였고, 클린턴 행정부는 이 문제를 더욱 엄중하게 다루기 시작했다. 이 무렵, 청와대에서는 김영삼 대통령이 주재하는 국가안전보장회의가 개최되었는데, 나도 함께 참석하였다.

1994년 6월 15일 지미 카터 전(前) 대통령이 평양을 방문하는 길에 서울에 들렀다. 나는 공항에서 카터 전(前) 대통령과 영부인을 영접하였다. 대통령, 여당 지도부, 한승주 외무부 장관, 제임스 레이니 대사, 그리고 내가 함께 하는 오찬 자리가 마련되었는데, 여기서 평양 방문과 관련된 일을 논의하였다.

6월 18일 카터 전 대통령은 판문점을 통과하여 평양에서 서울로 돌아왔다. 김일성 주석과의 회담 중 남북정상회담 개최가 거론되었다고 전했다. 이 소식을 들을 김영삼 대통령은 즉시 회담 개최에 찬성하는 의사를 밝혔다. 그러나 7월 9일 김일성 주석의 사망으로 모든 계획은 취소되었다.

김일성 사망으로 잠시 중단되었던 한미 대화는 제네바에서 재개되었다. 2개월 동안 이어진 힘겨운 협상 끝에 미국 협상 대표 로버트 갈루치 대사와 북한의 강석주 외무성 차관은 1994년 10월 21일 제네바합의서에 서명했다. 주요 합의 내용은 연락사무소 개설, 경수로 제공 및 IAEA 특별 사찰이었다.

합의가 이루어지자 북핵문제에 대한 궁극적인 해결책이 있을 것이라는 희망이 샘솟았다. 하지만 그 효용성에 대한 여론은 분분했다. 많은 한국인들이 보수적 입장에서 이번 합의에 대해 다음의 5가지 문제를 지적했다. 첫째, 남북 관계에 있어 실질적인 발전이 없는 한 미국과 북한의 관계가 더 진척되어서는 안 된다. 둘째, IAEA 특별 핵사찰이 경수로의 핵심기기가 전달된 뒤 5년 후에 실시될 경우, 과거 북한의 핵 활동을 증명하기란 거의 불가능해진다. 셋째, 한국은 경수로를 건설하는 엄청난 비용을 감당해야 한다. 넷째, 북한이 한국 경수로 모델을 보기 좋게 거절할 수도 있다. 그리고 마지막 다섯째, 김일성 사망 후 북한 정권이 얼마나 갈지도 의문이었다.

게다가 핵문제가 대두된 1993년 초는 클린턴 행정부가 들어선지 얼마 되지 않은 때여서 북핵문제에 대한 명쾌한 답을 제시하기 힘든 상황이었다. 제네바합의가 이루어진 것은 미국의 중간선거가 실시되기 불과 3주 전이었고 선거 결과 공화당은 30년 만에 처음으로 상하 양원을 장악하게 되었다. 이는 클린턴 대통령이 자신의 외교 정책을 펼침에 있어 의회로부터 상당한 정치 압력을 받게 되리라는 의미였다. 따라서 클린턴 행정부는 제네바합의에 대한 한국 정부의 입장과 한국 사람들의 반응을 면밀히 살피게 되었다. 공화당원들은 이 합의를 실패작으로 치부했고, 북한에 대한 중유(HFO) 제공 등 합의 내용을 이행하는 단계에서 비협조적으로 나올 것이 분명했다.

주미 한국 대사로 임기 시작

1995년 1월 30일 나는 많은 난관 속에서 워싱턴 D.C.에 도착했다. 당시 한국 정부의 입장은 다음과 같았다.

첫째, 한국은 제네바합의를 지지하지만, 남북 관계가 발전되지 않은 채 미국과 북한의 관계가 진전되는 것은 바라지 않는다. 둘째, 연락사무소를 설치하는 과정은 남북대화를 촉진하려는 목적과 괘를 같이 해야 한다. 연락사무소 개설로 미국과 북한이 완전히 수교했다고 볼 수는 없겠지만 관계 정상화를 향해 한 걸음 더 나아가게 될 것이다. 셋째, 북한에 제공되는 경수로는 한국형 모델이어

야 한다. 넷째, 한국 시장자유화와 같은 한미 간 무역 분쟁이 해결되어야 한다.

같은 해 3월 20일 클린턴 대통령에게 대사직을 제정한 날, 클린턴 대통령은 다음과 같이 말했다.

"제네바합의를 이행하는 것은 매우 중요하지요. 미국은 북한 핵 문제에 대해 단호한 태도를 취할 것입니다."

아울러 김영삼 대통령이 조만간 방문해줄 것을 기대한다고 덧붙였다.

나는 국회, 대학, 정책연구소, 그리고 행정부에 있는 다양한 사람들을 예방하여 북한 핵문제에 관한 한국 정부의 입장을 설명하는 과정에서, 미 국무부 예산을 관리하는 공화당 상원의원들이 제네바합의를 생각보다 훨씬 더 심하게 반대한다는 사실을 알게 되었다. 이는 공화당 강경파의 입장과 일치했다.

제네바합의: 경수로 제공 합의와 한국형 경수로 모델 공급

북한의 강 차관은 1995년 2월 갈루치 대사에게 서한을 보내 한국 경수로 모델을 받아들이지 않겠다고 단정 지었다. 공급 계약서에 서명하기로 한 날짜가 임박하자 미국은 한국형 모델이 제공될 것이라고 규정하는 문구를 놓고 몹시 고민을 했다.

스트로브 탤벗 미 국무부 차관은 북한이 반대하는 상황에서는 직접적으로 '한국형 모델'이라고 표현하는 것보다 '두 단위의 1,000 메가와트 경수로'와 같이 간접적인 표현을 쓰는 것이 더 나을 것이라고 제안했다. 직접적으로든 간접적으로든 그것이 한국의 원자로를 의미한다는 것을 모두 알 것이라고 전제한 제안이었으나, 나는 한국 정부가 이를 수용하기 힘들 것이라고 분명히 말했다.

4월 말 제임스 레이니 대사가 한국경제연구소가 후원하는 카라빈 행사에 참석히기 위해 미국으로 돌아왔고, 행사기간 동안 우리는 한국형 경수로 문제에 대해 심층적인 토론을 했다.

경수로 공급 합의를 위한 협상이 말레이시아 콸라룸푸르에서 열렸다. 미국의 토마스 허바드 국무부 차관보와 북한의 김계관 외무성 차관이 대표 협상자로 나섰다. 한국 정부는 워싱턴에 있는 한국 대사관 관료 한 명을 파견하여 한국과 미국 간의 긴밀한 조율을 이끌어냈다. 한국의 여론은 한국이 경수로 사업을 지원하게 될 경우 정당한 입장으로 협상에 참여할 수 없다는 점을 지적하며 이 회담을 날카롭게 비판했다. 협상 테이블에서는 경수로를 '울진 3호'와 '울진 4호'라 이름 붙이고 '참조설비자료'로 부르자는 안건이 논의되었다.

6월 11일 한반도에너지개발기구(KEDO) 이사회 회의가 미국, 일본, 한국 간에 마침내 이루어졌다. 기나긴 긴 협상 끝에 '참조설비자료'라는 용어를 사용하기로 결론이 났다. 한국 정부의 입장에서는 결코 쉽지 않은 결정이었다. 클린턴 대통령은 김영삼 대통령에게 서한을 보내 한국 표준형 모델이 공급될 것이고 한국전력공사(KEPCO)가 주 계약자가 될 것이라는 점을 확실히 언급했다. 북한은 반대 입장을 굽히지 않았다. 북한 군 당국이 경수로가 한국형이라고 언급되는 것을 절대 허용하지 않을 것이며, 강 차관의 입장이 심각하게 난처해질 것이라고 주장했다.

이 문제는 1995년 12월 15일 뉴욕에서 KEDO와 북한이 경수로 공급의 협약에 서명하면서 종결되었다. 협약에 따르면 KEPCO는 주 계약자가 될 것이며 '참조설비자료'라는 용어가 사용될 것이라고 했다.

제네바합의 이행과 관련하여 공화당과 민주당 의원의 의견 충돌로 대사 임기 내내 나의 업무가 어려워졌다. 세출위원회의 공화당 상원의원은 "한국은 왜 제네바합의를 함께 이행하려는 거죠? 그건 클린턴 행정부가 저지른 실수에 지나지 않아요"라고 말하며, 전혀 거리낌 없이 북한을 테러지원국 또는 국제사회의 문제아라고 불렀다. 그럼에도 나는 공화당 및 민주당 의원들과 자주 만남을 가져 개인적인 관계를 발전시켜나갔다.

대북 식량 원조

1995년 6월 초 김영삼 대통령은 남북 관계를 개선시키기 위하여 상당량의 쌀을 북한에 제공하기로 결정했다. 사실 이러한 노력이 6월 27일 다가오는 지방 선거와 연관이 전혀 없지는 않았다. 그러다 예기치 못한 사건이 일어났다. 15만 톤에 달하는 쌀을 전달하는 날, 북한 청진항에 정박하고 있던 한국 배에 북한 당국은 태극기를 내리고 인공기를 게양하도록 강요했다. 또 다른 배에서는 항구에서 허락 없이 사진을 찍었다는 흠을 잡아 선원을 억류했다.

그 무렵 한국은 대북관계를 개선시키려는 우리 정부의 노력에 북한이 긍정적인 반응을 보인다면 제3국으로부터 쌀을 구입하여 더 많은 지원을 할 수도 있다고 공개 발표까지 한 상태였다. 하지만 앞선 두 가지 사건으로 한국 여론은 곧 등을 돌리게 되었다.

12월 12일 워싱턴에서 한미 외무부 차관급 전략 회담이 열렸다. 미국은 북한에 대한 식량원조는 김일성 사망 이후 북한의 '연착륙'에 도움이 되기 때문에 좋을 것이라는 뜻을 내비쳤다. 그러나 한국은 식량 원조를 하면 북측도 변화된 태도를 보여야 한다고 응답했다. 지난번 한국이 대량으로 쌀을 지원했을 때 북한이 보인 것과 같은 행동은 더 이상 용납할 수 없다고 말했다.

1996년 1월, 미국은 미공법 480호에 준거하여 세계식량계획(WFP)을 통한 200만 달러 상당의 대북식량지원 계획에 대해 한국의 입장을 물어보았다. 한국 정부는 우선 아무리 작은 규모라도 미공법 480호를 통한 정부 지원은 상징적인 중요성을 지니기 때문에 미국의 계획을 지지할 수 없다고 대답했다. 다음으로 한국은 비정부 조직이 제공하는 작은 규모의 인도주의적 지원에는 반대하지 않는 입장이라고 했다. 끝으로, 북한의 식량 부족은 아직 심각한 단계에 도달하지 않았고 원조를 할 경우 투명한 배급을 위하여 적절한 감시 체제가 수반되어야 한다는 점도 강조했다.

같은 해 5월, WFP는 북한의 식량 부족 상태가 상당히 악화된 데다가 재고도 심각하게 줄었다고 발표했다. 〈워싱턴 포스트〉, 〈뉴욕 타임즈〉와 같은 미국 언론은 인도주의적 지원을 호소했다. 이러한 상황에 이르자 한국·일본·미국은 공동성명을 통해 각각 300만 달러, 620만 달러, 600만 달러에 달하는 대북 식량지원을 발표하였다.

7월, 북한은 4자회담 공동 브리핑에 참가하는 대가로 미국에 100만 톤의 지원을 요청했다. 4자회담은 김영삼 대통령과 클린턴 대통령이 그해 4월 16일 제주도에서 열린 정상회담에서 공동으로 제안한 것이었다. 북한이 뉴욕 채널을 통해 100만 톤의 식량을 요청한 사실은 미국 사회에 충격과 실망을 안겨주었고, 이후로도 북한은 기회가 될 때마다 미국에 식량 원조를 요구했다.

서울과 워싱턴은 이 문제를 놓고 극명하게 대비되는 입장을 표명했으며, 이 차이를 극복하는 것이 쉽지 않았다. 내가 만났던 한 민주당 의원은 북한 원조에 대한 한국의 미지근한 태도에 불만을 나타내며 다음과 같이 말했다.

"한국은 북한이 곧 망할 것이라 생각하며 그들이 고통받는 것을 즐기는 것처럼 보이는군요. 그렇다면 그런 만일의 사태에 대비는 하고 있습니까?"

김영삼 대통령의 국빈 방미(1995년 7월 20~27일)

1995년 7월, 주미 대사를 맡은 지 6개월이 되었을 때 김영삼 대통령이 미국을 방문하게 되었다. 1993년 7월 클린턴 대통령이 서울을 방문했었고 1993년 11월 김영삼 대통령이 워싱턴을 방문했었으니 이번이 세 번째 만남이었다. 이번 만남이 만족스러운 결과를 가져오고, 이를 통해 두 나라 동맹관계가 더욱 굳건해지길 바라는 마음에서 나는 최선을 다했다.

김영삼 대통령 방문 이전인 5월 10일 뉴트 깅그리치 하원 의장과 함께 한 만찬자리에서 나는 김영삼 대통령이 상하 양원합동회의에서 연설할 수 있도록 계획을 세워보자고 했다. 깅그리치 의장은 그러겠노라고 즉시 대답했다.

7월 26일 김영삼 대통령의 의회 연설을 필두로 국빈 방미 일정이 시작되었다. 33명의 의원들이 환영 파티를 열었다. 양당 상원의원들과 원내대표들을 포함한 의원들이 김영삼 대통령을 맞이한 후 하원 회의실로 들어갔다. 이번에는 민주당 의원들이 김영삼 대통령의 협력을 요구했다. 김영삼 대통령이 경수로 공급 협약에 찬성하면 예산을 확보하는 데 의회의 지지를 얻을 수 있을 것이라고 했다. 김영삼 대통령의 연설은 매우 성공적이었고 18명의 기립박수를 받았다. 다음날 김영삼 대통령은 환영식, 정상회담, 공동기자회견, 그리고 백악관 국빈만찬에 참석했다. 국빈 방문으로서 갖추어야 할 모든 격식을 갖춘 셈이었다. 그 다음날은 아침 일찍 양국의 대통령이 함께 조깅을 하며 강한 유대감을 과시했다.

7월 27일 워싱턴에서 한국전쟁 참전용사 기념관 제막식이 열렸다. 사실 이 행사까지 같이 진행시키는 것은 결코 만만치 않은 작업이었다. 이 기념관은 미국과 한국의 오래된 동맹관계를 상징하는 것이었다. 예산 문제, 공사 문제 등 넘어야 할 고비가 많았지만, 김영삼 대통령의 방문기간 동안 개관되도록 최선을 다했다. 두 나라의 대통령들은 개관식 행사에 참여하여 몇 년 전에 맺었던 끈끈한 혈맹관계를 그대로 보여주었다. 얼마나 의미 있고 감동적인 경험이던지. 워싱턴의 전형적인 더운 날씨에도 불구하고 많은 한국전쟁 참전 용사들이 참석하여 이 행사에 더욱 의미를 부여했다.

미국과 북한 연락사무소 개설

1994년 제네바합의에 따라 미국과 북한은 각각 평양과 워싱턴에 연락사무소 설치하는 일을 추진했다. 1995년 말, 연락사무소를 설치하기 위한 구체적인 움직임이 시작되었다. 미국은 평양에 주재할 외교관 인선을 마친 상태였으며, 평양에 있는 과거 동독 대사관 건물을 임대하고 싶어 했다. 북한 역시 워싱턴 D.C.에 관리들을 파견하여 사무실을 물색하는 등 비슷한 준비를 하는 것 같았다.

이에 대해 한국은 1996년 4월에 있을 국회의원 총선거 이후로 연락사무소 개설을 연기해달라고 미국에 요청했다. 한국 정부로서는 남북 관계가 침체기를 맞이한 상황에서 미국과 북한의 관계만 발전하는 인상을 보여주고 싶지 않은 게 당연했다. 그러나 미국은 이 문제에 민감하게 반응하는 한국 정부의 입장은 이해하지만 사전에 어떠한 약속도 할 수 없다고 회답했다. 그러면서도 북미 관계가 한미 관계에 악영향을 미치지 않도록 최선의 조치를 취하겠다는 확신을 주었다.

이 예민한 시기에 상황을 완전히 흔들어 놓은 예상치 못한 사건이 발생했다. 한 북한 병사가 평양 주재 러시아 대사관으로 들어간 것이다. 그는 정치적 망명을 요구하는 듯 했다. 소식통에 의하면 북한 당국은 평양에 미국 연락사무소가 개설될 경우 유사한 사건들이 재발할까봐 매우 걱정하게 되었다고 했다. 게다가 사무소를 개설하는 데 상당한 돈이 드는 데다 북한으로서는 뉴욕의 유엔대표부를 통해 이미 미국과 소통을 할 수 있었기 때문에 워싱턴에 연락사무소를 개설하고자 하는 열망이 점점 엷어지고 있었다.

미국은 판문점을 통해 평양으로 외교행낭을 보낼 수 있게 하자고 북한을 설득했다. 그러나 북한이 수용하지 않자 점점 좌절하게 되었다. 이리하여 연락사무소 설립은 양국 우선순위에서 모두 밀려나게 되었다.

게다가 북한 외무성과 공안기관들 사이에는 외교특권과 면책특권을 누리게 될 미국 연락사무소 외교관들의 활동 범위를 어디까지 허용할 것인지를 놓고 심각한 이견이 있었다. 그리고 김정일 주석의 권력 승계가 아직 완전히 이루어지지 않았기 때문에 북한은 연락사무소 문제를 더 후에, 북미 관계에 있어 포괄적인 협상의 일환으로서 다루는 것이 더 낫다고 생각했을 것이다. 그 무렵부터 유엔의 북한 대표부는 더욱 활발한 활동을 펼쳤다.

1996년 4월 16일 제주도 한미 정상회담과 4자회담 제의

1995년 11월, 공화당이 주도하여 통과시킨 1996년도 예산안을 클린턴 대통령이 거부하자 의회와의 관계가 매우 껄끄러워졌고 국정 운영에도 차질이 생겼다. 클린턴 대통령은 국내 일정에 초점을 맞추느라 일본 공식 방문 일정은 물론 이어 오사카에서 열릴 APEC 정상회담 일정마저 취소했다. 대신 앨 고어 부통령이 참석했다.

얼마 후 우리는 클린턴 대통령이 일본 정부의 실망감을 달래기 위해 1996년 4월 일본과 러시아를 방문할 계획임을 알게 되었다. 이에 한국으로부터 클린턴 대통령의 일정에 방한 계획을 넣어주면 좋겠다는 의사를 미국에 전하라는 지침을 받았다. 나는 국가안전보장회의와 미 국무부의 상임 관료들에게 이와 같은 이야기를 전했다. 한 백악관 관리는 그 초청에 우선 감사를 표하고 한국의 안보 상태를 고려하여 진지하게 판단하겠지만, 1996년 대선 이후 클린턴 대

통령의 정치 스케줄이 꽉 짜여있기 때문에 확답하기 어려움을 표명했다. 마찬가지로 미 국무부 역시 긍정적인 반응을 보이면서도 백악관 정치 고문의 의견이 중요할 것이라고 말했다. 하지만 어떤 고위급 관리는 자신의 개인적인 의견으로는 한국의 전직 대통령 두 명이 수감 중인 시기에 클린턴 대통령이 방한하는 것은 미국 국민들에게 따가운 시선을 받을 것이라고 말했다.

1996년 1월, 나는 자문을 하기 위해 워싱턴으로 돌아온 레이니 대사와 회담을 가졌다. 레이니 대사는 미 대통령의 일본 방문이 갑자기 취소된 적이 한 번 있기 때문에 이번에는 꼭 이루어져야 한다고 생각했다. 그러나 한국에 관해서는, 김영삼 대통령이 얼마 전 워싱턴을 방문했었기 때문에 한국 방문을 밀어붙이는 것이 힘들 것이라고 했고 더욱이 당장 시급한 일도 없는 때였다. 나는 토니 레이크 국가안보담당 보좌관을 만나 협조를 요청했으나 성과가 없었다.

2월 4일, 일일 브리핑 자리에서 방한 가능성을 묻는 질문에 백악관 대변인은 "클린턴 대통령이 일정상 한국을 방문할 수 없어 유감스럽게 생각한다"고 대답했다. 나는 클린턴 대통령의 측근을 별도로 만나 왜 클린턴 대통령이 방한해야 하는지 자세히 설명했으며, 이번 방문의 중요성을 강조한 한국 정부의 서한도 보여주었다. 청와대 역시 다양한 채널을 통해 집중적인 노력을 했다.

3월 26일 공노명 한국 외무부 장관은 베이징에서 레이크 국가안보담당 보좌관을 접견한 후 워싱턴으로 왔다. 공 장관이 워싱턴을 떠난 후, 백악관은 내게 클린턴 대통령의 일정에 제주도를 방문하는 계획을 넣었다고 알려왔다.

4월 16일 이른 아침 클린턴 대통령은 제주도에 도착했다. 양국 대통령은 북한문제를 어떻게 해결할지에 대해 논의했다. 논의 도중에 한국·북한·미국·중국이 북핵문제를 평화롭게 해결하고 한반도에 평화를 구축할 방법을 모색할 4자회담을 개최하자는 제안이 나왔다. 김영삼 대통령은 북한 정권이 불안정하고 과도기에 있기 때문에 4자회담의 제안을 받아들이기에는 다소 시간이 걸릴 것이라는 점을 지적했다. 그러는 동안 미국은 북한과의 직접적인 대화를 거부하는 쪽으로 흘러가게 되었다고 했다. 아울러 4자회담을 개최하는 데 중국의 역할이 중요해질 것이니 김영삼 대통령 자신이 장쩌민 주석과 함께 계속 작업을 해보겠다고 말했다.

한편 클린턴 대통령은 북한의 식량과 에너지 부족이 심각하기 때문에 한국과 미국은 북한문제를 해결하는 데 긴밀하게 협조해야 함을 강조했다. 나아가 만약 북한이 감당하기 힘든 상황에 빠지면 무력 도발을 일으킬 수도 있으므로 시의적절하게 원조를 해서 북한을 바람직한 방향으로 조종하자고 말했다. 아울러 미국은 한국의 바람을 존중하여 북한과는 개별적 회담을 갖지 않을 것이며, 4자회담을 공동으로 제의한 것은 '힘의 상징'이자 '매우 바람직한 일'이라고 말했다.

나는 제주도에서 돌아온 후 윈스턴 로드 미 국무부 동아시아태평양담당 차관보와 4자회담을 강력히 추진했다. 이에 대한 첫 번째 반응으로 미국 특사가 평양에 와서 4자회담의 말이 나온 배경을 설명해 달라는 북한의 메시지가 전달됐다. 북한은 왜 중국이 회담에 참여해야 하는지 다양한 경로를 통해 의문을 제기했다. 아마 1992년 한국과 중국이 수교한 후 북한과 중국의 관계가 악화되었기 때문인 것 같았다. 심지어 4자회담이 일어나는 동안에도 중국과 북한의 관계가 딱히 개선되지는 않았다.

북한은 4자회담과 식량 원조를 직접 연결 지으려고 했으며, 기회가 될 때마다 북한이 4자회담에 관심을 보이는 것은 식량 원조를 전제로 한다는 점을 언급했다. 일부 미 민주당 의원들은 미국이 4자회담 추진에 동의했음에도 불구하고 한국은 여전히 식량 원조 문제에 선뜻 나서지 않는다며 불만을 나타냈다. 식량 원조와 4자회담 문제는 북한 잠수함의 한국 동해안 침투 사건으로 더욱 복잡해졌다.

예기치 못한 사건: 북한 잠수함, 간첩 혐의로 체포된 한국계 미국인

1996년 9월 19일 북한의 무장 공비 26명이 소형 잠수함을 타고 한국 동해안으로 침투하다가 체포되었다. 11명은 자살을 하고, 1명은 생포되었다. 나머지 14명은 한국 측에 의해 총살되었다. 이 사건으로 한미 관계는 뜻밖의 난항을 겪게 되었다.

설상가상으로 한국계 미국인 로버트 김이 9월 24일 미국 연방수사국(FBI)에 체포되는 일이 발생했다. FBI는 워싱턴 주재 한국 대사관의 해군무관에게 500개의 미 국방부 기밀문서를 건넨 혐의로 그를 체포했다. 이 사건이 일어났을 때 나는 바하마를 공식 방문하는 중이었으나 즉시 일정을 정리하고 워싱턴으로 돌아왔다.

나는 이 사건과 관련해 국방무관과 장교로부터 보고를 받았다. 그들은 단지 개인적인 호의로 로버트 김의 문서를 받았을 뿐 어떠한

물질적 대가도 없었다며 무죄를 호소했다. 그리고 자기들이 아는 한 비밀 정보는 없었고 모든 것을 오픈 메일을 통해서 받았다고 해명했다. 나는 중요한 것은 문서의 내용이 아니라 적절한 인증절차를 거치지 않고 미 국방부 문서 사본을 여러 차례 받은 사실이라고 강조했다. 이러한 판단 하에 9월 26일 관련된 장교 한 명을 한국에 되돌려 보내기로 결정하고 미 국무부와 국방부에 고지했다. 로버트 김은 내가 다니던 교회 장로였지만 개인적인 친분을 쌓을 기회는 없었다.

한국에서 받은 지침에 따라 나는 잠수함 사건에 관한 우리 정부의 입장을 미 국무부 및 다른 정부 기관 상임 관료들에게 설명했다. 구체적으로 말하자면, 한국은 잠수함 침입에도 불구하고 경수로 건설을 계속 추진할 것이나, 북한에 공식적인 사과를 요청할 것이고, 확실한 재발방지 조치와 책임자 추궁을 요구할 것이라고 말했다.

10월 중순 윈스턴 로드 미 국무부 차관보는 서울을 방문하여 한국이 북한에 그러한 요구를 하는 동안에도 미국은 4자회담을 계속 추진할 것이라고 설명했다. 이에 대해 한국 정부는 어떠한 제재조치도 없는 한 북한은 미국을 존중하지 않을 것이기 때문에, 미국은 북한과의 접촉에 신중해야 할 것임을 강조했다.

당시 미국 언론은 한국이 북한의 잠수함 침투로 매우 화가 나있는데도 미국 정부가 북한에 단호하게 대처하지 않아 김영삼 대통령이 불만을 표했다는 소식을 보도했다. 11월 8일 공노명 외무부 장관은 사임했고 유종하 국가안보자문위원이 뒤를 이었다. 〈워싱턴 포스트〉는 이러한 조치는 한국 정부가 클린턴 행정부의 유화 정책에 실망했다는 의미를 내포하는 것이라고 보도했다.

1996년 11월 클린턴 대통령은 재당선되었다. 그 무렵 내가 서울에서 받은 정부 지침은 설령 제네바합의의 이행이 중단되더라도 잠수함 침투 사건에 대해 북한의 사과를 반드시 받아내는 것이었다.

마닐라 APEC 회의에서 열린 한미 정상회담

1996년 11월 마닐라에서 열릴 한미 정상회담에 참가하기 위해 떠나기 적전 나는 서울에서 전문을 하나 받았다. 한국은 4자회담을 개최하려는 의지가 확고하지만 북한이 잠수함 침투 사건에 대해 사과하고 재발 방지를 약속하지 않는 한 KEDO 설립 의정서에 서명할 수 없다는 입장을 미국 정부에 알리라는 지시였다. 의정서의 내용은 이미 합의가 이루어진 상태였다.

나는 로드 차관보와 이에 대해 대화를 나누었다. 그는 이러한 입장을 직접적으로 표현하면 부작용이 생길 수 있기 때문에 북측의 잘못을 인정하는 어떤 조치가 필요하다는 것을 간접적으로 암시하는 것이 더 낫겠다고 말했다. 나는 미국이 북한에게 사과하라는 압력을 넣을 준비가 된 것 같다고 보고한 후 마닐라로 떠났다.

그 무렵 서울과 워싱턴의 관계가 다소 불편해졌다는 내용의 신문 기사가 무수히 쏟아져 나왔다. 김영삼 대통령은 〈워싱턴 포스트〉와 인터뷰를 하는 도중 불편한 심기를 숨김없이 드러냈다. 인터뷰가 끝난 후 니콜라스 크리스토프 〈뉴욕 타임즈〉 도쿄 지부 기자는 북한을 대하는 한국 정부의 입장을 조목조목 따지며 비판했다. 한국 정부의 관점에서는 매우 기분이 나쁜 기사였다. 예를 들면 김영삼 대통령이 잠수함 사건에 대해 다루기 힘든 강경노선을 고집하는 것은 레임덕을 방지하기 위한 것이라고 했다. 비슷한 시기에 워싱턴 D.C.에서 열린 한국경제연구소 자문위원회 회의에서 한 저명한 미국 인사는 "한미 동맹관계가 난항을 겪고 있습니다. 이 상황이 빨리 진정되길 바랍니다"라고 말했다.

정상회담이 열리기 전 워렌 크리스토퍼 미 국무장관과 유종하 외무부 장관은 공동 성명에 대해 논의했다. 크리스토퍼 장관은 북한이 도발을 일으킬 것 같으면 한미가 반드시 사전 협의를 해야 한다고 강조했다. 또한 KEDO 설립 의정서에 시급히 서명하고 유럽연합의 승인을 KEDO 이사회에 올리는 것에 동의해야 한다고 역설했다. 유 장관은 50~60억 달러에 달하는 경수로 부담비용에 대한 국내 반대 여론을 설득시키기 위해서라도 한국이 경수로 사업에서 반드시 가시적인 역할을 해야 한다고 말했다. 회담은 매우 사무적인 방식으로 진행되었다.

11월 24일 한미 정상회담에서는 한국 외무부 장관과 미국 국무부 장관의 사전 협상이 계속되었다. 의제의 특성상 두 정상은 외교적 수사법을 쓰기보다 솔직하게 의견을 교환했다. 나는 워싱턴 D.C.로 돌아가는 비행 내내 정상회담의 엄중한 분위기에 압도되어 있었다.

나는 한미 두 나라가 의견을 솔직하게 교환하면 훨씬 더 좋은 동맹 관계로 될 것이라고 믿었다. 당시 두 나라 사이에서 대사로서의 내 역할이 얼마나 중요한지를 상기할 때마다 그 믿음은 점점 더 강해졌다. 나는 워싱턴으로 돌아와 클린턴 행정부 내·외부적으로 중요한 인물들을 만나 의견을 나누었다. 그들을 통해 레이니 대사 역시 서울에서 열심히 노력하고 있고 훌륭한 결과를 전하고 있다는 소식을 들었다. 한미 동맹의 중요성을 다시 한 번 일깨우는 또 한 번의 소중한 기회였다. 이후에 클린턴 대통령은 다음의 서한을 김영삼 대통령에게 전달했다.

"마닐라 APEC 회의에서 우리가 가진 회담은 매우 가치가 높다고 생각합니다. 한미 관계의 결의를 새롭게 다짐으로써 한반도의 긴장을 완화시켰다고 확신합니다. 북한은 우리 동맹 관계를 보고 잠수함 침투 같은 도발 행위는 한국과 미국 모두에게 통하지 않는다는 사실을 확실히 깨달았을 것입니다. 우리의 친밀한 우정이 한국문제를 포함한 미국 외교정책을 결정하는 잣대가 될 것입니다."

    이 서한으로 마닐라 정상회담 동안 형성된 어색한 분위기가 사라졌고, 두 나라 대통령의 우정과 동맹 관계의 근본을 공고히 다지게 되었다.

    미국과 북한은 비공식 접촉을 통해서 북한의 사과문제가 계속 논의되었다. 12월 29일 북한은 마침내 평양 방송을 통해 한국어와 영어로 사과 성명을 발표했다. 성명에서 "비극적인 인명 손실을 초래한 강릉 해안의 잠수함 사건에 대해 심심한 사죄를 표한다. 또한 그러한 사건이 재발하지 않도록 노력하겠다"고 말했다. 이에 대해 백악관 또한 성명을 발표하여, 이제 잠수함 사건은 해결되었으며 김영삼 대통령이 직접 나선 노력이 없었더라면 이 같은 해결은 불가능했을 것이라고 말했다. 김영삼 대통령은 클린턴 대통령에게 아낌없는 지원과 노력을 보여준 것에 감사하는 친서를 보냈다.

〈워싱턴 포스트〉는 북한이 사과를 하고 앞으로 그러한 도발적 행위를 하지 않겠다고 다짐하리라고는 전혀 예상치 못했다고 보도했다. 하지만 한국으로선 북한이 간접적으로 사과를 했다는 것이 마음에 들지 않았다. 유엔 군사령부라는 공식 채널을 사용하지 않은 것이다. 약 100일 동안 잠수함 침투 사건으로 비롯된 많은 문제들이 해결되어 한미·북미 관계도 회복되었다.

대만이 핵폐기물을 북한으로 옮기는 것을 막다

한국 정부는 대만이 북한으로 핵폐기물을 이송하려는 계획을 갖고 있다는 사실을 알고 절대 반대한다는 의견을 피력했다. 북한은 대만의 핵폐기물을 받아들이는 대가로 엄청난 돈을 받기로 협상했던 것이다. 한국은 북한의 절박한 경제 상황을 이용하여 한반도를 위험에 빠뜨리는 것은 양심적으로도 도덕적으로도 있을 수 없는 일이라고 반박했다. 한국 정부는 이 문제에 대해 미국의 협조가 중요하다고 보고 내게 미국의 지원을 받아달라는 지시를 내렸다. 나는 미 행정부 상임 관리들 및 미 의회 의원들에게 외교 정책을 펼치기 시작했다.

미국 행정부의 입장은 한국 정부의 입장과 비슷했지만, 이 문제가 중국 및 대만과도 관련되었기 때문에 미국의 입장을 공개적으로 밝히기를 꺼렸다. 반면 뉴트 깅그리치 하원의장과 상·하원 대표들은 한국의 입장에 적극적인 지지를 보냈다. 1997년 3월 말, 깅그리치 의장은 서울을 방문하기 전 "대만은 역사적인 실수를 저질러서는 안 된다"라는 발언을 통해 강력한 소신을 공표했다.

10월 2일 나는 워싱턴의 비공식 대변인, 제이슨 후와 사적으로 만났다. 대만 출신인 그가 외무장관으로 임명되어 타이베이로 돌아가기 전이었다. 그는 이번 일을 자기에게 맡겨달라고 하면서도 대만이 이 문제로 미 의회의 압력을 받고 있다는 인상을 주고 싶지 않다고 솔직하게 말했다. 그리고 1992년 한국과 중국이 수교를 맺을 때 대만이 가졌던 반감이 아직 남아있다고 했다. 결국 대만은 그 잘못된 계획을 완전히 포기했다.

매들린 올브라이트 국무장관

1997년 1월 20일 클린턴 대통령의 두 번째 임기가 시작되면서 매들린 올브라이트는 국무장관직을, 사무엘 버거는 국가안보보좌관직을 맡게 되었다.

2월 20일 올브라이트 장관은 해외 순방 중 한국을 찾았다. 청와대를 방문한 그녀는 미국은 남북 관계가 발전을 보이는 테두리 내에서만 북한과의 관계를 증진시킬 것이고 북한이 서울과 워싱턴 사이를 이간질하게 두지는 않겠다고 강조했다. 아울러 미국과 한국이 제네바합의를 충실히 이행하고 4자회담을 실현시키기 위해 함께 노력하기를 희망한다고 덧붙였다. 그리고 마닐라 정상회담에서 발표되었듯이, 북한문제에 관한 한 사전 협의가 중요하다는 사실을 되짚었다. 북한의 고위관리인 황장엽에 대해서도 깊은 관심을 표했다. 그는 베이징에서 서울로 오는 도중 필리핀에서 잠시 머물고 있는 상태였다.

올브라이트 장관의 서울 방문은 다행히도 한결 호전된 상황에서 이루어졌다. 잠수함 침투 사건이 종결되고, KEDO 설립 의정서에 서명이 이루어졌으며, 미국과 한국이 4자회담에서 합동설명회를 열자고 북한과 합의를 본 덕분이었다. 무엇보다도 올브라이트 장관은 자신이 지닌 매력과 외교적 통찰력으로 김영삼 대통령에게 매우 좋은 인상을 남겼다.

4자회담 개시

1997년 3월, 마침내 4자회담 합동설명회의 일정을 논하기 위한 미국과 북한의 사전회의가 뉴욕에서 시작되었다. 4자회담은 거의 1

년 전 한미가 공동으로 제안한 사항이었다. 북한은 회담 이면에 어떤 숨겨진 의도가 있는지 의문을 품었다. 또한 한중 관계와 북미 관계 사이의 불균형을 고려할 때, 혹시 불균형이 없다 하더라도 북한이 동등한 대담자로서 참여할 수 있는지를 물었다. 북한은 미국의 적대적 대북정책 종식, 북미 간 평화협정, 경제적 제재 해제, 그리고 1997년에만 150만 톤에 이르는 식량 원조를 요구했다. 이 모든 것은 4자회담이 시작되기 전에 이루어져야 했다.

미국은 경제 제재가 적성국교역법에 따르는 것이었다고 대답했으며, 엄밀히 말해 한반도는 아직 전쟁 중이기 때문에 한반도 평화협상 과정이 우선 재개되어야 한다고 말했다. 그러므로 북한은 4자회담에 참여해야 했다. 식량 원조에 관해서 미국은 한국 정부의 입장을 따를 것이라고 했다. 미국이 제재와 식량 원조라는 양대 문제를 놓고 고민하고 있긴 하지만, 분명 북한이 4자회담에 참여하겠다고 동의한 후에야 준비할 것임을 밝혔다. 동시에 한국은 북한이 4자회담에 참여하는 원칙에 동의한 것만으로는 충분하지 않으며 쌍방이 철저히 교류하며 진행시켜야 한다는 입장을 관철했다.

그러는 사이 1997년 6월, 김영삼 대통령과 클린턴 대통령이 회담을 가졌다. 김영삼 대통령이 유엔 정기총회의 환경에 관한 특별회의에 참석하기 위해 뉴욕을 방문하였을 때였다. 클린턴 대통령은 김영삼 대통령에게 제임스 레이니 대사와 샘 넌 전(前) 상원의원이 곧 북한의 초청을 받아들일 것이라고 알려주었다. 또한 그들이 평양에서 돌아오는 길에 서울에 들러 자세히 보고할 것이라고 했다. 하지만 그건 한국이 원했던 것이 아니었다. 그들은 7월 20~22일까지 북한을 방문한 후 이틀 동안 서울에 머물며 북한에서 있었던 일을 설명했다.

한편 4자회담을 위한 준비가 드디어 시작되었다. 6월 30일 한국, 북한, 미국 3개국의 차관보급 회의가 뉴욕에서 열렸다. 이어 8월 5일 제네바에서 4자회담의 사전 회의가 진행되었다. 9월 18일 뉴욕에서 또 다른 4자회담 준비회의가 있었다. 여기에서 북한은 12월 9일 제네바에서 열릴 4자회담에 참여하겠다고 동의했다. 이어지는 4자회담 과정은 한국의 다음 정부와 작업해야 했다. 그래서 클린턴 행정부는 12월 한국에서 치러질 대선 날짜 이전에 4자회담 출범식 일자를 확정 짓고 싶다고 했다.

11월 1일 중국의 장쩌민 주석이 워싱턴에 머무는 동안, 클린턴 대통령은 중국을 미국의 '전략적 협력 동반자'라고 칭했다. 이 긍정적인 표현을 빌리자면 두 나라가 한반도를 포함한 동북아시아 상황에 대한 종합적인 논의를 했을 것이라는 추측이 나올 것이다. 그 당시 4자회담의 중국 측 수석대표인 천 젠 대사는 평양에 있었다.

분명 한국은 미국과 중국의 양자 회담에서 한반도의 어떤 문제가 어느 정도 범위까지 거론될 것인지 관심이 높았다. 일반적으로 중국 관리들은 중국이 북한에 미치는 영향력이 매우 한정적이라며 겸손한 태도를 보이지만 중국 고위급 관료들은 미국 방문 시 북한이 붕괴되지 않을 것임을 거듭 강조했다. 물론 그러한 발언은 중국의 대북 정책을 표현하는 것이었다. 즉, 중국은 북한이 붕괴되기를 원하지도 내버려두지도 않을 것이었다.

한미 간 경제 및 무역 관계

워싱턴에서 대사로 근무할 동안 한국과 미국의 경제 및 무역 관계는 난항을 겪고 있었다. 하지만 종국에는 이로 인해 양국의 경제 관계가 더욱 단단해지고 탄력을 받을 것이라는 믿음이 있었다. 1996년 양국 간 교역이 550억 달러에 달하며 한국은 일곱 번째로 큰 미국의 무역 상대국이 되었다. 하지만 한국 쪽에서 116억 달러라는 어마어마한 흑자를 기록하였기에 양국 정부의 긴장이 고조되었다. 다행히 시장경제와 무역자유화에 대한 양국의 확고한 믿음으로 양자 무역 분쟁은 건설적으로 해결됐다. 이는 1995년 우루과이라운드에서 세계무역기구(WTO)가 발족되는 결과로 나타났다. 그러나 한국 입장에서는 처음으로 쌀 시장을 개방해야 했기 때문에 우루과이라운드가 결코 달갑지 않았다.

그럼에도 불구하고 WTO의 출범은 한미 양자 무역관계에 새로운 차원을 열어주었다. 1995년 5월 미국 정부는 WTO의 분쟁해결 기구에 두 가지 불만 사항을 털어놓았다.

하나는 한국 정부가 식품 분야 유통기한 규정에 반대했다는 것이었다. 미국은 이 조치가 외국에서 수입하는 식품을 자의적으로 제한하기 위해 도입한 것이라고 주장했다. 다른 하나는 한국이 농산물에 대해 불필요하게 긴 관세 절차를 설정했다는 것이었다. 이 절차 때문에 농산물이 시장에 도달하기도 전에 부패하는 경우가 생겼다고 했다. WTO에서 분쟁을 조정하는 도중 한국과 미국은 이 두 가지 문제를 원만히 해결하게 되었다. 한국 정부는 미국의 불만 사항을 수용함으로써 자국의 관세 절차를 개선하고 유통기한 제도의 규제를 완화시켰다.

자동차 시장 개방 문제 역시 뜨거운 쟁점이었다. 1996년 한국은 미국 시장에 20만 1,470대의 차를 수출한 반면 미국으로부터는 8,522대를 수입하는 데 그쳤다. 이러한 추세에 대한 반발로 미국은 한국이 자국의 자동차 산업에 유리하게 시장을 조작하고 있다고 주장했다. 또한 한국 정부는 '한민족 Buy Korean 운동'과 더불어 수입차에 관세를 과하게 부과함으로써, 한국 자동차 시장을 효율적으로 폐쇄시켰다고 주장했다. 두 나라의 정부는 이 문제를 해결하기 위하여 협상을 시도했으나 큰 성과를 보지 못했다.

1997년 10월 1일 미국 무역대표부 리차드 피셔 차관보가 나를 방문했다. 그는 미국이 한국의 자동차 정책을 우선협상대상국관행(PFCP)으로 지정하였고 미국통상법 301조 조정에 착수했다고 알려주었다. 나는 미국 정부가 일방적인 조치를 취한 것에 실망감을 드러내며 문제를 조속히 해결하기 위해 계속 노력하자고 말했다. 아울러 이 문제로 한미 관계의 의미가 퇴색되지 않기를 희망한다고 전했다. 길고 고된 협상 끝에 1998년 한미 두 나라는 한국 자동차 시장을 더 개방한다는 조건 하에 마침내 해결점을 찾았다.

이 외에도 최소 시장 접근원칙 하에 쌀 시장 개방, 한국 통신 및 쇠고기 시장 개방과 같은 몇 가지 쟁점 사항이 있었다. 일부 미국 뉴스는 한국의 대선이 1997년 12월로 다가온다는 이유로, 무역문제에 대한 한국의 국내외 정책이 올바르게 이행되고 있지 않다고 불만을 토로했다.

1997년 말 한국의 경제 위기

1997년 6월 말, 경제계 저명한 인사인 한 한국인이 나를 방문했다. 그는 자신의 전공이 외교정책이나 안보문제는 아니지만, 그 분야를 담당하는 미국 관리들과의 비공식적인 만남을 계획하고 있다고 했다. 그리고 눈에 띄지 않게 추진하여 언론에 노출되지 않도록 할 것이라고 덧붙였다.

"한국의 외화 보유량이 급격히 줄어들고 있어 한국 경제는 큰 타격을 받을 것입니다. 해외 차관 이자는 올라가고 있지요. 현 상황을 봐선 비상 대책이 필요합니다. 저희는 통일 비용 명목으로 외국환 관리 계획을 세우려 합니다."

나중에서야 그 의미가 경제 위기의 검은 그림자가 한국을 뒤덮기 시작했다는 것임을 깨달았다. 서울에서는 아직 이 문제에 대해 공식적 지침을 내리지 않았다. 뉴욕에 있는 여러 은행의 한국 매니저들만 동분서주하고 있었다.

11월 11일 이른 아침 나는 국방부 장관 연례 모임인 한미안보협의회의(SCM)에 참가하기 위하여 서울에 도착했다. 하지만 도착하자마자 들은 소식은 윌리엄 코헨 국방장관이 이라크에 대항한 '사막의 여우' 작전 때문에 SCM을 무기한 연기했다는 것이었다. 또한 탤벗 국무차관의 내한도 다른 이유로 취소되었다고 했다. 서울에 감도는 묘한 분위기는 참으로 당황스러웠다. 나는 다음날 서울을 떠나 곧장 워싱턴으로 돌아왔다.

세계 경제 위기의 여파로 한국은 금방이라도 국가 파산에 처할 것 같은 위기를 맞으며 유동성 함정에 빠지고 있었다. 11월 17일 한국 외환 시장은 마비되었고 11월 20일 한국 정부는 IMF에 긴급 구호를 요청했다. 11월 23일 나는 밴쿠버에 도착하여 APEC 정상회담에서 열린 한미 정상회담에 참가하였다. 김영삼 대통령의 고심은 이루 말할 수 없었지만 매 시각 서울로부터 보고를 받으며 외환 위기 사태에 집중할 수 있었다. 한미 정상회담에서 클린턴 대통령은 다음과 같이 말했다.

"우리 두 나라는 지난 5년 동안 긴밀히 협조해왔고 우리가 공동으로 제안한 4자회담에 어느 정도의 진전을 본 것 같습니다. 앞으로 어떠한 어려움이 닥칠지라도 미국은 한국과 협력할 것이며 한국의 입장을 지지할 것입니다. 한국 정부가 힘겨운 상황에서도 IMF의 원조를 받기로 결정한 것은 잘한 일이라고 생각합니다. 한국 경제의 안정과 성장을 위해 우리는 최대의 지원을 아끼지 않을 것입니다."

이어 김영삼 대통령은 감사를 표하고 다음과 같이 말했다.

"현재 위기 상황이 닥친 원인은 빠른 경제 성장과 부족한 외화 유입 때문에 구조 조정을 계속 했기 때문입니다. 11월 19일 한국은 금융 시장의 안정을 도모하고 국제 신용 상태를 높이기 위한 계획을 발표했고 과감한 개혁을 추진하고 있습니다. 우리가 걱정하는 것은 금융 위기가 더욱 심각해져서 한반도에 위기가 찾아오는 것입니다. 아울러 대통령 임기 동안 8차례의 정상회담을 거치며 한미 간 우정을 돈독히 쌓았던 것을 다행이라 생각합니다."

김영삼 대통령은 한국으로 돌아온 후에도 클린턴 대통령과 여러 차례 긴 전화 통화를 하며 IMF 원조를 통해 금융 위기를 극복하려는 한국의 노력에 대해 솔직한 논의를 했다. 12월 3일 한국 정부는 IMF와 공식 협약을 맺었고 12월 4일 IMF 이사회는 이 협약을 비준했다.

12월 18일 김대중은 대통령으로 당선되었다. 당시 일부 미국 언론에서는 미국이 한국을 꼭 지원해야 하는가에 대한 논쟁이 일었다. 도미노 이론에 따라 한국의 금융 위기가 다른 아시아국으로 퍼질 수 있었기 때문이었다. 어떤 학자들은 한국에 지원한 550억 달러를 원조가 필요한 다른 나라를 위해 썼다면 더 유용했을 것이라고 주장했다. 12월 23일 나는 한국 정부를 대표해서 국제부흥개발은행(IBRD) 30억 달러 차관 발행 문서에 서명했다. IBRD 측에서는 장 미셸 세베리노 아시아태평양담당 부총재가 서명했다. 세베리노 부총재는 돈이 즉시 입금될 것이며, 한국은 현지 시각 12월 24일부터 크리스마스 선물처럼 그 돈을 쓸 수 있다고 말했다. 씁쓸하기 짝이 없는 내 표정이 IBRD 사진에 그대로 찍혔다.

1998년 3월 27일 나는 IBRD로부터 20억 달러를 또 대출하는 계약서에 서명했다. 나중에 알게 된 사실인데, 국가안보보좌관, 국무장관, 국방장관, 그리고 재무장관이 참석한 백악관 고위급 회담에서 클린턴 대통령은 로버트 루빈 재무장관을 설득하여 한국의 금융 위기를 단순한 경제문제로 처리하지 말라고 했다고 한다. 북한이 이 상황을 악용할 수도 있기 때문이었다.

미국은 한국 편에 섰고 570억 달러에 이르는 대규모 자금을 공급하는 데 중요한 역할을 했다. IMF 자금에 첨부된 조건이 타당한지 논쟁이 있었지만 한국은 예기치 못한 국가 경제 위기를 상대적으로 단기간 내에 극복했다. 그리고 더욱 활기차고 경쟁력을 갖추었으며, 규칙이 작동하는 시장경제로 발돋움했다. 돌이켜보면 힘겨운 시절을 지나오면서 미국의 정치적·경제적 지원이 큰 역할을 했음을 부인할 수 없다. 미국의 지원은 두 동맹국 간의 견고한 관계를 나타내는 확실한 지표였고, 한국이 금융 위기를 극복하면서 한미 동맹 관계는 더욱 단단해졌다. 그리고 점점 커지고 있는 한미 경제 관계는 자유무역협정으로 발전을 거듭하고 있다.

임기를 마치며

1998년 2월 25일 김대중 대통령의 취임식 이후 이홍구 전(前) 국무총리가 나의 후임으로 임명되었다. 그렇게 능력 있고 성실한 사람이 임명되어 나 역시 매우 기뻤다. 4월 말 워싱턴을 떠날 때 올브라이트 장관이 4월 30일자 서한을 보내왔다.

> 친애하는 대사님께
>
> 워싱턴에서의 임기를 마치는 대사님께 경의를 표합니다. 36년 동안 외교관 생활을 하며 미국의 훌륭한 친구가 되어주셨고 대사로서 4년 동안 특별히 더

중요한 역할을 맡아주셨습니다. 대사님께서 외교 업무를 시작한 후 세계는 많은 변화를 겪었습니다. 그렇지만 대사님 덕분으로 한미 관계가 훨씬 굳건해졌다 해도 과언이 아닐 것입니다.

대사님의 임기가 시작되었던 1995년 이후 제네바합의 수립, 4자회담의 실현, 한국 최초 야당 후보자의 대통령 당선 등 여러 역사적 사건이 있었지요. 나아가 1997년에는 금융 위기도 있었는데 대사님의 재빠르고 건설적인 대응 덕분에 한미 두 정부가 성공적으로 대처할 수 있었습니다. 대사님께서는 임기 내내 꾸준한 도움을 주셨고, 정점에 이른 신뢰감과 전문가 의식을 보여주셨습니다. 대사님이 없었다면 우리 두 나라는 이렇게 많은 것을 이루지 못했을 것입니다.

저는 한국 방문 기억을 즐거운 마음으로 되새기며 대사님을 비롯한 직원 여러분들의 노력을 감사하게 생각합니다. 한국 대사관은 대사님의 열정 덕분에 이곳 워싱턴에서도 매우 인정받고 있습니다. 저희는 분명 대사님을 그리워할 것입니다. 앞으로도 다른 기회를 통해 더욱 긴밀한 한미 관계를 구축하시리라 믿습니다.

끝으로 수년 동안 소중한 협력자가 되어준 것에 진심으로 감사드립니다. 대사님과 박 여사님의 평안을 진심으로 기원합니다.

진심을 담아,

매들린 K. 올브라이트

이렇게 따뜻한 평을 해준 올브라이트 장관에게 지금도 고마움을 느낀다. 또한 아침부터 저녁까지 함께 일했던 미국 친구들과 동료들에게 심심한 감사의 인사를 전한다. 특히 몇 년 동안 한미가 쌓아온 상호 신뢰감과 공동체 의식은 정말 소중하다는 생각이 든다. 그러한 의식들이 있었기에 이견의 목소리를 낸다거나 공동으로 해결책을 모색하는 것을 주저하지 않을 수 있었기 때문이다. 미 대사로서의 내 경험이 한미 동맹 관계의 단면을 보여주리라 믿는다. 또한 대사관에서 기쁨과 슬픔을 함께 나누었던 모든 이들에게 진심으로 감사한다. 그들의 능력과 책임감은 대한민국을 지탱하는 진정한 보물이다.

1998년 9월 서울로 돌아온 지 4개월이 되었을 때 4자회담 한국 수석대표를 맡아달라는 제의를 받았다. 나는 미 대사로서의 경험을 십분 활용할 수 있는 그 새로운 임무를 자랑스럽게 받아들였다. 그리고 제네바에서 열린 4자회담에 참가하며 1년을 보냈다.

스티븐 W. 보즈워스
(1997~2001년)

스티븐 보즈워스(Stephen W. Bosworth) 대사는 현재 미 국무부 대북정책 특별대표로 활동하고 있다. 외교협회와 보스톤에 소재한 재팬 소사이어티 이사회 임원으로 일하고 있다. 또한 삼변회 회원이며, 필리핀 대통령을 위한 국제자문위원회 회원이다. 1979~1981년까지 주튀니지 대사, 1984~1987년까지 주필리핀 대사를 지냈고, 미 국무부에서도 여러 고위직을 맡았다. 1990~1994년까지는 컬럼비아대학교 국제행정대학원에서 겸임교수로 국제관계학을 가르쳤다. 미국 외교부에서 쌓은 경력은 매우 광범위하다. 1995~1997년까지 한반도에너지개발기구(KEDO) 사무총장을 역임했고. KEDO로 오기 전에는 7년간 미국 일본재단의 대표를 맡았다. 그 기간 동안 카네기국제평화연구소와 21세기 기금에서 발간한 공공 정책문제를 다룬 여러 편의 논문을 공동 저술했다. 플레처스쿨에 임명되기 전 1997년 11월부터 2001년 2월까지 주한 미국 대사로 근무했다. 2001년 2월부터 터프츠대학교 법률외교전문대학원 플레처스쿨의 학장, 2008년부터는 한국경제연구소 자문위원회 회장을 맡고 있다. 저서로는 골딘 아브라모위츠와 공동 저술한 《태양을 쫓아서: 동아시아정책을 재고하며》가 있다.

　　나는 **옆문으로** 한국주재 미 대사관에 들어왔 다는 표현을 쓴다. 1987년 주필리핀 미국 대사 임기를 끝으로 외교 관으로서 25년 동안의 생활을 마무리 지었다. 그 후 우리 가족은 미 국무부를 떠나 뉴욕으로 거처를 옮겼다. 내가 뉴욕에 있는 미국-일 본재단 대표직을 맡게 되었고 아내 크리스틴은 사라로렌스대학교에 등록했기 때문이었다.

　　1995년 나는 한반도에너지개발기구(KEDO)를 설립하고 지휘하 는 업무를 담당했던 재단에서 사임했다. 미국·한국·일본 정부는

1994년 제네바에서 미국과 북한이 합의한 내용을 이행하기 위해 KEDO를 설립하고 있었다.

제네바합의의 목적은 우선 북한의 핵무기 개발 시설을 동결시킨 뒤 궁극적으로 해체시키는 것이었다. 이에 대한 보상으로 북한은 1,000메가와트 용량의 한국표준형 경수로 2기와 경수로가 완공될 때까지 대체 에너지로 매년 50만 톤에 달하는 중유를 제공받기로 했다. 경수로 공급은 미국이 북한에 약속한 것이지만 한·미·일이 각각 합의를 했기 때문에 한국과 일본도 같이 재원을 조달하기로 했다. 이후 세 나라는 KEDO를 설립하여 경수로 건설을 관리·감독하게 되었다. KEDO 사무국 직원으로는 핵 전문지식을 갖춘 미국 직원들과 3국 정부 관리들이 있었다.

KEDO에서 보낸 2년 반 동안 나는 도전도 하고 때론 좌절을 맛보는 등 결코 지루할 틈이 없었다. 북한과 상대하는 것은 절대 만만한 일이 아니었다. 제네바합의를 이행하자면 북한이 한국과 간접적으로든 직접적으로 일을 처리해야 하는데, 북한에게 한국이란 공식적으로 인정해본 적이 없는 나라이지 않은가. 북한이 제네바합의를 이행하도록 하는 과정은 엄청나게 복잡할 수밖에 없다.

북한은 모든 측면에서 강도 높은 불신과 의혹을 제기했다. 하지만 우리는 엄청난 인내심을 발휘하여 협상에 협상을 거듭하면서 평양과 KEDO 간 공급 계약을 맺었다. 계약을 통해 경수로의 특징을 구체적으로 명시하고, 경수로를 어떻게 지을지 상세히 설명했다. 아울러 북한과 KEDO 사이의 상호작용을 어떻게 이끌어갈지 상당히 자세하게 기록한 의정서도 마련하였다. 드디어 북한에서 건설 공사를 할 준비가 완료되었고 우리의 주계약자인 한국전력공사를 감독하기 위해 작은 KEDO 사무실을 마련했다.

KEDO에서 근무하는 동안 나는 서울과 도쿄를 자주 오갔고 북한에는 두 번 다녀왔다. 미국일본재단에 있을 때 일본에 대해 두루 다루었다. 반면 한국의 일에는 실제 관여한 적은 없었는데, KEDO를 통해 그 기회를 얻게 되었다. 나는 KEDO 사무국의 한국 동료들뿐만 아니라 한국 관료·정치인·언론 관계자들과 광범위하게 일을 했다. 마치 한국의 복잡한 문제와 세계관에 대해 속진교육을 받는 것 같았다. 이를 통해 나는 북한과 다른 이웃 나라들을 대하는 한국의 태도를 알게 되었다.

물론 든든한 동맹국이면서도 때론 어렵기도 한 미국을 대하는 태도도 알게 되었다. 그때 한국은 북한과의 긴 이념 전쟁에서 드디어 승리했다고 생각했다. 남북한의 군사 대치 상태가 지속되었지만, 통일이 이루어진다면 한국의 사회 및 경제 모델의 기반 위에서만 이루어질 수 있다는 것은 명백한 사실이었다.

1997년 4월, 나는 샌디 버거 국가안보담당 보좌관의 전화를 받았다. 내게 간단한 안부 인사를 물은 후, 차기 주한 미국 대사 후보자로 지명된 것 알려주었다. 제2기 클린턴 행정부가 조직되고 있었던 것이다. 1996년 제임스 레이니 대사가 퇴임했고 몇 개월 동안 그 자리가 공석으로 있다고 했다. 그날 저녁 아내와 상의했는데, 아주 멋진 모험을 할 기회이니 우리가 맡자는 결정을 내렸다. 다음날 나는 버거 보좌관에게 다시 전화를 걸어 주한 미 대사의 후보로 올라 영광이라고 답했다. 이후 대통령에게 공식 임명을 받고 상원의 인준을 받는 힘겹고 오랜 과정이 시작되었다. 아내와 나는 자그마한 주말 별장이 있던 뉴욕시와 코네티컷을 벗어나기 시작했다.

6개월이 더 지난 후, 드디어 나는 상원의 인준을 받았다. 가족과 친구들이 모인 앞에서 주한 미국 대사 취임 선서를 했다. 모든 짐을 꾸린 후 코네티컷의 집을 팔고 가구와 세간들은 창고에 보관해두었다. 그리고 우리는 늘 그랬듯이 일시적이겠지만, 한국에서의 새로운 삶을 시작할 준비를 마쳤다.

한국에서 보낸 3년은 일로 보나 개인적으로 보나 우리 인생에서 가장 많은 성취를 이룬 시간이었다. 우리 둘 다 한국과 한국 사람들에게 매료되어 있었다. 모름지기 대사직이란 2인 1조로 꾸려나가야 할 직업이다. 필리핀에서 그랬던 것처럼 서울에서도 우리는 파트너십을 발휘했다. 아내는 나만큼이나 바빴다. 다양한 자선 활동을 하고 한국의 대학교에서 미국 문화와 시사 문제를 주제로 강연을 했다.

그중 가장 괄목할 만한 업적으로 꼽을 수 있는 일이 두 가지 있다. 하나는 서울에서 미 국무부가 후원하는 한·미 현대 미술 전시회를 개최하기 위해 미국 비즈니스 연합회로부터 기금을 모은 것이었다. 또 하나는 외교단을 구성하여(67명의 대사와 배우자들이 참가) 18개월간 노력한 끝에 고품격 세계 요리책을 만든 것이었다. 이 책은 나중에 세계요리책경연대회에서 최고상의 영예를 차지했다. 요리책에서 얻은 수익은 한국 장애 어린이들을 위해 썼다. 이 프로젝트는 한국 언론의 지대한 관심을 받았고 한국 사회 및 외교 사회에서 미국의 이미지를 강화시켰다. 근무일 이외의 날을 잡아 한국 사업가·정치가·공무원들과 함께 작은 만찬의 자리를 자주 마련하는 것, 미국에서 온 사람들과 가끔씩 큰 파티를 여는 것도 대사 업무의 중요한 부분을 차지했다.

우리는 미국이 한국과 오랫동안 맺어온 가운데 일어난 일 중 가장 중요하면서 흥미로운 몇 가지 사건을 목격한 사람들이다. 물론 참가자이기도 하다. 미국인들에게, 특히 워싱턴에 한국을 설명하려는 시도는 항상 어려운 과제였다. 반대로 미국에서 일어나고 있는 사건, 즉 2000년에 일어난 대통령 탄핵과 오래 지연된 대통령 선거를 설명하는 것, 그리고 이 사건으로 미국이 한국을 비롯한 나머지 세계에 미칠 영향을 한국인들에게 설명하는 것도 어려운 일이었다.

최근 몇 년은 한국 현대사에서 특히 중요했던 해였다. 1997~1998년에 금융 위기의 영향으로 파장이 큰 사건들이 일어났다. 한국전쟁 이후 한국이 경제적·사회적으로 애써 이루어온 많은 것들이 한 순간에 흔들렸다. 금융 위기의 발단 시점은 1997년 12월 대통령 선거 무렵이었다. 이 선거에서 한국은 최초로 보수적인 여당에서 진보적인 야당으로 평화적인 정권 교체를 이루었다. 또한 한국이 북한을 어떻게 다룰 것인가라는 실존적 질문에 새로운 접근방안을 내놓았던 때였다. 이 새로운 접근방안은 한국의 경제적·정치적 성공, 그리고 점점 자라는 자신감에 근거한 것이었다. 북한이 무력 행위를 일으킬 것이라는 공포감이 완전히 사라지지는 않았지만 희미해지고 있었다.

한국이 북한을 상대하는 데 있어 적극적이고 좀 더 중심적인 역할을 하고자 하는 바람이 커지면서, 약간의 긴장감이 늘 서려있던 한미 관계가 점점 더 복잡해졌다. 북한으로부터 안보 위협을 느낀 미국 역시 1990년대 탈냉전 시대 속에서 변화된 태도를 보이기 시작했다. 미국은 여전히 한반도와 많은 관련을 맺고 북한을 걱정했지만, 세계적인 견제 전략에서 필수적인 유대 관계는 더 이상 존재하지 않았다. 빠른 성장세를 보이는 중국과 미국의 오랜 동맹국이자 경제적 생명력을 회복하여 제 역할을 찾으려고 노력하는 일본과 함께 미국도 이제 빠르게 변화하는 세계의 한 부분이었다. 1990년대 후반을 되돌아보면 그 시기는 북미 양자 관계의 변곡점이었다는 생각이 든다.

금융 위기

아시아 금융 위기는 1997년 늦은 봄 태국에서 시작되었다. 불과 몇 개월 만에 불안정한 금융 상태는 동아시아 전역으로 퍼져나갔다. 시장경제는 동아시아에서 부상하여 1970년대·1980년대·1990년대에 비약적인 발전을 이루었다. 나라마다 소득이 치솟았고, 일자리가 많이 생겨났다. 그리고 도시의 중산층 계급이 늘어나 정치적 세력을 키워갔다. 하지만 아시아 경제는 재정적으로 큰 변화를 겪게 되었다. 저금리에 고무된 아시아 은행들이 달러·엔·유로를 단기간 차용한 후 새로운 제품에 투자할 자금이 필요한 국내 회사에 현지 통화로 장기간 대출해주었다. 환율은 안정적이었고 외국의 대출기관들은 아시아 나라들이 대출을 갚을 수 있을 것이라고 확신하는 등 모든 것이 잘 돌아갔다.

하지만 1997년 초 이 체제는 흔들리기 시작했다. 문제를 알리는 첫 신호가 태국에서 일어났다. 태국의 단기 외채가 상당히 증가하자 외국 은행들은 과연 채무자들이 실제로 그것을 다 갚을 수 있을지 의심하기 시작했다. 태국 은행들이 외화 대출을 갚으라는 압력에 시달리게 되면서부터 태국의 외환보유고는 급격히 떨어졌고 화폐가치는 추락했다. 태국 통화가 무너지자 신용도 위기와 환율의 압박이 인도네시아, 필리핀, 그리고 다른 동남아시아국으로 퍼져나갔다.

같은 해 10월 말, 나는 서울로 갈 채비를 하면서 미 재무부 상임 관료들과 회의를 했다. 그들에게 한국 경제에 대해 어떻게 전망하느냐고 물으면, 안심해도 된다는 답이 돌아왔다. 태국·인도네시아 혹은 다른 동남아시아국들은 위기에 빠졌지만, 한국은 그렇지 않다고 했다. 실제로도 그해 9월 국제통화기금(IMF)은 한국 경제에 대해 긍정적인 논평을 발표했었다. 상투적이었지만 모든 것이 괜찮아 보였다.

하지만 이런 긍정적인 평가는 불과 2주 만에 급작스럽게 바뀌었다. 11월 중순까지 금융 위기는 마치 전염병처럼 동남아시아에서 북쪽으로는 한국까지 번져나갔다. 전 세계 채권자들에게 아시아의 경제 상태는 똑같은 것일 뿐이었다. 세계의 은행들은 일본만 제외하고 한국을 포함한 모든 아시아를 믿을 수 없게 되었다. 나라마다 단기 외채가 공식 외환보유고의 몇 배에 달하는 양이 되었다. 초조해진 서방의 은행들은 단기 융자금 만기일이 되자마자 즉시 상환하라고 보챘다. 하지만 공식적인 외화보유액은 점점 줄어들었고, 한국 원화도 첨예한 압력을 받게 되었다. 단, 몇 주 사이에 1달러에 800원이었던 것이 1,000원으로, 그 다음 1,100원, 1,250원, 그리고 1,350원이 되었다(12월 초에는 1,900원까지 치솟기도 했다). 이에 따라 한국은 유동성 경색에 빠지게 되었다. 기업들은 경영 자본

을 빌릴 수 없었고, 생산량이 감소하기 시작했다. 그리고 실업이 급속도로 퍼져나갔다.

11월 셋째 주 아내와 내가 워싱턴을 떠나 한국으로 가려했을 때 한국은 완전히 위기에 봉착한 상태였다. 우리는 우선 밴쿠버에 들러 아시아태평양경제협력체(APEC) 정상회의에 참석했다. 한국은 김영삼 대통령의 임기가 1주일 남은 상태였다. 김영삼 정권은 1960년대 이후 첫 문민정부로 높은 기대를 안고 출발하였으나, 끝이 좋지 않았다. 북한과의 관계에서 한 때 희망했던 돌파구를 찾지 못했고, 아들은 엄청난 재정 비리에 연루되었고, 국민 지지율은 한 자릿수로 떨어졌다. 설상가상으로 이제 경제마저 붕괴되고 있었다.

김영삼 대통령은 밴쿠버에서 클린턴 대통령과 양자회담을 갖고 싶다는 뜻을 밝혔다. 본국에서의 입지는 줄었지만 아직 미국 대통령에게 개인적 관심을 전달할 수 있다는 것을 국민들에게 보여주고 싶었던 것이다. 하지만 클린턴 대통령과 스케줄을 맞출 수가 없었다. 대신 김영삼 대통령은 매들린 올브라이트 국무장관과의 오찬에 초대되었다. 나는 그 자리에 한국 외무부 장관, 주미 한국 대사, 그리고 다른 미국 관료들과 함께 참석했다. 김영삼 대통령은 도움을 절실하게 요청하고 있었지만, 미국이 단기간 내에 할 수 있는 것은 기껏해야 동정의 뜻을 표하고 IMF의 도움을 받아보라고 권하는 것뿐이었다. 하지만 그것은 이미 하지 않았던가.

IMF는 서울에 사절단을 파견할 준비를 하고 있었다. 올브라이트 장관은 동정적이면서도 단호한 메시지를 전달했지만, 김영삼 대통령은 오찬이 끝나갈 즈음 눈에 띄게 동요하고 있었다. 한국이 지난 30년 동안 이룬 많은 것을 허망하게 잃는 책임을 자신이 져야 한다는 것을 받아들이기 시작한 것 같았다. '한강의 기적'이 순식간에 사라질 위기에 처하고 말았다.

그날 오후, 미 재무부 분과대가 본부로 삼고 있는 호텔 스위트룸에서 나는 래리 서머스 장관에 이어 미 재무부 차관과 1시간 동안 회담을 가졌다. 서머스 장관은 외국 은행들이 한국 은행들의 상환 압력을 덜어주지 않거나 한국의 원화가 며칠 내에 안정을 찾지 않는다면, 한국 경제가 큰 위험에 처할 것이라고 말했다. 그리고 그의 말은 딱 들어맞았다.

아내와 나는 밴쿠버에서 시애틀로 내려왔다. 우리가 탄 보잉기 직원들은 자기들이 한국에 민항기와 군항기 판매를 계획하고 있다며 이에 대한 의견을 듣고 싶어 했다. 냉전의 시대가 종식되면서 미 대사들은 미국 기업을 위한 판매원 역할까지 맡게 되었는데, 나는 보잉사의 판매 공세를 도와주고 싶었다. 한국은 보잉사의 주요 시장이 될 수 있었다. 하지만 금융 위기가 시작되면서 한국이 상업용 비행기나 값비싼 군무기를 사려면 시간이 걸릴 것이라는 사실을 보잉사도 그 어느 누구도 예측하지 못했다.

이후 우리는 로스앤젤레스로 향했다. 처가에서 추수감사절 주말을 보내고, 아시아 미국 대사들의 모임에 참가하기 위하여 호놀룰루로 가기로 했다. 추수감사절 아침, 워싱턴과 전 세계 미국 대사관들의 중앙 연락 지점인 미 국무부 작전 센터에서 전화가 왔다. 샌디 버거 보좌관, 매들린 올브라이트 장관, 그리고 백악관·국무부·재무부 관리들과 함께 전화로 다자간 회의를 했다. 밴쿠버에서 래리 서머스 장관과 대화를 나눈 이후 며칠이 지나지 않아 한국의 상황은 계속 악화되고 있었다.

오븐에서 칠면조가 익으며 미국 추수감사절의 분위기가 한참 무르익어갈 때, 우리는 한국의 악화되는 사태에 대해 논의했다. 주한미군 주둔의 실제 상황과 오래 지속되어온 군사 동맹이 주제였다.

냉전은 끝났지만 수그러들 줄 모르는 북한의 적개심을 보면 북한이 한국의 금융 위기를 악용할지도 모른다는 우려가 나올 만했다. 동아시아에서 미국의 정치적 입지와 안보가 큰 위험에 처할 수 있는 상황이었다. 나는 한국과 다른 아시아 나라들은 미국이 이 험난한 상황을 어떻게 대처하는가, 얼마나 노력하고 있는가, 그리고 동맹국으로서 미국을 믿을 수 있는가 여부에 따라 미국을 평가할 것이라고 주장했다.

그러나 결국 우리가 당장 할 수 있는 일이 많지 않다는 결론에 도달했다. 그럼에도 나는 신임 미국 대사로서 하와이 일정을 건너뛰고 바로 서울로 가야 한다는 의견을 비쳤다. 그렇게라도 우리가 상황의 심각성을 적어도 이해는 하고 있다는 것을 표현하고 싶었다.

우리는 겨우 비행기를 다시 예약해서 토요일에 로스앤젤레스를 떠나 도쿄를 경유하여 서울로 향했다. 하와이를 들리지 못한 서운함에 한 줄기 위로가 되었던 것은 우리 고양이, 세바스찬을 만날 수 있다는 점이었다. 고양이는 하와이의 동물 검역소를 통과해야 하므로 시카고에 있는 딸에게 맡겨야 했다. 이제 우리는 곧장 서울로 갈 것이기 때문에 세바스찬을 시카고에서 로스앤젤레스로 오는 이른 비행기 편에 보내라고 했다. 그러면 로스앤젤레스에서 우리와 같이 한국으로 갈 수 있었다. 그리하여 여러 개의 짐에 우리 수다쟁이도 하나 늘게 되었다. 세바스찬은 우리와 함께 공항 라운지를 거쳐 도쿄까지 11시간, 도쿄에서 서울까지 2시간 동반여행을 했다.

몇 개월 동안 대리대사를 맡으며 대사관 공공정책 팀에서 근무한 딕 크리스텐슨이 김포 공항에 마중 나와 있었다. 딕은 한국 언론이 공항 밖에 진을 치고 있다고 알려주었다. 신임 대사의 모습을 직접 보고 싶은 이유도 있지만, 금융 위기가 터진 것에 대해 한 마디 듣고 싶기 때문이라고 했다. 공항의 VIP 트랜짓 룸으로 걸어들어 가면서 여러 대의 TV 카메라·기자 부대와 마주쳤다. 나는 양국 관계가 우리에게 매우 중요하고 우리가 도울 수 있는 모든 것을 할 것이며 한국은 이 역경을 극복할 수 있을 것이라 확신한다는 온건한 메시지를 전했다.

IMF 팀이 며칠 더 빨리 도착하여 한국 관료들과 금융 안정화 프로그램에 대해 심층토론을 벌였다. 재경부 출신 임창열 경제 부총리가 한국 정부를 대표하여 IMF와 협상에 들어갔다. 서울에 온 지 이틀째 되는 날, 우리는 롯데 호텔 꼭대기 층의 웨스턴 스타일 레스토랑인 메트로폴리탄 클럽에서 오찬을 가졌다. 이곳은 이후 3년 동안 수많은 오찬과 만찬을 가졌던 장소다. 임창열 부총리는 지쳐보였다. 그는 IMF와 협상하고, 다른 정부 기관과 의견을 조율하고, 외국 채무자들을 안심시키는 등 날마다 18~20시간씩 일하고 있었다. 나는 정부와 일했던 초창기 시절 국제 경제 문제(에너지, 무역, 금융)에 관련된 일을 많이 했기 때문에, 당시 벌어지고 있는 상황을 이해하

고 있었다. 적어도 토론에 당당하게 참여할 수 있는 정도는 되었다. 임경재 부총리는 내가 경제 및 금융에 소양이 있다는 걸 알고 힘을 얻는 듯했다. 앞으로 그와 긴밀한 연락을 취하기로 했다. 그 후 우리는 몇 주일 동안 최소 하루에 한 번은 꼭 회의를 했다.

아내와 나는 우리의 새 보금자리, 하비브 하우스에 정착했다. 하비브 하우스는 1970년대에 전통 한국 방식으로 지어진 미국 대사관저다. 우리가 살기에도 손님을 접대하기에도 아주 훌륭한 곳이었다. 이후 3년간 지속적으로 조찬, 오찬 및 조촐한 디너파티를 열며 손님들을 맘껏 접대했다. 이삿짐이 아직 도착하지 않은 처음 몇 주 동안 우리는 대사관저에서 캠핑 같은 생활을 했다. 아내는 혼자 다 하기가 버거웠는지 전직 유조선 요리사였던 필리핀 요리사 대니를 채용했다. 대니는 아내에게 실습을 많이 받고 나더니 이내 일류 요리사가 되었고, 미국 대사관은 서울에서 가장 훌륭한 요리를 내놓는 명소로 유명해졌다. 외교란 좋은 테이블을 훌륭히 세팅하는 것 그 이상의 일이다. 하지만 맛있는 음식과 따스한 분위기로 접대하는 것 역시 성공적인 외교를 이끄는 핵심이다.

몇 주가 지나자 우리는 생활 리듬을 찾았다. 처음 몇 개월 동안 고위급 회담, 의회 대표단 회담이 열리거나 외교관들의 국경일 축하 행사가 열리면 대화 주제는 으레 한국의 금융 위기와 한국 사람들에게 퍼진 강렬한 불안감이 되었다. 대사관저는 고품격 레스토랑 겸 작은 호텔의 역할을 했다. 거의 한 주도 빠짐없이 업무상 조찬을 두세 번, 간단한 오찬을 두 번, 미국에서 온 손님, 한국 사업가 및 교수들, 간간이 찾아오는 12~20명 정도의 외교관들이 모이는 만찬을 한두 번 치렀다.

대사관 경제부가 위기 상황을 잘 보고하고 있었지만 매우 급속도로 전개되는 상황을 따라가기란 쉽지 않았다. 워싱턴의 재무부는 아시아 금융 위기를 다루는 핵심 정부 기관이면서도 서울에 사무실이 없었다. 그러니 내가 직접 한국의 현장에서 미 재무부 직원이 되는 수밖에!

그런데 상황이 전개되는 속도를 고려하면 통상 하던 식으로 미 국무부를 통해 미 재무부와 의사소통을 하고 있을 수 없었다. 일반적으로 전문을 통해 미 국무부에 보고를 하는 식으로 진행됐던 것이다. 나는 밥 루빈, 래리 서머스, 그리고 재무부의 다른 상임 관료들과 연결되는 직통 전화를 개설했다. 그리고는 몇 주 동안 하루에 최소한 한 번씩 재무부 사람들과 이야기를 나누었다. 13시간의 시차를 고려하면 이른 아침에도 늦은 밤에도 나는 전화기에 붙어 있었던 셈이다. 나는 최신 경제지표를 알려주기도 하고 한국 경제에서 발생하고 있는 정치적인 측면을 설명하기도 했다. 동시에 내가 미 재무부로부터 들은 소식을 한국인들에게 전하기도 했다. 그럼으로써 미국은 한국이 위기를 극복해나가는 데 도움이 되려는 확고한 신념을 가지고 있다는 것을 드러냈다.

　1997년 12월 4일 한국 정부와 IMF는 IMF 안정화 프로그램의 합의 내용을 발표했다. IMF로부터 수십억 달러의 융자를 받는 대가로 한국 측은 정부의 지출을 줄이고, 이율을 높이며, 금융 및 기업 분야에서 구조 개혁을 단행한다는 것이었다. 이것은 IMF가 금융 위기에 대응하는 기본적인 방법이었지만, 문제는 효과가 없었다는 점이다. 외국 은행들은 한국 은행들의 대출 기한을 연장해주지 않았고 기한이 마감되면 상환을 요구했다. 공식적인 외환보유고는 계속 줄어갔고 환율은 1달러에 1,400원, 1,500원, 그 다음엔 1,600원으로 계속 뛰었다. 끝이 보이질 않았다. IMF 프로그램으로 안정을 되찾을 수 있다는 믿음은 사라졌다.

아시아를 휩쓸고 있는 금융에 대한 전반적인 공포감, 대선 결과에 대한 특정한 불안감이 엄습했다. 선거는 팽팽한 접전을 벌이고 있었고, 누가 당선이 되든 IMF 합의 사항을 이행하리라는 확신도 없었다. 돌이켜보면 프로그램 자체에 결함이 있었을지도 모른다. 국제사회(IMF, 세계은행, 그리고 각국의 정부들)가 프로그램은 만들었어도 확실한 성공을 거두기 위한 충분한 재원을 마련해두지 않았기 때문이다. 그러나 어떠한 프로그램이라도 그 특별한 정치적 상황에서 성공을 거둘 수 있었을 것 같지는 않다.

12월 17일에는 한국에서 대통령 선거가 있었다. 그날 저녁 늦게 김대중이 당선자로 확정되었다. 근소한 차였지만 분명히 승자였다. 이회창이 당선자가 될 것이라고 예상했던 사람들이 놀라움을 감추지 못했다. 그날 저녁 나는 워싱턴의 재무부와 국무부에 연락을 취했다. 그리고 그들의 의견에 따라 나는 다음날 아침 대통령 당선자와의 긴급회담을 요청했다. 한국어에 능통한 대사관 국제정치부의 윤조 부장과 함께 나는 서울의 서쪽 근교, 일산으로 차를 몰았다. 김대중 당선자의 자택은 2층짜리 현대식 건물로 부인 이희호 여사와 함께 살고 있었다.

아주 짧은 회담이었다. 김대중 당선자는 피곤한 기색으로 지팡이 같은 것에 의지하며 걸었다. 그는 아주 길고도 고된 선거운동을 치렀을 것이다. 나는 김대중 당선자의 당선을 축하하며 클린턴 대

통령으로부터 곧 공식적인 축하 메시지가 올 것이라고 말했다. 그리고 한국이 직면한 위기는 1월 말 취임식 전까지도 진정되지 않을 것이라는 사실을 강조했다. 이 문제에 관해서는 백악관이 재무부 상임관료를 즉시 서울로 파견하여 대통령 당선자와 주요 경제 전문가들과 논의를 거쳐 경제를 안정시키기 위한 계획을 고안할 것이라고 설명했다. 김대중 당선자는 방문을 손꼽아 기다리겠노라고 즉시 대답했다. 그리고 20년 이상 대권을 준비하다 드디어 당선이 되었는데 나라가 심각한 위기에 빠져있어 당선된 것이 정말 영광인지 잘 모르겠다는 웃지 못할 농담을 건넸다.

이틀 후 미 재무부 국제업무팀의 데이빗 립튼 차관이 서울에 다시 도착했다. 그는 11월 말 IMF팀이 처음 서울에 왔을 때에도 서울에 머물고 있었다. 립튼 차관과 나는 김대중 당선자의 당 본부가 있다는 건물의 한 사무실에서 그를 만났다. 이전 정부 관료들 수십 명과 오랜 정치적 지지자들이 모여들어 정작 김대중 당선자는 기다란 회의 테이블 옆쪽으로 밀려나 앉아있었다. 모인 사람들 중 핵심 인물은 유정구 박사로 김대중 대통령 당선자의 선거 운동에 합류하기 전 럿거스대학교에서 경제학을 가르쳤던 경력이 있었다. 우리는 그가 새 정부의 가장 영향력 있는 고문이 될 것을 기대했다.

립튼 차관의 수행은 매우 인상적이었다. 경제학자로서 경험도 풍부했고 한국인들을 대하는 방식도 바르게 알고 있었다. 겉치레나 허풍 떠는 이야기는 하지 않았다. 그는 미국이 한국을 도와주고 싶지만 해결책까지 제시해줄 수는 없다는 점을 분명히 말했다. 금융 안정화는 미국의 노력으로 이루어지는 것이 아니라 한국 사람들이 이끌어야 하는 것이라고 했다. 혹시라도 안정화 프로그램에 대해 IMF나 미국이 한국 사람들에게 내준 숙제 같은 것으로 생각한다면, 성공을 거두지 못할 것이라고도 했다. 한국은 주체적으로 행동해야 했다.

보람 있는 회담이었다. 김대중 당선자는 이 사태의 심각성과 다급성을 충분히 알고 있는 것 같았다. 만약 서울과 워싱턴, 그리고 IMF, 그 밖의 국제 사회가 한국 금융을 살려내지 못한다면, 한국은 외채를 거의 상환하지 못하게 될 것이었다. 한국은 막대한 피해를 입을 것이며 국제 금융시스템마저 큰 타격을 받을 것이다.

　다음 며칠 동안 새로운 한국 경제팀과 IMF가 미국과 긴밀히 협조하여 금융 안정화 프로그램 및 경제개혁 프로그램을 개정하였다. 총 지원액은 580억 원이었다. 여기에는 미국 재무부의 환율안정기금에서 인출될 수십억 달러 및 IMF·세계은행·아시아개발은행의 대규모 신용이 포함되었다. 아울러 뉴욕 연방준비은행의 지휘 하에 세계 은행의 채권자들이 다함께 단기 대출의 일정을 재조정하는 데 합의했다. 아무리 보강된 IMF 프로그램의 도움을 받더라도 한국은 사설 은행의 대출을 원래의 날짜에 상환할 길이 없었기 때문에 일정을 재조정하는 작업이 반드시 필요했다.

　루빈 장관의 견해는 미 행정부 내부의 역동적인 힘을 받아 미국 정부 입장의 중심축을 이루었다. 루빈 장관은 워싱턴에서 거주했던 호텔 스위트룸에 밤늦게 도착하여 내게 전화하는 것이 아예 습관이 되었다. 나는 대사관에서 듣는 소식과 사회 분위기를 토대로 많은 것을 말해주었다. 사실 한국 언론이 금융 위기를 외국의 모함으로 치부한 후 사회 분위기가 갑자기 달라졌다. 주요 일간지의 어느 유능한 기자가 '우리는 할 수 있다'라는 제목의 사설로 일면을 장식했다. 금융 위기는 국내에서 유발된 것이므로 국민들이 단합하여 극복할 수 있다는 내용이었다. 계속되는 'IMF 위기'를 극복하기 위해 김대중 대통령의 통솔 하에 강력한 정책이 필요하다는 것을 인정했다. 그러자 곧바로 상황이 호전되는 기운이 일기 시작했다. 원화가 안정되고 나라 전체가 단결하고자 하는 움직임이 생겼다. 금을 원화로 바꾸려는 사람들이 은행 앞에 장사진을 이루었다. 그러한 희생에 따른 경제 효과는 미미할지라도 개혁을 위해 긴축 생활을 마다하지 않겠다는 국민의 지지가 아주 감동적이었다.

이후 몇 년 동안 IMF 프로그램은 금융 안정화 이상의 효과를 거두고, 새로운 체제의 금융 감독 시스템이 발동되었다. 은행들은 금융 자원 분배에 중요한 역할을 맡았고, 국내 자본시장이 강화되었다. 또 엄청난 외채 비율을 경감시키는 등 기업의 구조조정이 실시되었다. 은행 개혁을 법률로 규정하고, 은행은 정부에서 유한 회사로 자금을 이동시키는 단순한 중개자 그 이상의 역할을 맡게 되었다. 그중 가장 중요한 것을 꼽는다면 한국이 해외직접투자를 유도하기 시작했다는 것이다. 오랫동안 한국 경제는 수출 중심적이었으며, 국내 시장에서 한국 기업들은 외국과의 경쟁에서 보호를 받아왔다. 해외직접투자를 새롭게 강조함으로써 새로운 자본, 새로운 기술, 그리고 새로운 경영기술이 생겨났다.

1997~1998년 일어난 금융 위기는 한국 사람들에게 몹시 고통스러웠지만 한국 경제의 장기적인 안정을 위해서는 잘 된 일이었다 해도 과언이 아니다. 최근 10여 년 동안 한국이 이룬 성공의 대부분은 1997~1998년에 실시된 개혁과 재건의 노력 덕분이었다. 몹

에 좋은 약은 쓴 법이라 실업, 가정의 위기, 저축 손실, 생산 차질 등 쓰디쓴 위기의 대가를 치러야 했다. 그렇지만 IMF 회복 프로그램으로 나라는 새로운 경제 모델을 형성하기 시작했다. 소수의 재벌 기업이나 정부 중심의 산업 정책에 대한 의존도가 훨씬 낮아지고, 궁극적으로는 회복력과 유연성을 갖추게 되었다. 경제 세계화와 아시아 경제 지역화라는 경쟁적인 상황에 더욱 잘 대처할 수 있게 되었다.

북한

김대중 대통령은 혁신적이고 새로운 대북정책을 가지고 취임했다. 물론 그 이전에도 이 정책을 알리는 운동을 펼쳐왔다. 또 대중 연설을 할 때나 나와 워싱턴에서 온 방문단과 대화를 나눌 때나 이 정책에 대해 무척 자세하게 설명을 했었다. 김대중 대통령은 한반도에 새로운 분위기, 즉 북한이 외부 세계와 자연스럽게 접촉하고 남북 간에 불신과 적대감이 사그라지는 새로운 탈냉전 상황을 조성하고 싶어 했다. 한국 경제의 우월성을 지렛대로 활용하여 북한의 협동을 유도하는 것이 김대중 대통령 정책의 초석이었다. 그러한 변화를 일으키기 위해서는 미국의 지원이 필요했다.

하지만 북한은 한국과 공식적인 방법으로 대응하기는커녕 한국의 존재를 알려고 한 적조차 없었다. 북한의 변증법 상으로는 미국이 문제였다. 미국이 한국 내전에 끼어들어 북한의 승리를 방해했으며, 그 후 괴뢰정부, 즉 대한민국을 설립하여 미국의 꼭두각시로 삼았다는 것이었다. 수십 년 동안 미국의 한반도 정책은 장기간의 정치적 안목에 의거하기보다는 안보 상태에 따라 시행되었다. 이러한 연유로 김대중 대통령이 남북 관계를 다른 방향으로 이끌기 전에 미국이 한반도를 새롭고 다른 방향으로 생각해볼 것을 설득해야 했다.

1998년 후반 김대중 대통령이 워싱턴을 처음으로 공식 방문했을 때, 상하양원합동회의에서 한 연설은 남북 간에 화해의 시대가 열릴 것이라는 전망에 초점을 두었다. 그리고 휴전으로 한국전쟁이 종결되었던 1953년 이후 한반도의 사고방식과 행동을 지배해온 '냉전 구조'에서 탈피하자고 말했다. 김대중 대통령은 이솝 우화를 인용하여 자신의 주장을 구체화했다. 차가운 바람은 나그네의 외투를 벗게 만들지 못하지만 따뜻한 햇살은 할 수 있었던 것처럼, 냉전의 북풍은 북한의 입장을 누그러트리지 못하지만, 북한의 경제에 개입하여 도움을 주면 북한의 행동을 변화시킬 수 있을 것이라고 했다. 우화는 차치하고라도, 김대중 대통령이 주장하는 바를 정리해보면 한국의 목적이 북한을 흡수하거나 인계하는 것이 아니라는 것을 알려 북한을 안심시키면서 북한 경제에 개입하자는 것이었다.

느리더라도 화해를 향해 거침없이 나아가게 될 것이라는 것, 이것이 햇볕정책의 본질이었다.

　나는 김대중 대통령의 이 정책이 흥미로웠다. KEDO에서 북한을 상대하면서 나름대로 내린 결론은 평양이 한국과 미국을 엄청나게 불신하고 있으나 북한의 경제가 점점 약해지고 고립되면서 한반도의 안보가 보다 긍정적으로 변했다는 것이었다. 북한 지도부는 경제가 빠르게 쇠퇴할수록 불행을 향해 내달리고 있다는 점을 분명히 알아야 했다.

　하지만 미 의회를 탈환한 공화당의 주요 인물들을 비롯하여 워싱턴의 많은 사람들은 김대중 대통령의 전략이 위험할 정도로 순진하다고 평가했다. 미 행정부는 북한에 대한 양당 정책을 구축할 정치적 세력이 부족했다. 따라서 실질적으로 공식 선언까지는 하지 않았더라도, 제네바합의가 핵을 저지시켜주길 바라면서 북한의 붕괴를 기다리는 정책을 취하게 되었다. 워싱턴과 평양 사이의 정치적 관계를 맺어준 1994년 제네바합의의 조항도 더욱 '정상적인' 관계를 향한 움직임도 잠시 밀려났다. 의회에서는 적성국교역령의 조항을 폐지하거나 북한을 테러지원국 명단에서 삭제하는 것과 같이 민감한 문제에 대해 진지한 토론을 벌이지 않았다. 나는 KEDO에서 북한 측과 몇 시간 동안 토론을 했다. 그 결과 평양을 위해서는 미국과 보다 정상적인 정치 관계를 맺는 것이 비핵 조항이 약속된 경수로만큼 중요하다는, 아니 훨씬 더 중요하다는 확신이 들었다.

1998년 봄과 여름이 지나면서, 우리의 정책이 표류하고 있다는 두려움이 갈수록 커져갔다. 김대중 대통령과 대적할 시점이 다가오고 있었다. 김대중 대통령은 미국이 지지하지 않아도, 그리고 '햇볕'정책이 야당이나 언론으로부터 강한 반발을 받더라도 계속 밀고나가기로 마음을 굳힌 것 같았다.

그러는 사이 김정일 위원장은 자신의 인내심이 점점 한계에 달하고 있다는 신호를 보내기 시작했다. 제네바합의 내용대로 미국이 정치적으로 개입하면 북한 정권이 살아남는 데에 아주 중요한 경제적 이익이 창출될 수 있었다. 하지만 북한이 미국을 다시 정치적으로 끌어들일 수 없게 되자 김정일 위원장은 심하게 좌절했다. 한국과 미국의 중앙정보국은 북한이 새로운 도발을 시도할까봐 경계태세를 강화하였다. 존 틸럴리 주한 미군 사령관과 매주 함께 한 조찬모임에서도 북한의 군사적 의도가 무엇인지, '북쪽 전선'의 움직임이 어떠한지에 대해 집중적으로 논의했다. 그러나 사실 우리가 북한에서 실제로 일어나고 있는 일을 알 방법은 인공위성이나 다른 공중감시체제를 통하는 것 외에는 없었다. 북한의 의사결정이 어떻게 이루어지는지, 군대와 조선노동당이 하는 일은 무엇인지에 대해서도 아는 바가 없었다. 북한 주민의 동요가 일어난다면, 무엇 때문인지 어디에서 일어나는지 알 수 없었다.

1998년 8월 말, 북한이 일본 상공을 지나 태평양까지 날아가는 3단계 대포동 미사일을 발사하자 상황이 극적으로 변했다. 김정일 위원장은 이를 인공위성 발사라고 주장했지만, 그의 말에 내포된 의미는 불길하기 그지없었다. 만약 북한을 무시하거나 언젠가는 붕괴되어 사라질 존재로 생각했다면 큰 오산이라는 것이었다. 김정일 위원장은 북한을 주시하라고 요구할 수 있었고 또 그럴 것이었다.

이에 워싱턴이 크게 동요했다. 일부 애널리스트들은 대포동 미사일이 미국까지, 최소 알래스카와 하와이까지, 아니 적어도 서쪽 해안에까지 올 수 있다고 말했다. 국가미사일방어(NMD) 시스템은 뜨거운 국내 논쟁의 대상이 되었다. 그 옹호자들은 NMD 개발과 배치를 추진해야 한다고 주장했다. 한편 나는 북한이 미 대륙까지 당도하는 미사일을 가질 수 없다고 판단했다. 하지만 북한 지도부는 동북아시아의 안보를 위협할 가능성이 있고 '평안한 밤으로 고이 잠들고자(죽음을 의미하는 딜런 토마스의 시구-역주)' 하지 않을 것이었다. 우리는 대책이 필요했다.

여론과 의회의 압력을 받은 클린턴 행정부는 북한의 미사일 발사에 대응할 대책을 세우게 되었다. 클린턴 1기 행정부에서 국방장관을 지냈던 윌리엄 페리가 대북특사로 영입되었다. 그의 임무는 북한이 제기한 위협을 평가하고 미국의 우방국들, 특히 한국·일본과 협력하여 적절한 행동 방안을 마련하는 것이었다.

매들린 올브라이트 장관은 자신과 친밀한 웬디 셔먼 대북조정관을 페리 대북특사 보좌관으로 임명했다. 페리 특사는 미 국방부에서 근무할 때 같이 일했던 애쉬 카터 보좌관을 데리고 왔다. 페리 특사는 소수의 직원들과 우선 사건의 실태를 파악하고 북한의 전망을 평가하기 시작했다. 여기에는 서울 및 도쿄에 있는 미국 대사관의 강력한 지지가 있었고 정부 안팎으로 한국에 대해 잘 알고 있는 사람들이 광범위한 조언을 주었다. 서울과 도쿄에서 3자 협의가 이루어졌다. 대사관이 이 과정에 깊이 관여했으며, 틸릴리 장군과 나는 사령관 전용기를 타고 워싱턴에서 열린 국가안전보장회의의 중요한 회의에 참석하고 왔다.

워싱턴을 오고가는 동안 나는 존 틸릴리 장군과 많은 시간을 함께 했다. 그는 든든한 동료이자 친한 친구이기도 하지만 무엇보다 자기 분야의 최고 전문가였다. 사령관기의 시설은 UA 항공사의 비즈니스석보다 더욱 편안했다. 각각의 자리는 DC-10에 장착된 화물칸이 있는 이동 주택 같았다. 하지만 태평양 상공에서 재급유를 받아야 했기 때문에 비행시간은 민간 항공기보다 몇 시간 더 길었다. 혹시라도 공중 급유기를 만나지 못할 경우 발생할 일은 상상만 해도 무서웠다.

페리 보고서가 작성되는 과정에서 내가 특별히 신경 쓴 점은 워싱턴에서 벌어지고 있는 정책 토론의 분위기와 취지를 한국 사람들에게 알리는 것이었다. 달갑지 않은 소식에 한국 사람들이 놀라지 않게 하고 의견 충돌을 피하기 위한 노력의 일환이었다. 김대중 대통령은 자신의 전략에 힘을 실을 수 있는, 일명 '페리 프로세스'가 만들어진 것을 기뻐했다. 나는 김대중 대통령과 정기적으로 회의를 열어 최신 동향을 공유하고 임동원 청와대 특보와도 자주 만나 자문을 구했다. 처음에 임동원 특보는 청와대의 외교안보수석이었다가 후에 국정원장이 되었다. 두 직책을 맡으며 북한의 일에 완전히 몰두하였고 햇볕 정책을 실행하기 위해 노력했다.

1999년 초, 페리 보고서는 잠정적 결론을 내릴 단계에 왔다. 우리는 북한의 핵무기와 미사일 프로그램을 우선순위에 두었다. 북한 영변에서의 플루토늄 추출 계획은 제네바합의에 따른 국제 사찰로 동결되었지만, 북한이 우라늄 농축과 같은 핵무기 사업의 다른 측면을 추진하고 있지는 않을지 등 의심은 여전히 들끓었다. 핵 문제는 더욱 투명하게 관리해야 했다. 미사일 프로그램은 애매한 점이 없었다. 북한은 미국이 미사일을 갖길 원하지 않는 나라에 미사일 기술을 제공하고 있었다. 한동안 북한 측과 미사일 문제에 관한 대담을 가졌다. 하지만 북한은 우리가 알고 있는 개발을 부인하거나, 아니면 미국이 북한과의 무역을 거부하는 바람에 돈이 필요하기 때문에 미사일을 판매해야 한다는 입장을 취했다.

국가안보회의(NSC)에서 벌인 난상토론 끝에, 우리는 북한에 미래의 두 갈래 길 가운데 하나를 택할 수 있는 선택권을 주기로 결정했다. 첫 번째 길은 북한이 핵무기 계획에서 좀 더 투명성을 보여 주고 미사일 수출을 중단하는 등 긍정적인 행동을 보이면 그 대가로 우리가 경제 및 정치적 혜택을 준다는 것이었다. 두 번째 길은 북한이 우려대로 긍정적으로 반응하지 않는 것으로 북미 관계가 훨씬 더 곤란해지는 것이었다. 만약 북한이 두 번째 길을 선택한다면 응당한 대가가 따를 것이고 실제로 분쟁이 일어날 위험성이 높아지는 것임을 분명히 할 작정이었다.

정책 검토 과정을 통해 한국·일본과 함께 보조를 맞추는 것에 대한 중요성을 재차 확인했다. 빌 페리 특사는 한국 사람들 및 일본 사람들과 또 한 차례의 논의 과정을 거쳤다. 목표는 서울과 도쿄 양쪽이 모두 합의한 목표를 공유하며 서로 협력하는 것이었다. 하지만 세 나라가 서로 완전히 협력하면서도 각자 북한에 대한 양방향 접근법을 추구하고 있어야 했다. 김대중 대통령은 이 전략으로 한국이 워싱턴과 도쿄로부터 지원을 받으며 북한에 개입할 수 있다는 점에 아주 만족스러워했다. 그리고 북한이 긍정적으로 반응하지 않을 가능성은 사실상 무시했다. 페리 특사가 김대중 대통령과 가진 마지막 회담에서는 북한이 긍정적으로 반응하지 않을 경우 우리가 어떤 조치를 취할지에 대한 형식적인 논의만 있을 뿐이었다.

1999년 5월 말, 빌 페리 특사는 웬디 셔먼, 애쉬 카트너, 미 국무부의 한국 전문가 2명과 함께 일본에서 북한으로 건너갔다. 북한의 고위급 정치·군사 관료들과 이틀 동안의 회담이 예정되어 있었다. 북한 외부로는 소통할 수 있는 경로가 없었기 때문에 회담이 어떤 식으로 진행되었는지가 아무리 궁금해도 방문단이 서울에 도착할 때까지 기다려야 했다. 톰 폴리 주일 미 대사는 페리 특사의 평양 방문 보고를 듣기 위해 서울로 왔다. 폴리 대사와 나, 존 틸럴리 장군은 헬리콥터를 타고 주한 미군 본부가 있는 용산에 도착한 평양 방문단을 맞이하였다.

모두 틸럴리 장군의 사무실에 모였는데 방문단의 분위기가 심상치 않았다. 그들은 미국에 적대적이고 자국 공무원들을 업신여기는 상임 군 사령관들로부터 아주 강한 부정의 응답을 받았다고 했다. 하지만 내가 평양 회담에서 일어났던 일을 상세히 들어보니 북한의 표준적인 외교술과 의례적인 장광설에 견주어 본다면, 처음에 생각했던 것만큼 부정적이지는 않았다. 톰 폴리 대사와 나는 워싱턴에 보고할 때나 다음날로 예정된 한국·일본 외무장관들과의 회담에서 북한의 반응을 속단하지 말자고 주장했다. 북한 사람들은 우리의 제안을 거부할 수도 있다. 만약 그렇다면 우리가 조만간 전면적인 위기에 처할 수 있다는 점도 알고 있어야 했다. 특히 우리가 초기에 강경책을 선택하면 한국과의 관계에 심각한 부담을 안겨줄 것이라는 점을 강조했다. 물론 북한은 무척 반길 사태이겠지만 말이다.

하지만 다음날 아침, 북한은 공식 뉴스를 통해 페리 특사의 방문에 대해 놀라우리만큼 긍정적인 공식 성명을 발표했다. 대화의 새로운 국면이 시작될 것 같았다. 북한의 기본 입장이 항상 '아니오'라고 말하고, 모든 각도에서 작업을 해본 후 '아니오, 하지만'이라고 말하는 것인데 이번 일로 또 다른 사례가 탄생한 셈이었다.

빌 페리 특사가 평양을 다녀온 이후 미 행정부는 페리 보고서에서 개괄한 사전 대책을 강구하기 위하여 의회 양당의 지지를 더욱 호소했다. 또한 대화를 지속하기 위하여 클린턴 대통령이 워싱턴에 북한의 고위급 특사를 초청한 것에 대한 대답 등 평양의 행보를 기다렸다. 북한이 페리 특사의 방문에 대하여 고무적인 논평을 했음에도 불구하고, 그다지 많은 변화가 일어나지는 않았다. 적어도 북미 관계에서는 그러했다.

한편 김대중 대통령과 임동원 원장은 한국의 대북정책에 살을 붙이고자 노력하고 있었다. 김대중 대통령의 지지를 받고 있던 북한 출신 정주영 현대 회장은 자신만의 포용정책을 발표했다. 특이하게도 정주영 회장은 소 1,000마리를 몰고 휴전선을 건넜다. 여기에는 한국전쟁 당시 남쪽으로 내려갈 때 여비로 쓰라고 아버지께서 '빌려주신' 소를 갚는다는 표면적인 이유가 있었다. 미군은 이 대규모의 국경 횡단을 '소떼 드라마'라고 표현했다. 기근에 시달리는 북한에서 소들이 살아남아 새끼를 번식한다는 본래의 목적을 수행할 수 있을지 의심의 목소리도 높았지만 별 탈 없이 진행되었다. 정주영 회장과 그의 아들은 김정일 위원장을 만나기도 했다. 이때 정 회장은 DMZ를 건너 금강산을 관광할 수 있는 관광단지 개발을 지원하겠다는 약속을 했다.

임동원 원장은 평양과의 연락망에서 일어나고 있는 일을 꽤 상세히 알려주었다. 김정일 위원장과 측근들을 만나기 위해 자신이 직접 북한을 두 차례 비밀 방문하겠다는 내용도 있었다. 나는 미국과 한국 정부의 양자 관계에 비추어 한국 정부가 북한에 개시하는 행동을 미국에 알리지 않았던 것은 큰 실수라고 주의를 주었다. 임동원 원장과 김대중 대통령이 하는 일을 믿었지만, 두 사람과 김대중 대통령 정책의 장래에 위험이 도사리고 있다는 것도 잊지 않고 있었다. 김대중 대통령이 세운 당장의 목표는 김정일 위원장과의 1:1 회담을 성사시키는 것이었다. 그리고 대통령 취임식에서 발표했던 것처럼 점점 심각해지는 북한의 경제문제와 한국이 줄 수 있는 경제적 도움을 지렛대 삼아 그 회담을 성사시킬 것이었다.

그러는 사이 대북 포용정책이 가시적인 성과를 거의 거두지 못하자, 한국에서는 김대중 대통령 정책에 반대하는 여론이 들끓었다. 외국인의 입장에서 한국 사람들이, 특히 자신의 가족들, 원래 북한에서 건너온 사람들이 북한 정권을 증오하는 것이 완전히 이해되지는 않았다. 한반도는 한국전쟁을 치르는 동안 폐허가 되었고, 엄청난 잔혹 행위가 감행되었고, 가족들이 헤어져 영원히 이별하게 되었다. 많은 한국 사람들은 조심스러운 포용 정책을 주장하지만 또 다른 많은 사람들은 북한의 김정일 정권을 상대하는 것에 본능적으로, 변함없이 반대해 왔다.

2000년 초반, 임동원 국정원장(그리고 김대중 대통령)의 대북 비밀 접촉이 본격적으로 추진되었다. 임동원 원장은 두 차례 방북하여 김정일 위원장을 만났다. 나는 당시 워싱턴으로부터 엄청난 압력을 받고 있었는데, 미국은 앞으로 일어날 일에 갑작스레 놀라는 상황을 원하지 않는다는 경고였다. 나는 임동원 원장에게 이 모든 내용을 빠짐없이 전달했다. 마침내 5월 중순, 청와대는 고맙게도 우리에게 사전 통보를 한 뒤, 김대중 대통령이 평양을 방문해달라는 김정일 위원장의 초청을 받아들였다고 발표했다.

2000년 6월 15일, 김대중 대통령은 이틀간의 방북을 계획하고 평양으로 날아갔다. 이번 방문이 상징하는 바는 회담의 결과 자체보다 더 중요했다. 김대중 대통령이 평양 공항에 도착하여 김정일 위원장과 인사를 나누는 모습을 나라 전체가 숨 죽여 지켜보았던 한국 내에서는 엄청난 정치적 효과가 일었다. 지난 50년 동안 한국 사람들의 세계관을 형성해온 북한의 위협이 이번 정상회담으로 한결 줄어들었다는 인식이 한층 더 다져졌다.

김대중 대통령의 방북 이후 몇 개월이 지나, 평양은 빌 페리 특사 방문의 후속 조치를 취할 준비가 1년 이상 일찍 완료되었다고 전해왔다. 북한의 실세인 조명록 장군은 사전 통지도 없이 미국을 방문하여 클린턴 대통령을 접견했다. 그는 북미 관계를 개선시킬 가능성을 찾겠다는 의지를 표명하고, 올브라이트 장관도 평양에 방문하여 '친애하는' 김정일 위원장과의 회담을 가지면 좋겠다고 말했다. 이 초청은 즉각 수락되었다.

2000년 10월 말에 이뤄진 올브라이트 장관의 북한 방문은 새로운 기회를 열었다. 올브라이트 장관과 김정일 위원장은 빌 페리가 1년 전 방문했을 때 나왔던 안건에 초점을 맞추면서 솔직하고 실질적인 대화를 나누었다. 이번 방문의 유일한 흠이 있었다면, 올브라이트 장관 측에서 김정일 위원장의 초대를 북한 정권에 영광을 가져다 줄 화려한 축제로 받아들였다는 것이었다. 북한의 독재자 옆에 서서 이 대단한 공헌을 지켜보는 미국 국무부 장관의 사진과 텔레비전 영상은 외교의 흐름에 반하는 것이었다.

한편 서울에 있는 미 대사관은 몹시 바쁘게 돌아갔다. 물론 평양에서 미국이 존재할 자리는 전혀 없었기 때문에, 미 국무부 장관의 방북을 위한 모든 계획과 지원은 서울에서부터 올라가야 했다. 결국 임시로 작은 파견소가 설치되었다.

매들린 올브라이트 장관의 방북 이후 짧으나마 한반도에 희망적인 순간이 찾아왔다. 서울과 평양, 그리고 워싱턴과 평양 간 고위급 방문은 오랫동안 북한이 고립된 상황을 끝내고 싶어 보내는 신호이자 반세기 넘게 이어온 힘겨운 군사적 대치상황을 극복할 기회 같아 보였다. 북한은 클린턴 대통령이 김정일 위원장과 직접 대화를 나눌 수 있게 평양에 초청했다. 미국과 북한이 미사일에 관해 대화를 나눌 새로운 일정이 잡혔다. 따사로운 평화의 기운이 휴전선을 넘어 왔다. 바야흐로 햇살의 시대가 도래하는 것 같아 보였다.

하지만 이 따사로운 시간은 2000년 미국 대선 이후 점점 사라지기 시작했다. 혼란스러운 대선 결과 때문에, 북한 정책의 다음 단계마저 불확실해졌다. 클린턴 대통령은 마지막으로 중동평화협상을 시도하기로 결정했다. 그러나 결국 중동협상이 중단되자 워싱턴에서는 클린턴 대통령이 평양 방문의 음모에 휘말려들었다고 수군거리는 소리가 들려왔다. 12월 중순 즈음 워싱턴에서 이에 대한 나의 의견은 어떤지 물었다. 나는 클린턴 대통령의 방북이 성공적인 외교 과정의 정점을 보여주어야 한다고 주장했다. 미국 외교라는 무기고에서 대통령의 방북은 대규모 포탄이 될 것이었다. 만약 정상회담이 개최된다면 정상회담을 통해 진정한 돌파구가 생겨나야 했다. 현실적인 측면에서 협상의 토대를 마련할 시간이 충분하지 않앉던 미 행정부는 북미 정상회담이 이루어지지 못할 수도 있음을 마지못해 받아들였다.

2000년이 끝나갈 무렵 미 연방대법원은 차기 미 대통령으로 조지 W. 부시가 당선되었음을 선언하고, 미국 정치사에서 가장 불안정한 시기가 저물고 있다고 발표했다. 사실 아내와 나는 전혀 불안정하지 않았다. 우리는 3년간 임기에 최선을 다했고 대선 결과에 상관없이 2001년 초 한국을 떠날 계획을 세우고 있었다. 실제로 새로운 일이 기다리고 있는 것도 사실이었다. 2000년 6월 보스턴에 있는 터프츠대학교 법률외교전문대학원 플레처스쿨의 차기 학장 자리를 계약했고, 2001년부터 시작하기로 한 것이다.

클린턴 행정부가 막을 내리고 조지 부시 대통령이 외교 정치 팀을 조직하기 시작하면서 북미 관계의 앞날이 다소 불확실해졌다. 하지만 김대중 대통령과 한국 동료들에게 말했듯이, 나는 부시 행정부가 충분히 숙고한 후 궁극적으로는 클린턴 대통령이 했던 그 지점부터 북한과의 관계를 펼쳐나갈 것이고, 아울러 북한을 포용하려는 김대중 대통령의 노력을 계속 지지할 것이라고 기대했다. 미국 외교 정책은 영구적인 것이고, 백악관에서 집권당이 교체되었다고 해서 정책이 급진적으로 변하는 성질의 것이 아니었다.

그러나 이는 나의 큰 착각이었다. 조지 부시 대통령의 취임과 2001년 9·11 사건으로 미국은 세계와 북한에 대해 매우 다른 정책을 쓰게 되었다. 2006년이 되어서야 미국은 평양을 포용하는 외교 정책으로 돌아섰다. 하지만 그러는 동안 북한의 핵 소원을 들어주는 요정 지니가 병에서 탈출하고 말았다. 제네바합의는 깨졌고, KEDO에 있던 사람들은 모두 떠났다. 평양은 플루토늄을 다시 생산하기 시작했다.

한국에서 보냈던 3년 동안 한국 자체도 많은 변화를 겪었지만 남북관계, 그리고 한미관계에서도 많은 변화가 일어났다. 2000년 2월 초 서울을 떠날 때 한국도 안정을 되찾았고 한미 관계도 좋은 상태를 유지하고 있었다. 한국 경제는 1998년 금융 위기를 겪은 후 다시 도약하고 있었다. 주한미군지위협정(SOFA)의 개정 협상을 성공리에 마쳤고 군사 동맹 관계가 더욱 굳건해졌다. 무엇보다도 중요한 것은 한미 두 나라가 북한에 대해 치밀한 공동 전략을 세웠다는 것, 그리고 북한의 핵무기 계발 계획이 동결되었다는 것이다.

그렇지만 문제가 일어날 잠재성은 충분히 있었다. 고조되는 국가주의, 민주화, 그리고 계속되는 한국의 도시화로 한국 국민들과 주한 미군 사이에는 마찰이 일고 있었다. 한국 사람들은 북한과의 접촉이 더 많아지고 북한 경제의 심난한 상태를 더 자세히 알게 되면서, 이제는 북쪽의 형제들을 국가의 안보를 위협하는 존재보다는 좀 더 자비를 베풀어야 할 대상으로 여기게 되었다. 북한으로부터의 안보 위협을 덜 느낀다는 것은 한국에 주둔하고 있는 외국 군대가 필요 없어진다는 뜻으로 풀이된다.

　미군의 경우도 마찬가지다. 실제로 그 다음 몇 년 동안 한국에서의 반미 감정이 급격히 증가했다. 북한을 어떻게 상대하느냐를 놓고 한미 간의 여론이 크게 차이가 나는 바람에 반미감정에 기름을 끼얹는 격이 되고 말았다. 이에 관해서는 이후 톰 허바드 대사가 자세히 이야기할 것이다.

이홍구
(1998~2000년)

　이홍구 대사는 현재 서울국제포럼 이사장 및 중앙일보 고문으로 재직 중이며 아시아재단과 마드리드클럽 이사로 활동하고 있다. 서울대학교와 에모리대학교를 졸업하고 예일대학교에서 정치학 박사 학위를 받았다. 1994~1995년 국무총리를 역임, 1988~1990년 통일원 장관, 1994년 통일부 총리를 지냈다. 1996년에는 여당인 신한국당 대표로 15대 국회의원에 당선되었다. 외교 일선에 나서 주영 대사(1991~1993년), 주미 대사(1998~2000년)직을 수행하기도 했다. 20년 동안 (1968~1988년) 서울대학교 정치학과 교수를 지냈고, 우드로 윌슨 국제연구센터와 하버드 법학대학원에서 1년간 연구원 생활을 했다. 일찍이 유엔의 구조조정을 제안했던 세계통치위원회(The Commission on Global Governance, 1991~1994년)에서 활동했다. 5권으로 엮은 문집 외에 3권의 편저가 있다.

금융 위기로 말미암은 대사 취임

내가 제17대 주미 한국 대사직을 맡게 되자 많은 사람들은 어떻게 대사 임명을 받아들이게 되었는지에 대해 매우 의아해 했다. 이는 1997년 대선 결과 때문이었다. 1997년 봄까지 나는 여당인 신한국당 대표를 맡고 있었다. 집권여당이었던 신한국당은 후에 한나라당으로 개명하여 김대중 대통령 당선 이후 제1야당이 된 정당이다.

1996년 초 김영삼 대통령으로부터 자신이 이끌고 있는 여당의 대표를 맡아달라는 제의를 받아 정치권에 입문한 나는 1997년 들어서 정당으로는 최초로 당내 대선 후보 경선이라는 제도를 도입했던 신한국당의 경선 후보 9명 중 하나가 되었다. 경선을 통해 최종 신한국당 대선 후보를 결정하자는 것이었다. 그러나 얼마 후 나는 의원내각제가 수용되지 않은 채 유지되는 대통령 중심의 정치가 내게 맞지 않는다고 판단하여 경선에서 물러났다. 경선 후 신한국당 대선 후보는 동료인 이회창 후보가 되었다. 그러나 1997년 12월 17일에 치러진 대선에서 야당 대표인 김대중 후보에게 패하고 말았다. 하지만 대통령에 당선된 김대중 후보는 1997년 말 한 치 앞을 내다볼 수 없는 나라경제의 위기상황, 즉 IMF 사태에 직면하게 된다.

　1998년 초, 나는 야당이 된 신한국당의 국회의원이었다. 그럼에도 김대중 당선자는 내게 주미 대사를 맡을 의사가 있는지 물어왔다. 당시 김대중 당선자의 측근 중에는 고등학교 시절부터 절친하게 지내던 선후배 두 사람이 있었는데, 이들이 내가 주미 대사직을 맡아야 한다고 강력하게 추천했던 것이다. 이러한 배경에는 고등학교 2년 선배인 박정수 의원의 역할이 컸다. 그와 나는 1950년대 미국 유학 시절부터 유학생들의 모임을 통해 박 선배는 물론 그의 부인 이범준 여사와도 자주 보며 매우 막역한 사이였다. 학위를 받고 서울에 돌아온 박 선배는 김천에서 5대에 걸쳐 국회의원으로 당선

돼 활동하던 중 16대 대통령 선거를 앞두고 김대중 선거캠프에 합류했다. 이러한 그는 공로를 인정받아 김대중 대통령 취임과 함께 외무부 장관으로 임명되었다. 후배인 이종찬은 박 선배와 마찬가지로 상당히 보수적 색채를 띤 정치인이었으나 그 역시 대선을 앞두고 김대중 대통령을 지지했다. 그도 김대중 정부 출범과 함께 중앙정보부 부장이 되었다.

박 선배가 둘이서 만난 자리에서 주미 대사직을 권했을 때, 나는 김대중 후보와 당을 달리하여 이회창 후보를 지지했다는 점을 상기시키며 어불성설이라고 여러 번 사양했다. 하지만 그는 내가 주미 대사직을 맡아야 하는 건 국민에 대한 의무라고 말하였다. 그러면서 오랫동안 준비해온 대통령의 꿈을 이룬 김대중 대통령이지만 당선과 동시에 나라를 거의 파산 지경으로 몰아간 치명적인 아시아 금융 위기로 인해 매우 힘겨운 상황에 처했다며, 그런 그를 돕는 것이 공인의 의무임을 강조했다.

박정수 장관은 두 가지 논리를 가지고 나를 설득했다. 우선 금융 위기의 주 책임자는 김대중 대통령도 야당도 아니라는 것이다. 김영삼 정부에서 시작된 금융 위기인 만큼 김영삼 정부의 총리를 지냈으며 이어 여당 대표까지 맡았던 사람으로서 개인적으로도 큰 책임이 있지 않느냐고 거의 따지듯 물었다. 그렇기 때문에 나도 새로 당선된 대통령과 새 정부가 이 위기를 헤쳐 나갈 수 있도록 도울

의무가 있다는 것이었다. 또 한 가지, 지금의 우리 입장에서는 미국의 경제적 도움만이 위기를 극복할 수 있는 열쇠라는 이유를 들었다. 한국은 워싱턴 D.C.에 있는 국제통화기금(IMF)과 세계은행 및 미국 정부에 초당적 협조체제를 보여주어야 하고 뉴욕 월가(街) 및 금융기관들과 함께 작업해야만 했다. 박 장관은 내가 그 역할의 적임자라며 강권했다.

결국 나는 그 두 가지 이유에 승복할 수밖에 없었다. 박 장관이 이야기하는 논리가 상당한 타당성을 지녔기 때문이다. 대학에서 정치학을 가르치던 교수로 정부에 들어가 총리와 여당 대표를 포함하여 다양한 직책을 맡았었지만 나는 한 번도 정치인이 되겠다는 꿈을 꾸어본 적이 없다. 국회에 잠깐 몸담았던 것이나 여당의 대표를 맡아 정치권에서 일하였던 것은 그것이 근본적으로 공익을 위한 업무라고 생각했기 때문이며 정치인의 생활을 특별히 즐겼던 것은 아니었다. 그랬기에 미국 대사직 제안은 나의 짧은 정치생활에서 조용히 빠져나갈 수 있는, 다른 한편으로는 공직생활을 보람 있게 마무리 지을 수 있는 계기가 될 수도 있겠다는 것이 당시의 솔직한 심정이었다.

결국 나는 주미 대사로 내정되었다. 전혀 예기치 않았던 정치적인 인사로, 일반적인 관례처럼 새 정부 출범 시 볼 수 있는 선거 기여도에 따른 보상성격의 정치적 임명이 아니라 긴급상황에 대한 특별조치였던 셈이었다. 1998년 2월 25일 김대중 대통령이 취임했다. 이어 나는 공식임명을 받고 워싱턴으로 떠났다. 어찌 되었건 지금도 그 당시에 내린 내 결정은 옳았다고 생각한다.

금융 위기 극복하기

주미 대사로 부임하여 업무를 시작한 1998년 5월 초부터 1999년 말까지 1년 반이란 시간 동안 내가 가장 주안점을 두었던 중요한 업무는 역시 금융 위기의 극복이었다. 미국 정부 및 경제계 관료들, 세계적인 경제인사들, 월가의 대표주자들을 만나는 데 많은 시간을 할애하여 로버트 루빈 미 재무부 장관과 래리 서머스 미 재무부 차관(나중에 재무부 부장관이 되고 이어 하버드대 총장이 됨), 존 코자인 골드만삭스 회장 등 많은 사람을 만나 협조를 구하고 그들의 의견을 들을 수 있었다. 특히 미셸 캉드쉬 IMF 총재와 제임스 울펀슨 세계은행 총재와는 금융 위기 극복을 위한 대책회의를 하면서 가까워졌다.

내가 만났던 사람들은 모두 우리나라의 금융 위기 해결에 적극 나서서 도움을 주었다. 1998년 주미 대사에 부임하자마자 금융 위기에서 헤어나오는 것이 급선무라는 생각으로 나는 골드만삭스 임원들을 만나기 위해 뉴욕의 경제 중심지인 월가를 방문했다. 대한민국을 대표하는 대사의 방문에 맞춰 건물 정면에 태극기가 펄럭이고 있었다. 힘든 상황에 처해 있는 우리에게 아무리 어렵더라도 함께 노력하면 위기를 극복할 수 있다는 격려와 자신감을 북돋워 주려는 것 같았다. 당시 골드만삭스 회장은 존 코자인으로, 나중에 상원의원에 당선되었고 뉴저지 주지사로도 일하였다. 이 밖에도 따뜻하게 용기를 북돋워준 사례는 부지기수로 일일이 열거하기 힘들 정도다.

한국과 미국은 매년 한미경제연구소(KEI)를 통해 한국카라반(Korean Cravan, 후에 '한국에 관한 대사들의 대화'로 개명)이라 부르는 합동행사를 개최해 왔다. 주미 한국 대사와 주한 미국 대사가 함께 미국의 주요 도시를 돌며 한반도의 안보와 경제문제, 그리고 한미동맹의 중요성을 알리는 행사다.

그 당시 주한 미국 대사는 현재 터프츠대학교 법률외교전문대학원인 플레처스쿨 학장을 맡고 있는 스티븐 W. 보즈워스였다. 절친했던 보즈워스 대사와 함께 동부와 서부로 나누어 여러 도시를 다니며 미국 전역에 한미 동맹관계를 홍보하던 일은 지금 생각해도 매우 성공적인 프로그램이었다. 특히 경제 위기 상황에 처했던 우리였기에 "현재 한국이 처한 위기는 심각하지만 우리는 이 위기를 빠르게 극복할 수 있다고 믿는다"며 우리의 상황을 궁금해 하는 그들을 설득했다. 또한 오히려 이번 위기가 우리에게 '전화위복(轉禍爲福)'의 기회를 줄 것이라고 강조하였다.

'전화위복'이라는 말에서 내가 전하고자 했던 의미는 무엇보다도 대규모 구조조정이 성공적으로 이루어진 후 한국 은행들의 미래를 생각한 것이었다. 한국은 과거 제조업과 수출 분야에서 매우 큰 성공을 거두었고, 그것이 바로 경제성장을 지속시키는 공식이라고 오랫동안 믿었다. 하지만 시대의 흐름에 맞게 은행을 개혁해야 한다는 사실을 간과하고 있었다. 금융 위기가 닥치기 전에 은행개혁부터 이뤘어야 했던 것이다.

1991~1993년 나는 주영 대사로 부임하여 유럽경제 중심지 런던에서 일할 기회가 있었다. 1987년 최초의 민주적 선거에 의해 당선된 노태우 대통령은 나를 통일원 장관으로 지명했다. 20년 동안 재직했던 서울대학교를 떠나는 결정은 결코 쉽지 않았다. 그러나 나는 드디어 한국에서 민주적인 방식으로 대통령이 선출됐다는 사실을 먼저 생각했다. 전 세계, 특히 유럽과 소련은 매우 빠르게 변하고 있었다. 이제 우리도 대북정책에 변화를 주고 통일을 위한 전략과 계획을 수정해야 할 때라는 판단이 들었다. 결국 1988년 2월 서울대학교 교수직을 사퇴하고 통일원 장관으로서 일을 시작하기로 하였다.

노태우 대통령 정권에 합류한 후 2년 넘게 통일원 장관으로 일했으며, 이후 1년간 청와대 정치특보로도 활동했다. 그때는 공산권

인 소련·중국과의 외교관계 수립을 위해서 노력했다. 그렇게 노태우 대통령과 일한 지 3년이 되었을 즈음 노태우 대통령은 내게 주영 대사직을 권고했다. 솔직히 그건 일종의 보상 성격을 갖고 있었다. 내가 서울대학교 교수직을 떠나 새 정부에서 열심히 일한 것에 대한 대통령의 배려인 셈이었다. 나는 영광스런 마음으로 주영 대사직에 임했다.

런던에는 이전에 여러 번 가보았지만, 대사로 근무하며 훨씬 더 폭넓은 경험을 할 수 있었다. 그때 한국 정부는 경제개발계획의 일환으로 외환을 엄격히 통제하던 시절이었다. 하지만 런던의 외환시장에서는 매일 수십억 이상에 달하는 달러 및 각국 화폐들이 자유롭게 거래되고 있었으니 놀라지 않을 수 없었다. 어떻게 그것이 가능했을까? 전 세계 은행들이 런던에 사무소를 운영하고 있는 이유도 바로 자유롭게 개방돼 있는 외환시장 덕분이었다. 게다가 영국중앙은행(Bank of England)은 아무것도 통제하지 않으면서도 세계시장에서 일어나는 모든 금융문제를 훤히 들여다보는 것 같았다. 법적인 규제를 넘어 영국은행원들의 전문가의식과 지식이 낳은 결과물로 그들은 몇 십 년이 아니라 몇 세기 동안 축적한 전통을 지켜오면서 그들만의 노하우를 갖고 있었다.

영국 은행들과 비교할 때 정부의 영향력 아래 통제를 많이 받는 한국의 은행들은 구조조정이 필요하다고 생각되었다. 내가 국무총리였을 당시 정책조정실장이었던 강봉균 장관은 한국의 은행구조로는 만일의 사태에 대처하기가 매우 힘들 것이라고 말했었다. 그의 말은 1997년 금융 위기가 터졌을 때 적중했다.

이러한 경험을 바탕으로 나는 주미 대사로서 자신 있게 지금의 금융 위기는 분명 우리에게 전화위복이 될 수 있음을 강조했던 것이다. 물론 IMF 사태는 엄청난 위기였다. 하지만 그러한 위기가 없었다면 근본적인 구조조정을 실천으로 옮기지 못했을 것이다. 또한 IMF 사태라는 위기를 겪으면서 우리는 단기간 안에 개혁을 이루고 극복할 수 있었기도 했다. 물론 미국 재무부와 대형 은행들, IMF, 세계은행 등 모두가 우리를 도와주었다. 나는 외교 분야 대사로서의 임무를 충실히 수행했다고 믿었기에 빠르게 찾아온 경제 위기 극복의 성과를 반길 수 있었다.

북한 정책에 대한 이견

내가 주미 대사로서 처리했던 일 중 두 번째로 큰 이슈는 북한 문제였다. 기본적으로 김대중 대통령과 나는 북한을 다루는 방법에 있어 비슷한 관점을 가지고 있었다. 특히 냉전의 시대가 막을 내리는 시점에서 우리가 북한 정권과의 적대적 관계에서 탈피하여 협동하고 조화를 이루는 관계로 바뀌어야 한다는 데에 의견이 일치했다. 우리는 한반도의 평화를 지키고 남북한 국민들의 복지를 보장하며 궁극적으로는 통일을 이루자는 목표를 공유하고 있었다.

김대중 대통령과 나는 알고 보면 오랜 지기였다. 1950년대 유학 시절, 김대중 대통령의 처남과는 에모리대학교에서 같이 공부하던 절친한 친구였고, 그의 매형인 김대중 대통령의 행보, 특히 한국의 민주화를 위해 힘쓰는 그의 정치적 경력은 정치학도였던 나에게 관심 사안이 아닐 수 없었다.

1987년 선거에서 노태우 후보는 36.7%밖에 지지를 얻지 못했으나 대통령으로 당선이 되었다. 이른바 '3김(김대중, 김영삼, 김종필)'이 모두 출마하여 야당의 표를 분산시켰기 때문이었다. 노태우 대통령은 이승만 초대정권 이후 박정희·전두환 정권을 지내오는 동안의 통일정책 기조로 우리가 한결같이 지켜왔던 반공주의정책에 상당한 변화가 필요하다는 것을 예상하며 나를 통일원 장관에 임명했다. 내가 통일원 장관이 된 직후 '3김'이 이끄는 야당은 1988년 13대 국회의원 선거에서 압승을 거두었다. 이후 나는 야당이 주도하는 여소야대의 국회를 상대해야 하는 입장이 되었으나 한편으로 통일정책 방향에 급진적인 변화를 바라며 야당의 지지가 필요했던 나에게 그러한 상황은 오히려 도움이 되었다.

당시 우리는 국회에서, 대학 캠퍼스에서, 그리고 전국 곳곳에서 새로운 통일정책에 대한 공청회를 열어 격렬한 토론을 벌이며 여론을 수합했다. 그 결과 1989년 마침내 '한민족공동체통일방안'을 여야합의로 만들 수 있었다. 과거 우리가 가졌던 통일에 대한 개념은 언제나 하나로 결합된 하나의 국가에 대해서만 생각했다. 하지만 그와 같은 생각만으로는 쉽게 통일에 다가가기가 어려운 상황이었다.

또한 무엇보다 중요한 것은 민족공동체의 근간이 되는 사회·문화·경제구조를 융합시켜 나가는 것이다. 한국은 단일민족이라는 말이 내포하는 진정한 의미, 즉 '우리가 하나의 사회, 하나의 경제, 하나의 문화'라는 의미에 뜻을 두고 통일의 목표를 설정해야 된다는 것이다. 이 세 분야의 공통점을 증진시키려면 궁극적인 정치·국가 구조의 근본적인 통합을 강제적으로 성급하게 밀어붙이는 비효율성을 피하고, 당분간 두 체제가 공존하더라도 하나의 민족공동체를 세우기 위한 노력이 우선시돼야 한다는 것이 한 마디로 '한민족공동체통일방안'의 근간이다. 1994년 김영삼 정부에 들어와 '민족공동체통일방안'으로 계승되어 지금껏 우리 통일정책의 기조를 이루고 있다. 이런 '민족공동체통일방안'의 중심이론은 '우리가 국가 구조에만 지나치게 치중해서는 안 된다'는 것으로 비교적 단순하고 쉽게 이해될 수 있다.

대다수 국회의원들은 내 계획에 열렬한 지원을 보내는가 하면 굳이 그렇지는 않더라도 최소한 "음, 맞는 말 같군요"라는 반응을 보였다. 김영삼, 김종필 두 총재도 관심을 갖고 주시했다. 특히 김대중 총재는 통일정책에 대해 훨씬 더 세심하게 검토했으나 기본적인 견해는 나와 같았다고 해도 무리가 아니었다. 그러므로 내가 주도한 통일정책, 즉 오늘날까지 한국의 공식 통일정책으로 남아 있는 '민족공동체통일방안'은 김대중 대통령 역시 동의하는 데 문제가 없었던 정책이다.

1991년 남북은 새로운 통일정책에 근거하여 '남북기본합의서'와 '한반도비핵화공동선언'이라는 역사적 합의를 이루었다. 모든 상황이 잘 돌아가고 있는 것 같아 보였다. 그러나 1993년 합의문의 잉크가 채 마르기도 전에 북한은 첫 번째 핵위기를 일으키며 남북문제는 얽히기 시작하였다. 제1차 핵위기의 긴장상태로 김영삼 대통령은 내가 다시 통일부 총리로서 이 위기를 헤쳐 나가는 데 도움을 주길 바랐다. 또 다시 통일원에 복귀한 나는 핵위기를 둘러싼 한반도의 위기국면을 극복하기 위해 남북정상회담을 준비하는 수순에 들어갔다. 미국의 지미 카터 전 대통령이 중요한 역할을 담당해 주었다. 카터 전 대통령이 평양을 방문하고 김일성과 회담을 가진 후 북한의 분위기는 많이 달라져갔다. 평양 방문을 마치고 즉시 서울로 돌아온 카터 전 대통령은 김일성 주석이 김영삼 대통령과 정상회담을 갖고 싶다는 말을 했다고 메시지를 전달했다.

당시 주한 미국 대사는 제임스 레이니였다. 레이니 대사와 나의

인연은 내가 1986년 에모리대학교 개교 150주년 행사에서 에모리대학교 총장이었던 레이니 대사로부터 명예 박사학위를 받으면서부터 시작되었다. 그 자리에서 에모리대학교와 협력관계를 갖고 있는 카터 전 대통령도 만날 수 있었다. 이와 같은 인연으로 1994년 카터 전 대통령이 북한 핵위기의 해결사를 자청하여 방북 길에 오르게 되었을 때, 이에 앞서 서울에 들러 카터 전 대통령, 레이니 대사, 나 셋이서 머리를 맞대고 앞으로 풀어가야 할 남북문제의 근간에 대해 진지한 토의를 가질 수 있었다.

카터 전(前) 대통령이 북한에서 돌아와 김일성 주석이 우리와 정상회담을 갖고 싶어 한다고 보고하자 상황은 급격하게 돌아갔다. 하지만 불행하게도 7월 8일 김일성의 갑작스러운 사망으로 운명은 엇갈리고 말았다. 나는 아직도 우리가 계획대로 1994년 7월 25일에 정상회담을 가졌었다면 북한의 운명과 남북관계는 분명 달라졌으리라 생각한다. 김일성 주석은 북한이 거듭나야 한다는 사실을 분명히 인식하고 있었다. 그는 전 세계가 변화하고 있으며, 특히 소련이 붕괴된 데다 북한은 미국이나 일본과 외교관계를 맺고 있지 않은 상황에서 한국이 러시아와 중국과 수교했다는 사실에 주목했을 것이 틀림없다. 김일성은 변화를 원했고 그 문제에 관해 우리와 대화할 준비가 되어있었다. 하지만 그의 갑작스러운 죽음으로 아들 김정일이 자신의 권력을 굳히기 위하여 5~6년의 세월을 소비하는 동안 수백만 명의 북한주민들은 기아와 질병에 시달리며 혹독한 대가를 치러야 했다.

앞서 언급했듯이, 김대중 대통령과 나는 북한을 보는 견해에 공통점이 많았다. 나 역시 북한과 협력하는 것이 중요하다고 생각했고, 북한이 개방체제를 구축하면서 중국이나 베트남 같은 개방경제를 통해 이웃나라들과 경제적으로 손잡기를 간절히 희망했다. 하지만 주미 대사로 근무하면서 김대중 대통령과 나의 관점 사이에 몇 가지 차이가 있다는 사실이 점점 드러났다. 나는 북한을 대하는 데 있어 우리의 기본원칙과 가치를 고수하는 것이 매우 중요하다고 믿었다.

통독 이전, 서독의 통일정책입안의 주역이었던 에곤 바르 박사와 리하르트 폰 바이체커 전(前) 대통령과 같은 서독 지도자들은 독일 통일을 위해서는 동독과 꾸준히 접촉하면서 협동해야 한다는 일관된 입장을 고수했다. 서독은 일찍부터 동독과의 불필요한 긴장상태를 만들지 않으려 애썼고 동독을 상대로 통일정책을 추진하는 과정에서도 초당적 협력으로 야당과 정보를 나누며 협의했다. 하지만 인권존중의 기본원칙은 흔들림 없이 지켜나가고 자유와 민주주의를 보호하겠다는 자신들의 입장도 계속 견지하겠다고 주장했다. 1989년 공표된 우리의 통일정책은 동독을 성공적으로 다룬 서독의 영향을 가장 많이 받았다.

그러나 김대중 대통령은 북한을 우리의 원칙에 부합되는 합의점으로 이끌어오기보다는 본인의 업적에 대한 지나친 의욕이 앞서 오히려 북한에 이끌려가지 않았었나 하는 생각이 든다. 김대중 대통령은 은밀히 김정일 위원장과의 정상회담을 추진하였고, 마침내 2000년 6월 15일 평양에서 남북정상회담을 개최할 수 있었다. 그 과정에서 대통령과 보좌진들은 이 계획을 정상적인 정부의 의사결정 통로에서 차단시키고 완벽한 비밀에 부쳐버렸다. 즉 외교·통일정책 담당자들은 물론 국회 지도자들까지도 배제시켰던 것이다. 주미 대사인 나 역시 아무것도 모르고 있었다. 남북문제 역시 한미동맹관계의 주요과제인 만큼 나는 북한문제를 다루는 정부 정책에 점점 심기가 불편해졌다.

워싱턴에서 2년을 보내면서 나는 김대중 대통령 개인에 대해서는 어떤 유감도 없었지만 김대중 정부 출범 시의 기대치에 훨씬 못 미치는 국내 상황이 점차 불편하게 느껴졌다. 나는 미국에서 수많은 연설을 하면서 "우리는 북한과 협력할 준비가 되었지만 북한이 유지하고 있는 현 체제를 그저 방치할 수만은 없다"고 피력했었다. 그때나 지금이나 변함없이 내가 하는 말이다. 중국의 공산당이 13억 인구를 하루 세 끼 먹이는데, 인구라고 겨우 2,200만 명밖에 안 되는 북한의 김정일 정권은 동포들에게 하루 두 끼도 제대로 먹이지 못하고 기아에 허덕이게 하니 실패한 국가라는 꼬리표를 어찌 떼어낼 수 있겠는가. 미국에서 했던 내 연설은 김대중 대통령과 김정일 위원장의 정상회담 추진결과를 개인 업적에 점수를 더해주는 효과로 이용하려는 정부의 의도에 어우러질 수 없는 내 생각을 담고 있었다.

한미 간 우정 다지기

금융 위기로 나는 다른 어떤 대사들보다 워싱턴의 다양한 사람들과 광범위하고도 수준 높은 회담을 가질 수 있었다. 게다가 전

국무총리로서 특별한 예우를 받으며 업무수행에 많은 도움을 받았다. 그 덕분에 클린턴 대통령과도 좋은 관계를 유지하며 막역한 사이가 되었다. 사실 우리는 은퇴 이후에도 민주주의를 증진하는 목적의 마드리드클럽(Club de Madrid) 및 여타 모임을 통해 꽤 자주 만나고 있다. 매들린 올브라이트 미 국무부 장관 역시 가까운 친구가 되었다. 특히 올브라이트 장관의 대북정책조정관이었던 웬디 셔먼과 나는 북한과의 협상방안을 놓고 자주 만나다 보니 가까운 사이가 되었다.

내가 대사였을 때 조지 W. 부시는 텍사스 주지사였다. 나는 1999년 4월 16일 한국전쟁기념비의 개막식에 참석하기 위해 텍사스 주의 오스틴시를 방문했다. 부시와 나는 주(州) 청사 앞 광장에서 개막식이 거행되기 전 오랫동안 담소를 나누었는데, 유난히 미국의 미사일 방어 중요성을 반복적으로 강조했던 부시의 모습이 생생하게 기억난다. 사실 나는 그 이전에도 조지 W. 부시와 잠깐 조우한 적이 있었다. 그러나 그가 우리의 만남을 기억할 것이라고는 생각지 않는다. 1994년 12월 1일 통일부 총리였던 나는 한국대표로 멕시코의 에르네스토 세디요 대통령 취임식에 참석했다. 외국 VIP 손님을 환영하는 자리에서 조지 H. W. 부시 전 대통령은 내게 텍사스 주지사에 당선된, 그리고 플로리다 주지사 선거에서 낙선한 그의 두 아들을 자랑스럽게 소개해 악수를 나눈 적이 있었다.

대사 임기 동안 나는 여러 주 의사당을 방문했고 많은 주지사들을 만나보았다. 또한 바이든, 루가, 그래슬리 등 여러 상원의원들과도 우정을 쌓았다. 〈뉴욕 타임즈〉의 톰 프리드만처럼 인기 있는 저널리스트와도 친구가 되었다. 톰은 미네소타에 계시는 어머니를 우리 대사관저까지 모시고 와 함께 담소를 나누며 화기애애한 분위기에서 우리 음식을 즐기기도 하였다. 나는 이런 계기를 통해 한국의 희망과 관심사를 현재와 미래의 미국 정책결정자들과 오피니언 리더들에게 전할 수 있었다.

다른 한편 한국에 도움이 되는 친구들과의 관계를 다지는 데 중요한 것 중 하나로 미국에서는 골프도 매우 중요했다. 이를 잘 알고 그들과 함께 운동을 즐기며 인맥의 폭을 넓게 쌓아갈 수 있었다. 멀리건(mulligan) 골프로 소문이 났던 클린턴 대통령은 물론 많은 대사들이 회원으로 참가하고 있는 버지니아주 매나사스에 있는 로버트 트렌트 존스(RTJ)라는 아름다운 골프장은 유능한 변호사이자 사업가이며 한국에도 관심이 많은 성공한 흑인변호사 버넌 조단이 모임의 회장을 맡고 있었다. 그곳에서 만난 조단 변호사와 깊은 우정을 나누었다.

워싱턴 D.C.에서 근무하는 동안 한두 번 만난 후에 더 가까워질 시간을 갖지 못한 채 세상을 하직한 두 사람이 있었다. 바로 마이크 맨스필드 전 상원 원내총무와 이승만 초대대통령의 자문역이자 친한 친구였던 로버트 T. 올리버 박사였다. 맨스필드 전 상원의원은 정말 멋진 사람이었다. 대사관저에도 몇 번 초대해 만찬을 함께 하곤 했지만 아쉽게도 내가 워싱턴을 떠나는 해 유명을 달리했다. 서울에 돌아온 후, 맨스필드재단이 출간한 그에 대한 추억을 담은 이야기를 모은 책에 나도 기고한 바 있다.

올리버 박사는 1999년 주미 대사관 개관 50주년 행사에 초대하여 처음 만나게 된 후 메릴랜드에 있는 한 노인복지시설에서 별세하기 전까지, 만날 때마다 이승만 대통령에 대한 기억을 떠올리곤 했다. 고령으로 돌아가신 올리버 박사의 장례식에 모인 그곳 복지시설 노인들은 그가 과거 대한민국 초대대통령의 자문역을 지냈다는 사실에 그저 의아한 표정들만 지을 뿐이었다. 이렇게 동아시아와 한국역사에 중요한 업적을 남긴 인물들과 만나 친분을 쌓은 것은 대사로서 누렸던 또 하나의 특전이었다.

미주리주 인디펜던스시를 방문했던 것도 기억에 남는다. 그곳에 있는 해리 트루먼 대통령 생가와 기념도서관은 꼭 가보고 싶은 곳이었다. 트루먼 대통령은 한국에 관해 가장 중요한 결정을 내린 미국 대통령이었다고 생각한다. 1950년 6월 갑작스런 북한의 남침으로 우리가 위기에 처했을 때 트루먼 대통령이 한국을 방어하기 위해 즉각 개입하지 않았다면 한국의 운명은 큰 위험에 빠졌을 것이다.

우연히 나는 필라델피아에서 열린 오찬 모임에서 반스 전 국무장관의 사위인 제섭이라는 사람을 만나 한국전쟁의 발발과 관련된 그동안 알려지지 않았던 새로운 사실을 듣게 되었다. 그의 아버지 필립 제섭 박사는 국제법 분야의 세계적 권위자였다. 1950년 6월 25일 한국전쟁이 일어나자 트루먼 대통령은 제섭 박사를 포함한 대통령 자문관들을 긴급 소집했다. 제섭 박사 역시 호출을 받고 집에서 급히 뛰어나갔는데 5분 만에 되돌아와서는 아들에게 "빨리 유엔헌장 서류 좀 가져다다오"라고 했고 이렇게 서류를 받아들고 백악관 회의장으로 갔다는 것이다. 이미 유엔헌장의 집단안보조항을 생각한 제섭 박사는 유엔이 대한민국을 방어하기 위해 어떻게 공식절차를 밟을 수 있는지를 염두에 두었던 것 같다. 결과적으로 유엔은 유엔군사령부 설립을 승인했다. 미국, 영국 등 15개 나라가 유엔 깃발 아래에서 함께 작전을 수행하게 됐던 것이다.

50여 년 전부터 유엔과 한국 사이에 이러한 역사적 관계가 있었으니, 최근 유엔 사무총장으로 반기문 외무부 장관이 선출된 것은 대단히 감동스런 일이 아닐 수 없다. 되돌아보면 한국전쟁이 발발했던 1950년, 한국과 미국 모두 적재적소의 훌륭한 지도자들이 있었던 것은 큰 행운이었다는 생각이 든다. 판단력이 정확하고, 결단력이 있으며, 유용한 조언을 해줄 수 있는 든든한 사람들이었지 않은가.

김대중 대통령의 방미

1998년 워싱턴에 부임하자마자 있었던 김대중 대통령의 국빈방문은 순조롭게 진행되었다. 한국으로 돌아오는 길에 김대중 대통령은 개인적으로 로널드 레이건 전 대통령을 방문하기 위해 캘리포니아에 들르기로 결정했다. 1980년 한국 법정에서 정치적 문제로 사형선고를 받았을 때 레이건 대통령이 사면을 도와준 것에 고마움을 표하고 싶었던 것이다. 하지만 레이건 대통령은 이미 알츠하이머병을 앓고 있어 우리를 만날 수 없었다. 대신 레이건 여사가 김대중 대통령을 접견했다. 김대중 대통령은 레이건 여사에게 자기의 목숨을 구해준 레이건 대통령에 대한 고마움을 표했다. 레이건 여사는 손수 차를 대접하며 우리에게 매우 정중한 태도를 보여주었다.

대사관 운영

워싱턴에 있는 주미 대사관은 세계 여러 나라에 있는 대한민국 공관 중 가장 큰 규모를 자랑한다. 대사관에는 많은 정부 관료들이 파견되어 있으며 그중 국방부 파견단이 제일 많다. 정무공사는 미주 국장을 역임했던 유명환 공사인데, 그는 무척 유능한 외교관으로 내가 진정 신뢰하는 사람이다.

워싱턴에 도착하자마자 나는 대사관 직원 모두에게 이렇게 말했다.

"나는 경험이 많은 프로 외교관이 아니며 위기상황에 처한 나라의 긴급사태 해결책을 모색하려 이곳에 왔다. 그러니 대사관에서 그날그날 처리해야 하는 행정적 일에 대한 모든 것은 우선적으로 유명환 정무공사와 상의해 달라."

유명환 공사는 내 기대대로 훌륭히 임무를 수행했고 어느 누구보다 한미 관계를 돈독히 다지는 데 많은 일을 했다. 그 덕분에 나는 금융 위기를 극복하는 일에 더 집중하여 효율성을 높일 수 있었다. 워싱턴을 떠난 그는 이스라엘 대사, 외교부 차관, 그리고 일본 대사를 거쳐 이명박 정부에 들어와 그동안 많은 경험에서 터득한 실력을 인정받아 외교통상부 장관으로 열심히 일하고 있다. 이 모습을 보면 마음으로부터 힘찬 격려의 박수를 보내고 싶어진다.

대사직에 대한 정치적 결론

1999년 중반에 이르면서 한국은 놀라울 정도의 빠른 속도로 금융 위기를 잘 극복해냈다. 앞서 밝혔듯이 내가 주미 대사로 임명된 것은 금융 위기를 극복하기 위한 특단의 조치였다. 이젠 상황이 호전되고 있는 것을 보며 고국으로 돌아가도 좋을 것 같다는 생각이 들었다. 요컨대 대사로서 나는 김대중 대통령과 좋은 업무 관계를 맺고 금융 위기 극복을 위해 힘껏 노력했지만 근본적으로 다른 견해를 가졌던 북한정책에 대해서는 의견 조율이 힘들었다. 수 년 동안 통일문제에 깊이 관여하다 보니 나는 서로 다른 견해가 신경 쓰였다. 결국 대사직을 떠날 때가 왔다는 생각에 이르렀다. 아마 청와대도 같은 느낌을 가졌을 것이다.

1999년 초가을 홍순영 외교통상부 장관이 워싱턴을 방문했을 때 나는 이 의견을 김대중 대통령에게 전해달라고 부탁했다. 이듬해 4월 총선이 끝난 후, 나는 서울로 돌아오라는 홍순영 장관의 서신을 받고, 8월 워싱턴에 작별을 고한 후 귀국했다.

김대중 정부에 합류하고 워싱턴에서 지냈던 2년간 했던 모든 것은 중요한 정치적 행위였다. 김대중 대통령도 나도 더 이상 어떤 일로도 불평할 여지는 없다고 생각한다. 우리는 성공적으로 협력했고 만족할 만한 성과를 보았기에 후회도 없다. 개인적으로는 워싱턴에서 2년여 주미 대사로서의 성취감을 누릴 수 있었던 행운이 있었다.

대사 임무를 마무리하며 나는 기억에 남을 만한 의식으로 워싱턴에 작별을 고할 기회를 만났다. 워싱턴을 떠날 날이 머지않은 2000년 6월 25일 햇살 좋은 오후, 의사당 앞 내셔널 몰에는 한국전쟁 50주년 기념행사로 한국전 참전용사를 포함하여 1,000명이 넘는 많은 사람들이 모여들었다. 클린턴 대통령도 참석했고, 존 글렌 전 상원의원처럼 한국전에 참전했던 의원들도 참석했다. 성황리에 행사를 끝낸 후 클린턴 대통령과 나는 한국전쟁기념비로 걸어가 한국민(韓國民)의 자유를 지켜주려 삶을 희생했던 3만 7,000명의 미국인을 위해 헌화했다. 클린턴 대통령과 함께 기념비까지 걸어갔다가 돌아오면서 나는 워싱턴에 마지막 작별을 고했다. 이임하는 대사가 대통령과 작별하면서 이보다 더 기억에 남는 방법이 또 있을까.

Chapter 09

양성철
(2000~2003년)

양성철 대사는 현재 고려대학교 석좌교수로 재직 중이다. 1970년 켄터키대학교 정치학 박사, 1967년 하와이대학교 석사, 1964년 서울대학교 학사학위를 받았다. 2000~2003년까지 주미 대사로 봉직했고, 그 이전에는 국회의원(15대)으로 국회통일·외교·통상위원회 간사로 활동했다. 또한 새정치국민회의 국제협력위원회 위원장을 비롯하여, 재북미 한국인 정치학자회 사무총장, 한국 국제정치학회 회장, 외무부 및 국방부 전략자문위원과 통일원 정책자문위원으로 활동했다. 교수로서 켄터키대학교, 인디애나대학교, 경희대학교 평화복지대학원의 강단에 섰다. 《한국과 북한의 정치제제: 비교분석》(영문) 등 한국에 대한 여러 권의 저서가 있다.

　이 글은 2000년 8월 4일부터 2003년 4월 24일까지 내가 주미 한국 대사로 재직했던 시절의 한미 관계에 초점을 맞춘 것이다[1]. 한국과 미국이 북한문제를 다루는 과정에서 내가 경험했던 일, 만났던 사람들, 관찰들을 큰 주제로 삼고자 한다. 그리고 그 밖의 사안들은 간단하게 다룰 것이다.

　주미 대사로서의 내 임기 시작은 빌 클린턴 대통령 연임의 마지막 해와 맞물렸다. 이후 플로리다에서 예상치 못했던 부시와 고어의 대통령 선거 투표, 개표과정에서 불거진 쟁점이 대법원의 판결이

난 후에야 해결이 날 정도로 법적·정치적으로 혼란스러운 상황이었다. 이런 혼란 속에서 출범한 조지 W. 부시의 1기 행정부가 3년차를 맞이할 때 즈음 내 임기는 끝났다. 워싱턴 D. C.에서의 시간을 돌이켜보며, 나는 한미 관계에 얽힌 세 가지 두드러진 신화(神話)를 한국인의 관점에서 짚어보고자 한다. 또한 양국 관계 발전과 성숙에 보탬이 된다고 내 나름대로 생각하는 정책 결정이나 집행 과정에서의 금기(禁忌)사안들을 포함, 몇 가지 조언도 하고자 한다.

미국과 한국의 대(對) 북한 외교

클린턴 정부를 계승한 조지 W. 부시 행정부의 대북 정책은 한마디로 말하면, 그동안 한미 간 협력을 통해 쌓아온 실적을 가차 없이 무너뜨리는 정책으로 바뀌어 갔다.

- **2000년 9월 8일 한미 정상회담**

2000년 6월 김대중 대통령과 김정일 위원장이 만나는 역사적인 남북 정상회담이 평양에서 개최되었다. 김대중 대통령은 그 해 10월 노벨평화상을 받아 한국의 첫 번째 노벨상 수상자가 되었다. 안팎의 관심과 언론매체의 홍보가 뜨거웠다. 그 결과로 북한문제에 대해서도 서울과 워싱턴은 한껏 상기된 분위기에 젖어있었다.

주미 대사로서 내가 맡은 첫 공식 임무는 한미 정상회담을 준비하는 것이었다. 김대중 대통령과 클린턴 대통령 모두 한 달 뒤인 9월에 뉴욕에서 열릴 유엔 총회에 참석할 예정이었다. 우리 대사관 직원들과 나는 미 국무부와 백악관의 담당 직원들과 여러 차례 대화를 나누어 정상회담을 개최하기로 일단 합의했다. 그런 다음 구체적으로 서로 회담시간과 장소에 대한 의견조율을 하고, 정상회담 안건도 본국 정부와 긴밀히 협의 과정을 거쳐 확정 지었다.

김대중-빌 클린턴 정상회담은 2000년 9월 8일 뉴욕 월도프 아스토리아 호텔 35층에 있는 김대중 대통령의 스위트룸에서 열렸다. 회담은 순조롭게 진행되었다.

김대중 대통령은 회담 도중에 3개월 전 평양에서 김정일 위원장과 가졌던 6·15 정상회담의 한·미 관련 중요 사항에 대해 클린턴 대통령에게 비교적 상세히 설명했다. 미래의 남북한 통합 문제 등 김정일 위원장과의 회담에서 오갔던 핵심 내용을 전하기도 했다. 이 날 정상회담은 거의 한 시간 동안 진행되었다. 두 대통령은 김대중 대통령의 대북 정책에 뜻을 같이 했고 회담의 분위기는 문자 그대로 화기애애했다.

김대중 대통령은 뉴욕에 머물면서 지미 카터 전(前) 대통령과 조찬 모임도 가졌다. 또 주미 대사관이 마련한 만찬자리에서 미국 중요 인사들과도 서로 의견을 나누었다. 그 자리에는 데이비드 록펠러, 프랭크 C. 칼루치, 폴 월포위츠 등 20여 명의 기업인, 은행가, 전·현직 행정 고위관료 등이 참석했다. 폴 월포위츠의 경우 조지 W. 부시 1기 정부 때 미 국방부 부장관이 되었다.

클린턴 정부의 마지막 해에, 주미 한국 대사관은 한미 양국 간 화기애애하고 친밀한 분위기 속에서, 특히 미 행정부 외교 안보 국방 고위 관료들과의 대화와 협력이 잘 이루어졌다. 그 대표적 인사들로는 매들린 올브라이트 국무장관, 스트로브 탤벗 국무 부장관, 웬디 셔먼 국무부 자문관, 스탠리 로스 국무부 동아시아태평양 차관보, 국무부의 코리아데스크 직원, 윌리엄 코언 국방장관과 동아시아담당 직원, 켄 리버살 백악관 국가안보아시아담당 선임보좌관, 잭 프리처드 안보보좌관 등이 있었다.

그중 켄 리버살[2]은 뛰어난 중국계 학자로 미시건대학교 교수로 있다가 백악관에서 일하고 있었다. 클린턴 정부가 끝나자 다시 미시건주 앤아버의 미시건 대로 돌아갔다. 우리는 곧 친구처럼 가깝게 지냈다. 그렇게 가까워진 데에는 내가 정치에 입문한 뒤 워싱턴 D.C.의 외교가(家)에 합류하기 전에 나 역시 미국과 한국에서 교수였다는 공통점이 큰 역할을 했던 것 같다.

2003년 3월, 내가 워싱턴을 떠나기 한 달 전 켄은 미시건대학교에서 열린 북한 관련 회의에 매들린 올브라이트 전(前) 국무장관, 도널드 그레그 전 주한 미국 대사, 그리고 나를 초대하였다. 이 회

의에서 우리 셋은 모두 한결같이 부시 정부도 북한을 포용해야 한다고 역설했다.

●2000년 말 클린턴-김정일 정상회담의 무산

클린턴 대통령의 평양 방문은 2000년 말까지도 진지하게 추진되다가 안타깝게도 끝내 실현되지 못하고 말았다. 2000년 6월[3] 김대중 대통령과 김정일 위원장의 역사적인 남북정상회담이 성사되자, 남북한은 물론이고, 동북아, 전 세계에 이르기까지 클린턴 대통령의 방북을 기대하는 분위기가 조성되었다. 2000년 7월에는 매들린 올브라이트 국무장관과 북한의 백남순 외무상이 방콕에서 열린 아세안 지역안보포럼에서 처음으로 만나기도 했다.

2000년 10월 북미관계에 전례가 없는 북한 최고위 인사로서, 북한 군부의 2인자인 조명록 차수가 방미했다. 그는 샌프란시스코에 잠시 들른 후 워싱턴 D.C.를 방문하여 올브라이트 장관과 클린턴 대통령을 접견하였다. 백악관에서 열린 회담에서 조 차수는 김정일 위원장이 클린턴에게 보낸 방북 초대장을 전하고 미국 정부에게 "보다 확실한 대답"을 원한다고 했다. 올브라이트 장관은 클린턴-조 회담을 이렇게 회상했다.

> '클린턴 대통령은 북미 정상회담 준비 사전 답사 차원에서 내가 (올브라이트) 먼저 평양에 가는 게 어떻겠냐고 했다. 조명록 차수는 대통령과 국무장관이 함께 오면 모든 문제를 한꺼번에 해결할 방안을 찾을 수 있을 것이라고 말했다.'[4]

올브라이트 장관은 미 국무부 제퍼슨 홀에서 조 차수를 위해 환영 만찬을 준비했고 나도 그 자리에 참석했다. 그날 밤 만찬이 끝나고 참석자가 모두 떠난 뒤, 나 혼자만 남아서 올브라이트 장관과 웬디 셔먼 미 국무부 자문관 겸 미 대통령 대북정책 특별보좌관이 조 차수와 강석주 외무성 제1부부장과 대화를 나눌 수 있도록 자리를 마련해 준 것을 고맙게 생각한다.[5]

10월 9일부터 12일까지 조 차수가 미국을 방문한 것에 이어, 10월 23~25일에는 올브라이트 장관이 정상회담을 개최하기 전 평양에 '사전 답사 방문'을 했다.[6] 평양을 방문하고 돌아온 올브라이트 장관과 샌디 버거 국가안보보좌관은, "북미정상회담으로 만약 북한 미사일 문제가 만족스럽게 타결될 수 있다면" 클린턴 대통령이 북한을 방문해야 한다고 말했다. 올브라이트 장관은 자신의 회고록에서 다음과 같이 썼다.

'대통령 본인은 방문길에 오르고 싶어 했지만, 우리는 북한의 외교 스타일, 우리의 동맹국, 국내 정치, 다른 긴급한 사안 등을 함께 고려하며 가장 적절한 결정을 내리려 노력했다.'[7]

올브라이트 장관은 이어 백악관이 처하게 된 그 당시 매우 어려운 상황도 설명했다.

시간은 자꾸만 흘러가는데 백악관은 최종 결정(訪北)을 내리는 것을 계속 미루었다. 중동 협상이 위기에 봉착하면서 일정 잡는 일이 더 복잡해졌기 때문이었다. 크리스마스 휴가가 다가오면서 대통령은 북한 방문과 이스라엘·팔레스타인 문제를 밀어붙여서라도 매듭 짓느냐를 놓고 고민하고 있었다. 이 어려운 선택을 벗어나기 위한 마지막 대안으로, 우리는 김정일 위원장을 워싱턴으로 초청했다.

하지만 북한은 이 초청을 받아들일 수 없다고 답했다.[8]

클린턴도 자신이 당시 당면한 이 힘겨운 상황을 자서전에서 세 가지로 요약했다. 첫째, 시간 제약 문제를 들었다. "북한 방문 일정은 방북 뒤 한국·일본·중국도 들러 방북 설명까지 하게 되면 적어도 1주일이 걸리는데 그런 시간이 없었다"고 했다. 둘째, 당시 팔레스타인 지도자 야사 아라파트가 사실상 훼방꾼이었다. "아라파트는 중동평화협상을 타결 지을 수 있다고 나에게 매달렸다. 그러나 나는 지금도 그가 그런 엄청난 실수(클린턴이 제시한 중동평화협상안을 거부하는)를 저질렀다는 것을 믿을 수 없다. 그가 당시 이스라엘 수상 바락이 동의한 내 협상안을 거부한 것은 역사에 기록될 만한 큰 잘못이었다"라고 쓰고 있다. 셋째, 클린턴은 그의 대통령직을 승계할 사람(차기 대통령)에 대해 오판했다. 그는 "다음 정부가 그때까지 북미 간에 협상해 온 좋은 결과물들을 물려받아 마무리를 잘 지을 것"이라고 믿었는데 결과적으로 "북한 미사일 프로그램을 종식시키지 못한 것을 통탄한다[9]"고 쓰고 있다. 그리하여 북미정상회담은 김대중 정부의 적극적인 지지를 받고도, 끝내 무산되었다.

● 2001년 3월 7일 한미정상회담

제43대 미국 대통령으로 부시가 취임하기 전이었지만 나는 최대한 빠른 시일 내에 한미정상회담 일정을 잡아야 했다. 우리 정부가 최우선 순위에 놓았던 일이었기 때문에 대사관 직원들의 발걸음이 더욱 빨라졌다. 그러다가 부시 대통령이 공식 취임하자마자 우리는 즉시 정상회담 안건을 밀어붙였다.

사실상 이 안건은 이렇게 해도 어렵고, 저렇게 해도 어려운 상황이기도 했다. 한국 정부는 정상회담 일정을 최대한 빠른 날로 확정하고 싶어 했다. 하지만 부시 행정부는 한미 간 현안을 검토할 시간이 필요하다고, 특히 북한문제는 더 그렇다고 주장했다. 나는 우리 정부의 요구사항을 충족시키지 못하면 무능한 대사로 낙인찍힐 수도 있고, 회담을 재빨리 성사시키면 새로 취임한 부시 행정부가 한미 현안을 제대로 준비하지 못할 수도 있는 상황(사실상 이렇게 됨) 사이에서 밀고나가야 했다.

2001년 2월 23일 부시 대통령은 캠프 데이비드에서 토니 블레어 영국 수상과 정상회담을 가졌다. 취임 후 첫 정상회담이었다. 백악관은 3월 2일 준이치로 고이즈미 일본 총리와의 정상회담도 계획하고 있었다. 하지만 고이즈미 총리는 같은 날 일본 중의원 대정부 질문에 참석할 예정이었던 터라 그 일정을 변경하고 싶어 했다. 그러자 백악관과 미 국무부는 일본의 편의를 고려하여 한국의 정상회담을 연기하자고 요청했다.

그러나 김대중-부시 정상회담은 이미 3월 7일로 잡혀있었다. 우리는 미국 담당자들에게 일본 정상회담 일정을 한미정상회담 뒤 다른 날로 변경하는 것이 순리라고 설득했다. 결국 한미 정상회담은 예정대로 진행되었고, 김대중 대통령은 부시-블레어 회담 이후 백악관을 방문한 최초의 아시아 국가원수가 되었다.

정상회담을 준비하는 과정에서 난감한 문제가 불쑥 생겨나기도 했다. 외국 원수가 백악관을 방문하면 블레어하우스에서 머무는데, 기간은 관례적으로 최장 3일이었다. 하지만 한국 정부는 하루를 더 연장해달라고 했다. 처음에 백악관은 예외를 만들 수 없다며 난색을 표했다가 너그러이 연장을 받아드렸다.

한국 대사관 직원들은 블레어하우스에서 김대중 대통령이 부시 행정부의 새 내각 각료들을 만날 수 있도록 시간을 마련했다. 20~30분이라는 길지 않은 시간 동안 김대중 대통령은 새 부시 내각의 주요 각료들을 차례로 접견했다. 콜린 L. 파월 국무장관, 도널드 H. 럼즈펠드 국방장관, 폴 H. 오닐 재무장관, 존 애쉬크로프트 법무장관, 앤 M. 베너먼 농무장관, 도날드 L. 에반스 상공장관, 노만 Y. 미네타 교통장관, 토미 톰슨 보건장관, 그리고 로버트 조엘릭 미 국무역대표부 대표 등이었다.

김대중-부시 정상회담에서 다음 세 가지 사건이 기억에 남는다.

첫째, 김대중-부시 정상회담이 열리기 하루 전인 3월 6일, 콜린 파월 국무장관은 워싱턴 프레스 클럽에서 다음과 같은 발언을 했다. "일전에도 말했듯이, 특히 상원 인준청문회에서도 분명히 밝힌 바 있는데, 우리(새 부시 정부)는 클린턴 대통령과 행정부가 이룩한 성과를 그대로 이어 받아 북한과의 관계개선을 계속할 계획을 세우고 있습니다.[10]" 이 발언에 대해 딕 체니 부통령과 도널드 럼즈펠드 국방장관 등 부시의 이른바 네오콘(신보수주의) 외교안보팀이 즉각 반발하고 나섰다. 파월 장관은 그 다음날 김대중-부시 정상회담이 열리는 도중 백악관에 모인 언론 매체 기자들 앞에서 자신의 전날 발언을 철회해야 했다. 뒤돌아보면, 파월의 이 발언 철회는 대북 정책에 있어 김대중 정부와 부시 정부의 불협화음을 암시하는 신호였다.

지금 생각해보면, 대북 정책에 대한 이견은 3월 7일 백악관 오찬 석상에서도, 그리고 오찬이 끝난 후 백악관 대통령 집무실에서 가진 짧은 기자회견장에서도 나타났었다. 백악관 집무실에서 부시 대통령은 '회의(skepticism)'라는 단어를 두 번이나 사용했다. "나는 북한 지도자에 대해 약간의 회의감을 가지고 있다"라고 하는가 하면, "김대중 대통령은 자신의 비전을 설명할 때에 매우 솔직담백했다. 그리고 나 역시 우리 두 나라가 알고 있는 자유를 누리지 않는 나라로부터 합의를 도출해낼 수 있을지 김대중 대통령의 비전을 지지하는 문제에 솔직히 회의를 느낀다"라고 했다.

둘째, 1972년 탄도요격미사일 조약(ABM Treaty)과 국가미사일방어(NMD) 정책을 놓고 마지막 순간까지 서로 간에 미묘한 이견(異

見) 때문에 힘들었다. 특히 김대중-부시 정상회담의 공동성명에 나오는 용어와 자구(字句)를 놓고 서로 합의를 도출하는 데 많은 시간과 신경을 써야 했다.

셋째, 부시 대통령이 김대중 대통령을 "이 분(this man)"이라고 지칭한 대목("우선 나는 북한에 먼저 손을 내민 이 분의 리더십을 아주 높이 평가한다고 말하고 싶다")[11]이 한국에서 즉각 반향을 일으켰다. 좋게 봐도 '예의바르지 못한' 표현이었고 나쁘게 보면 '비하하는 것'을 뜻한다는 말이라고 한국 언론이 본 것이다. 한국 언론의 반응이 감정적이기도 했지만 사실 그럴 만도 했다. 왜냐하면 〈워싱턴 포스트〉의 칼럼리스트 짐 호글랜드가 그 전날 자신의 칼럼에서 김대중 대통령을 '이승의 성자(earthly saint)'라고 표현하여 미 정가, 특히 부시 백악관 분위기가 이미 심상치는 않았다. 더구나 한국처럼 유교 사상의 뿌리가 깊은 사회에서 '이 분'이라는 지칭은 한국 국민과 한국 언론의 민감한 신경을 거슬릴 만했다.

최소한 2000년 뉴욕에서 클린턴 대통령과 가진 정상회담과 2001년 워싱턴에서 부시 대통령과 가진 정상회담의 분위기는 완전히 달랐다. 김대중 대통령이 만난 이 두 명의 정치인은 배경, 성장과정, 체험, 전문분야, 정치비전, 그리고 개성이 근본적으로 완전히 달랐기 때문이기도 했다.

● 2002년 2월 20일 한미정상회담

김대중-부시 대통령이 가진 두 차례의 정상회담 사이인 2001년 9월 11일, 충격적인 테러 사태가 일어났다. 미국 사람들뿐 아니라 전 세계 사람들이 엄청난 공포에 휩싸였다. 이 사건을 계기로 부시 정부는 테러와의 전쟁을 선포했다. 2002년 1월 29일 연두 국정연설에서 '악의 축(axis of evil)'이라는 발언은 그의 정책에서 큰 전환점이 됐다.[12]

부시 대통령이 '악의 축' 연설을 한 지 1주일 후, 나는 한국 외교통상부가 개최하는 재외공관장 연례회의에 참석하기 위해 서울에 왔다. 공항에서도 회의장에서도 한국 언론들은 나를 에워싸고 부시 대통령의 연설에서 악의 축이라는 구절을 왜 미리 막지 못했냐고 질문을 쏟아냈다. 나는 기자회견을 열어 기자들에게 "한국 대통령이 한국 국회에서 하는 국정연설 내용을 주한 미국 대사가 편집할 수 없듯이, 미국 대통령이 미국 의회에 하는 연두교서 내용을 한국 대사가 교정하는 일은 없다"[13]고 다소 직설적으로 응답했다.

악의 축 연설의 영향으로 서울에서 열린 두 번째 김대중-부시 정상회담의 분위기는 많이 가라앉아 있었다. 그렇지만 부시 대통령의 첫 번째 방한은 긴장감 속에서도 성공적이었다고 본다. 두 나라의 정상들은 서로의 비전, 정치 및 종교적 신념, 시급한 정책을 토론하고 이해하는 시간을 충분히 가졌었다. 또한 반세기 동안 유지해온 한미 동맹 관계의 중요성을 재확인하는 기회가 되기도 했다.

무엇보다도 큰 의미는 부시 대통령과 수행원들이 휴전선을 육로로 방문, 새로 건설된 도라산역에서 두 정상이 함께 만났고, 그가 남북 분단 현장과 북녘 땅을 처음 바라보는 기회를 가짐으로써 김대중 대통령의 햇볕정책 하에 진척되고 있는 남북 간 통합 과정을 직접 눈으로 보고 체험한 것이었다.

2002년 2월 20일 김대중-부시 정상회담이 끝난 후, 부시 대통령은 김대중 대통령에게 다음과 같이 말했다.

"한반도의 평화 뒤에 미국이 든든하게 서 있다는 것을 잊지 마십시오. 이에 대해 그 누구도 의심할 여지가 없습니다. 대통령 각하, 이것은 미국의 중대한 공약(a vital commitment)이라는 것을 그 누구도 의심해서는 안 됩니다. 우리가 서로 협력을 계속해야 하는 것도 마찬가집니다."14)

"한국 사람들은 내가 북한 정권의 속성에 대해 매우 강하게 표현했던 것(악의 축 발언)을 들었을 것입니다. 제가 왜 그러한 표현을 했는지 설명해보겠습니다. 저는 자유를 사랑합니다. 사람들의 삶에서 자유가 얼마나 중요한지 알고 있습니다. 그런데 굶주림에 시달리는 주민을 방치하는 한 정권(북한 정권)을 나는 쉽게 이해(용납)할 수가 없습니다. 밀폐된 북한 정권과 북한 주민들이 진심으로 걱정됩니다. 이것이 제가 그런 표현을 쓴 이유입니다. 사람들이 자유를 누릴 때 어떤 일이 생기는지 잘 알고 있습니다. 바로 여기 한국에서(한국의 현실) 볼 수 있는 모습이지요. 저는 개인의 권리(인권)를 옹호하는 문제에 열정을 갖고 있기 때문에 앞으로도 대통령으로서 계속적으로 이 문제를 역설할 것입니다."

"김정일이 북한 주민에게 자유를 주고 한국과 미국이 대화를 하자는 제안을 진심으로 받아들일 때까지, 그리고 자신이 선한 사람이며 북한 주민들을 잘 보살핀다는 것을 전 세계에 증명해 보일 때까지 김정일이란 사람에 대한 저의 의견은 변하지 않을 것입니다."

"우리는 평화를 사랑하는 사람들입니다. 북한을 침략하고 싶지 않습니다. 한국은 북한을 공격할 의도가 없고 미국도 마찬가지입니다. 우리는 순수한 방어를 목적으로 하고 있습니다. DMZ에 위협이 도사리고 있는 한 우리는 방어를 해야 합니다. 한반도에 평화를 정착시키는 것이 우리(미국)의 국가 이익입니다."[15]

기자회견 중에, 〈워싱턴 포스트〉의 마이크 앨런 기자가 부시 대통령에게 질문을 했다.

"베이징에서 반정부 인사나 기독교 활동가들을 만날 계획이 있습니까?"

부시 대통령이 대답했다.

"지난번 중국을 방문했을 때 장쩌민 주석과 개인적인 기독교 믿음에 대한 이야기를 나누었습니다. 믿음이 제 인생에서 얼마나 중요한지를 설명했습니다. 한 위대한 나라의 주석으로서 그 분도 개인의 삶에 있어 종교의 역할이 얼마나 중요한지를 이해했으면 좋겠습니다."

김대중 대통령과 부시 대통령은 2002년 10월 27~28일 멕시코 로스 카보스에서 열린 10회 APEC 정상회담에서 마지막으로 만났다. 여기에서 김대중-고이즈미-부시 3자정상회담도 열렸다. 돌아오는 길에 김대중 대통령은 시애틀에 잠시 머물렀다. APEC 김대중-부시 정상회담은 내가 직·간접적으로 참여한 마지막 기회였다.

김대중과 부시: 대조적인 인생 체험과 상충하는 시각

부시 대통령이 김정일을 싫어하는 것이 그의 깊은 기독교 신앙과 신념에서 비롯되었다는 것이 분명했다. 북한 지도자에 대해 경솔하게 퍼부은 공격이나 비난만은 아니었던 것이다.[16] 무엇보다도 부시가 이해하는 김정일 정권의 실상이 오늘날 북한의 비극적인 현실과 동떨어진 이야기가 아니었다.

김대중 정부와 부시 정부의 차이는 두 정부가 김정일 체제의 특징이나 북한의 정치 시스템 자체를 다르게 평가했기 때문이 아니라, 그러한 체제와 시스템을 다루는 접근방법이 달랐기에 생긴 것이었다. 60년 이상 분단된 상황에서 남북한 국민들은 다른 나라 사람들이 상상할 수 없는 인간적 고통·비극·정신적 충격을 겪어야 했다.

이제까지 북한 사람들이 줄곧 고통을 겪고 있는 것과 달리, 한국 사람들은 이제는 상대적으로 더 많은 자유와 번영을 누리고 있는 것도 사실이다. 그렇다고 한국 사람들이 현재 누리고 있는 자유와 번영을 쉽게 얻을 수 있었던 것은 아니다. 불굴의 의지를 발휘하여 독재와 군사정치에 맞서고, 때로는 피를 흘리면서까지 대규모의 투쟁을 벌인 보상인 것이다.

김대중(1924년 생)의 삶은 한반도의 남쪽에서 80년 이상을 온갖 고초·비극·역경을 헤치며 끝까지 포기하거나 굴하지 않고 싸워 이겨낸 인간 승리, 그리고 민중 승리의 대표적 실례다. 1954년 29세의 나이로 국회의원에 출마한 후, 3번 낙선하고 6번 당선되었다. 대선에서는 1971년, 1987년, 1992년 실패를 맛보았고, 1997년 네 번째 도전해서 드디어 당선되었다. 1971년 첫 번째 대선에서 실패한 이듬해인 1972년 해외로 망명하기도 했다.

1973년 8월에는 납치 사건이 있었다. 도쿄의 한 호텔에서 김대중을 한국 중앙정보부 요원으로 추정되는 괴한들이 납치, 대한해협에 수장하려 했다. 돌연 헬리콥터 한 대가 나타나 그의 납치는 마지막 순간 실패한다. 이 납치 사건 외에도 5년 이상 수감생활, 사형선고, 무기징역, 암살 기도, 가택연금 등 한 인간이 80평생 겪을 수 있는 온갖 고통, 고초, 고행 길을 걷게 된다.

그의 정치 인생에서 최고의 아이러니는 당시 군사 독재 정권과 언론이 그를 '빨갱이', '공산주의 옹호자', '민중 선동가'로 몰아 부친 것이었다. 하지만 실제로 그는 이승만 권위주의 독재, 박정희·전두환·노태우의 군사정권에 대항한 투쟁에 모든 그의 정치 인생을 바친 민주주의와 자유시장경제 수호자였다.

그의 세대 사람들은 굴곡 많은 생을 살았다. 가혹한 일본 식민지 시대를 견뎌냈고, 해방의 기쁨도 잠시, 정치적으로 극도로 혼란스러운 분단과 해방정국을 겪었다. 동족상잔, 국제적·이념적 갈등까지 뒤범벅이 된 한국전쟁을 겪었고, 12년간 지속된 이승만 권위주의 독재정치(1948~1960년), 1960년 4월 학생혁명, 1961년 5월 16일 군사 쿠데타, 18년간 지속된 박정희 군부독재정치(1961~1979년)와 유신체제, 그리고 1979년 10월 박정희 암살사건, 1979년 12월 전두환의 군사 쿠데타, 1980년 5월 광주항쟁과 시민학살, 1979~1987년 전두환의 무자비한 군부통치 등 격변에 격변을 겪었다.

이 시기 동안 계엄령을 10차례, 유신체제 하에서의 긴급 명령 선포 등 한국 국민의 자유와 인권이 유린되었고, 이러한 상황은 대부분 독재정치에 반대하는 민중항쟁과 정치투쟁을 탄압하는 것이 목적이었다. 또한 이승만·박정희·전두환의 계속되는 '탈 헌법 통치'를 위장·연장하기 위한 헌법 개정(개악)이 9차례나 단행되기도 했다.

요약하면, 대한민국의 궁극적인 국정지표는 한 마디로 민주적이고, 평화와 자유가 넘쳐흐르는 통일된 한국을 이루는 것이었다. 하나 분명한 사실은, 국제정치·지역안보 차원에서도 남북 통합 과정이 가속될수록 한반도 주변 일본, 중국, 러시아, 미국 4대 강국 가운데 어느 나라가 이 과정을 지지하는가, 저지하는가 하는 그 색깔과 전략, 정책 내용이 더욱 분명하게 드러날 수밖에 없다. 따라서 우리의 외교 역량을 바로 이들 나라들이 우리의 통합과정을 지지하는 쪽으로 힘이 모아지도록 전력투구(全力投球)하는 것이겠다.

한국의 대북 포용정책을 옹호하는 사람들이나 그 정책입안자들이라고 현 김정일 정권과 변질된 전체주의 북한 사회를 좋아한 것은 결코 아니다. 그들이 포용정책을 지지하고 추진한 이유는 이 전략·정책만이 북한의 대량 살상무기 문제를 해결하고, 북한 스스로 개혁을 시작하고, 외부세계에 개방하도록 유도하는 데 있어서 다른 전략이나 정책보다 더 유효한 접근 방법이라고 믿기 때문이다. 김대중 정부가 추진하는 햇볕정책은 한 마디로 말해, 체임벌린의 유화정책이 아니라 강한 억제력(한미 군사동맹에 기반을 둔)에 기초한 남북대화와 화해, 그리고 협력이었다.[17]

다르게 말하자면, 햇볕정책으로 알려진 김대중의 포용정책의 기본은 동독을 겨냥한 빌리 브란트의 동방 정책, 중국과 소련을 겨냥한 리차드 닉슨의 데탕트(긴장완화) 정책, 유럽연합의 통합 과정과 본질적으로 큰 차이가 없다.

● 한미 간 정책 현안

워싱턴 D.C.에 있는 동안 나는 우리 정부가 극히 민감하고 논쟁의 여지가 많은 한미 간 현안들을 풀어가는 데 앞장서야 했다. 이러한 문제들은 대부분 오랫동안 미해결 상태로 남아있었던 것들이지만, 어떤 것은 예상치 못하고 갑자기 튀어나오기도 했다. 클린턴 행정부 시절 세 가지 큰 현안으로는 노근리 사건, 한미주둔군지위협정(SOFA) 개정, 미사일협정이 있었다.

부시 대통령이 취임한 후에도 세 가지 '예상치 못한 사건들'이 일어나 대사관 직원들을 동분서주하게 만들었다. 미국 교통부 연방항공청(FAA)의 한국 항공안전 2등급 하향 조정, 미 국무부 한국 인신매매 3등급 평가, 북한의 '고농축 우라늄 보유 시인' 사태가 그것이다. 클린턴 임기 마지막 해에 한국과 미국은 이런 세 현안을 해결하기에 바빴다. 다행히 대부분 원만하게 해결되었다. 대조적으로, 부시 임기 동안에는 예기치 못하게 터진 사건들과 달갑지 않은 문제들을 다소 비우호적인 정치적 환경과 행정부 분위기 속에서 해결해야 했다.

● 노근리 사건

2001년 1월 한미 합동조사팀은 노근리 사건의 실사 결과를 발표했다.[18] 이 보고서는 "미국 조사 팀이 보고한 서류상의 증거나 미군들의 진술로는 한국 민간인을 고의적으로 죽였다는 가설을 증명할 수 없다. 1950년 7월 말 노근리 지역 민간인들이 희생된 이 사건은 전혀 대비가 안 된 미군과 한국군에 들이닥친 전쟁의 북새통에서 일어난 비극적이고 심히 유감스러운 결과였다"[19]라고 밝혔다.

2001년 1월 11일 클린턴 대통령은 김대중 대통령에게 직접 전화를 걸어 노근리 사건에 대해 유감을 표시했다. 한 기자가 클린턴 대통령에게 '사죄'라는 말 대신 '유감'이라는 단어를 사용한 이유가 있는지 물었다. 대답은 다음과 같았다.

"개인적으로 '유감'과 '사과'라는 단어에 차이가 있다고 생각하지 않는다. 두 단어 모두 우리가 노근리에서 일어난 잘못된 일에 대해 매우 유감스럽게 생각하고 있음을 의미한다. 하지만 진상조사에 나선 관계자들은 잘못된 행동의 책임이 육군 지휘계통의 상부, 즉 미국 정부에 있다는 증거가 확실치 않은 것으로 판단했다. 우리는 50년 동안 한국인들과 우정을 나누어왔다. 조사관들에게 조사가 겉치레가 되어서는 안 된다는 점을 분명히 밝혔다. 우리는 사건의 진상을 규명하기 위해 최선을 다했다고 생각한다. 그리고 한국 국민들이 우리의 해명을 진실한 것으로 받아들여주길 바라고 이 사건에 관련된 사람들과 가족들에게 위로가 되었으면 좋겠다."[20]

2000년 9월 21일 서울에서 열린 32회 한미 안보회의에 참석하고 있을 때 나는 이 사건에 이상하게 휘말렸다. 〈코리아 타임즈〉의 한 기자와 인터뷰를 했는데 그 기자가 내 입장을 잘못 보도했다. 이 인터뷰에서 나는 "국지적 사건"이라고 말했는데, 기사에는 "우발적 사건"이라 말한 것으로 나갔다.

한국의 언론은 즉시 이것을 문제 삼아 전국에 보도했다. 야당(한나라당) 대변인과 한국의 주요 일간지들은 사설까지 써서 나의 사임을 요구하거나 대통령이 나를 경질해야 한다고 주장했다. 결국에는 근거도 없고, 사실도 아닌, 이 소동과 인신공격은 진정되었고, 김대중·클린턴 정부는 서로 만족스러운 방법으로 노근리문제를 해결했다.

●한미주둔군지위협정(SOFA) 개정

SOFA는 개정되기 전까지 한국에서 반미 감정을 일으키는 골칫거리 중 하나였다. 이 분야 전문가인 박건영 교수는 "한국의 주권과 인권을 억압하는 것으로 평가된 SOFA 정책이 양국 관계를 악화시키는 주요 원인이었다"[21]고 지적했다.

2001년 1월 18일, 클린턴 대통령이 백악관을 떠나기 이틀 전에 한미 SOFA가 개정되었다. 박 교수는 SOFA 규정이 개정되어도 한국 사법당국의 재판권은 자국민에게 해를 끼칠 수 있는 자국에서의 범죄를 다루는 데에 심각한 제한을 받는다고 주장한다. 특히 미일 SOFA와 NATO SOFA와 비교해보면, 그 두 가지 협약 어디에도

'간섭적이고 부적절한(interfering and impertinent)' 조항이 없다는 것이다. 개정된 한미 SOFA 규정에 따르면, 한국 당국은 비번(off duty)인 미군의 범죄에만 우선적으로 권한을 행사할 수 있게 되어 있다는 것이다.

박 교수는 2001년 개정된 세부사항에서 범법 행위가 12개의 특정 카테고리에 속할 때에도 "한국이 재판권을 행사할 수 있는 피의자 구금도 한국이 피의자를 기소할 때까지는 피의자를 미군 당국이 관할한다"는 것이다. 또한 박 교수는 "살인이나 강간과 같은 '흉악 범죄'가 아닌 '경범죄'의 경우 한국은 피고인의 유죄판결 이후와 구금판결이 난 경우에만 구금하기로 했다"는 점을 지적한다. 반면 미일 SOFA 협정에서 구금문제는 범죄의 경중에 상관없이 기소 당시에 이루어진다는 것이다.[22] 이런 몇 가지 앞으로 개선이 필요한 문제점들이 아직도 있지만, 2001 SOFA 개정은 한미 군사 동맹관계를 강화하고 두 나라 간 친선을 도모하는 데 매우 긍정적으로 기여했다고 본다.

●대한민국의 미사일기술통제협약(MTCR) 가입

1979년 한국은 탄두중량 500kg, 사거리 180km 이상의 미사일을 개발·보유·획득하지 않겠다는 내용의 한미 양자 간 양해각서를 맺었다. 2000년 9월 21일 서울에서 열린 32회 한미 안보회의에서 발표한 공동성명의 12항에 따라, 2001년 1월 17일 한국은 탄두 중량 500kg, 사거리 300km까지의 미사일을 개발·생산한다는 새로운 지침을 채택했다.[23] 아울러 한국은 미사일기술통제협약의 정식 회원이 되었다.[24]

● FAA 등급

한국의 항공안전등급이 느슨한 감독 등의 이유로 2등급으로 하향 조정될 가능성이 있음을 미리 알고, 박기풍 교통관과 나는 FAA의 결정을 막기 위해 노력했다. 한편 한국 건설교통부에도 이 사실을 바로 알렸다.

2001년 8월 17일 예상대로 FAA는 한국의 항공안전등급을 2등급으로 낮추었다. 그 결과 한국 화물수송기(대한항공과 아시아나항공)가 코드쉐어(좌석공유) 협정을 맺지 못하게 되었고, 미주 노선을 확장할 수도 없게 되었다. 결정이 난 후에도 박 교통관과 나는 우리 정부에게 FAA가 우려하는 항공안전 사항을 즉각 점검하라고 재촉했다. 동시에 노먼 미네타 미 교통부 장관, FAA의 고위 간부와 해결책을 협의했다. 그들 모두 우리를 도우려는 강한 의지를 내보였고 매우 협조적이었다.

우리 정부는 건설교통부 산하 민간항공안전위원회를 설립(2002년 8월)하는 등 항공안전기준을 FAA 기준에 맞게 신속한 조치를 취했다. 덕분에 FAA는 4개월 만인 2001년 12월 6일 한국의 항공안전등급을 다시 1등급으로 올렸다.

되돌아보면, 한국 정부가 뒤늦게라도 항공안전대책을 개선시켰으니 부시 행정부가 그렇게 충격 요법을 쓴 것이 전화위복이 되었다. 1999년 이래로 FAA와 국제민간항공기구(ICAO)가 8차례나 사전경고를 했지만 이를 무시했던 건설교통부는 등급하향조정으로 정신을 차린 셈이었다. 설상가상으로 건설교통부 장관을 맡았던 다섯 명은 모두 정치적으로 임명된 인사로 항공 분야에 전문지식이 거의 없었다. 그리고 1997년 8월 괌 추락사건, 1999년 4월 상하이 추락사건, 2001년 9월 달라스 포트워스 공항 비상착륙한 사건 등 한국 항공기의 사고도 문제 해결에 도움이 안 되는 기록이었다.

● 2001 인신매매 보고서

2000년 10월 28일 클린턴 대통령이 공식 서명한 인신매매 및 폭력범죄 피해자 보호법인 미공법 106-386조에 따라, 조지 W. 부시 행정부의 국무부는 첫 번째 연간 인신매매 보고서를 발표했다. 이 보고서에 한국은 3등급으로 분류되었다. 3등급은 '인신매매 관련 법규를 제대로 준수하지도 않고 납득할 만한 노력도 기울이지 않는 인신매매 방조국'이다.[25] 3등급의 23개국은 알바니아, 바레인, 벨라루스, 보스니아-헤르체고비나, 미얀마, 콩고민주공화국, 가봉, 그

리스, 인도네시아, 이스라엘, 카자흐스탄, 레바논, 말레이시아, 파키스탄, 카타르, 루마니아, 러시아, 사우디아라비아, 한국, 수단, 터키, 아랍에미리트, 유고슬라비아 연방공화국 등이었다.

FAA 등급에 이어 또 다시 불쾌한 충격이었다. 이 보고서가 발표되기 전에 대사관 직원들과 나는 미 국무부의 실무자뿐만 아니라 폴라 J. 도브리안스키 인권담당 차관에게 긴밀한 협조와 자문을 구했다. 그러면서 우리 정부의 관련 부처와 기관들에는 인신매매와 관련한 법적·제도적·운영적 문제를 당장 해결할 것을 촉구했다.

2001 보고서 중 대한민국에 관한 내용이다.

"한국은 인권과 민주주의를 옹호하는 데 선두주자인 반면, 인신매매 문제는 나날이 심각해져가고 있다. 하지만 이 새로운 문제를 위한 정부의 대책은 거의 찾아볼 수 없다. 비자 위조나 가짜 민원 서류를 소유하거나 판매하는 외국인 밀수 행위를 기소하기는 해도, 인신매매를 다루는 특별법은 없다. 아동 납치와 거래, 청소년 성 매매를 단속하는 법규가 있는데 최대 형량은 강간 형량에 상응한다. 부패 행위가 일어났을 때 정부 당국자가 인신매매에 연루된 증거는 없다. 외국인은 이민법 위반자로 처리되어 강제 추방된다. 인신매매 희생자나 피해자를 돕는 정부 지원도 없고, 이들을 돕는 NGO에 대한 정부 지원도 없다."[26]

이 문제를 바로 잡기 위해 대사관 직원들과 나는 도브리안스키 차관과 미 국무부에서 인신매매담당 낸시 엘리 라파엘 대사와 협력했다. 그들 역시 적극적인 태도로 열심히 도와주었다. 2002년 보고서에서 한국은 3등급에서 1등급으로 뛰어올랐다. 1등급에 함께 속한 나라로는 오스트리아, 벨기에, 캐나다, 콜롬비아, 체코공화국, 프랑스, 독일, 홍콩, 이탈리아, 리투아니아, 마케도니아, 네덜란드, 폴란드, 포르투갈, 스페인, 스위스, 영국 등이 있다.

일부 사람들은 부시 행정부의 FAA 등급과 미 국무부의 인신매매 보고서 등급이 '일방주의'를 구체적으로 보여준 사례라고 해석할지도 모르겠다. 하지만 FAA와 미 국무부가 하위 등급을 매기고 특정 문제점들을 지적한 덕분에 우리 정부는 사태를 해결하기 위한 빠른 조치를 취했다. 결국 부시 행정부의 조치는 악화되는 우리

나라 항공안전의 제도·법·운영을 개선하고, 인신매매 통제에 있어 드러난 제도적·법적 문제점을 신속히 해소하는 데 긍정적인 자극제가 되었다고 생각한다.

● 고농축 우라늄 사태

고농축 우라늄 문제는 대사 임기 동안 일어난 일 중 나를 가장 실망시킨 사건이자 개인적으로도 무척 괴롭고 혹독한 대가를 치른 교훈이었다. 이 사태는 내가 다른 글[27)]에서 고농축 우라늄 쟁점을 비교적 포괄적으로 분석한 바 있다. 여기에서는 2002 고농축 우라늄 사태는 언젠가 한미 당국이 전면 조사를 해야 한다는 내 입장과 그 근거와 이유만을 밝히고자 한다.

첫째, 이 사건은 어느 편이 진실을 말하는가를 판단하는 단순한 '말싸움'이나 '입씨름'의 문제가 아니다. 멍석 속에 슬쩍 넣어 감춰버리기엔 이 사건이 한미 관계는 물론 북한을 포함, 동북아 정치·경제·안보에 끼친 악영향이 너무 심각하기 때문이다.

둘째, 부시 1기와 2기 행정부 외교·안보팀이 북한의 고농축 우라늄 프로그램 상황에 대해 완전히 다른 입장을 취하고 있다. 1기 팀은 북한이 고농축 우라늄 프로그램을 보유하고 있음을 '인정했다'는 것이었다. 더구나 미 최고위 정보당국자는 북한은 "2005년 무렵 (우라늄 농축 시설이) 완전 가동하게 되면, 매년 2개 이상의 핵무기를 제조할 수 있는 농축 우라늄을 생산하게 된다"[28]라고 주장했다. 그 뒤 부시 2기 팀은 북한의 고농축 우라늄 프로그램은 연구 개발 단계를 넘지 못했고, 북한이 "그러한 프로그램을 가지고 있다"고 확인할 수 없다[29]고 한 발자국 물러섰다.

셋째, 물론 어느 누구도 북한의 핵 프로그램 상황을 절대적으로 확신하지 못한다. 게다가 고농축 우라늄 사건에 대한 의문점이 아직 많이 남아있다. 북한 고농축 우라늄 프로그램의 평가에 대해 미국의 입장이 변한 것은 새로운 정보를 찾은 결과인가 아니면 전략과 전술에 변화를 유도하는 새로운 정책인가, 아니면 둘 다인가? 칼 레빈 미 상원 군사위원장은 라이스 국무장관과 로버트 M. 게이츠 국방장관에게 보낸 편지에서 2002년 이후 북한 핵 프로그램의 평가에 변한 것이 있는지 물어보았다. "만약 그렇다면 언제 변했던 것이며, 왜 변했고, 어떻게 변했습니까?"[30]도 물었다.

넷째, 북한의 고농축 우라늄 프로그램이 2002년 10월 미국 중앙정보국에 의해 발견되었다면, 그 정보는 충분하고 타당했는가? 구체적으로 부시 정부가 1994년 제네바합의를 깨고, 북한이 첫 번째 지하 핵실험을 강행할 정도로 관계를 악화시키고, 한미 관계마저 악화시킬 정도로 그 정보(북한 고농축 사태)가 중차대한 안보 사태였는가?

요컨대, 외교정책 집행은 마음대로 늘이거나 줄이는 고무줄도 아니고, 달면 삼키고 쓰면 뱉어버리는 과일도 아니다. 개인들 간에나 국가 간에 정직만큼 귀한 자산이 없다면, 고의적인 거짓은 비난받아 마땅하다면, 고농축 우라늄 사태는 더 늦기 전에 전면조사에 착수해야 한다고 생각한다.

한미 관계의 3가지 신화(神話)

다음으로 한국과 미국의 친선을 더욱 돈독히 하고, 동맹 관계에 새로운 활력을 불어넣는 데 도움이 되길 바라는 소박한 심정으로, 양국의 현재와 미래 정책결정자들에게 조금이라도 보탬이 될 만한 내 나름대로 생각하는 몇 가지 지침이랄까? 또는 금기(禁忌) 사항을 밝히고자 한다.

● 소국(小國)근성과 사대(事大)주의

일반적으로, 나라 간의 관계와 상호작용에서 약한 나라의 일반 국민과 정책결정자들은 강한 나라의 힘과 영향력을 과대평가하기 마련이다. 반면 강한 나라 사람들은 약한 나라의 힘과 감내력을 과소평가하기 쉽다. 특히 한미 관계는 서로의 능력과 영향력을 놓고 오랫동안 '과대평가-과소평가'의 덫에서 자유롭지 못했다. 이 잘못된 경향은 현대판 소국근성(스몰 파워 콤플렉스)과 사대주의(빅 파워

신드롬)를 낳기 쉽고, 한미 관계에서도 이 현상은 아직까지도 두드러진다고 생각한다. 즉, 한국에는 극단적으로 양분화된 두 가지 유형의 집단(세력)이 존재한다.

한 그룹은 미국의 대(對)한반도 정책이라면 그 시시비비를 가리기도 전에 맹목적으로 무조건 지지하는 반면, 다른 한 그룹은 미국의 정책이라면 맹목적으로 무조건 반대하고 비난·비판한다. 더 나아가서 한 그룹은 양국 간에 잘 되는 일은 무조건 미국 덕분이라고 믿고, 다른 한 그룹은 잘 안 되는 일을 무조건 미국 탓으로 돌린다.

이러한 행태의 주원인은 한 나라가 변하는 속도와 범위보다 그 나라 사람들의 마음(習性)이 변화하는 속도가 훨씬 더디기 때문이다. 지난 60년 동안 한국과 미국은 상전벽해(桑田碧海)와 같은 변화를 겪었다. 1인당 국민소득의 변화를 보면 명확해진다. 1945년 한국의 1인당 국민소득은 약 40달러였고 미국은 약 1,600달러로 한국의 40배에 달했다. 2009년 현재 두 나라의 차이는 상당히 줄어들어 한국의 1인당 국민소득은 2만 달러이고 미국은 4만 달러이니 거의 2대 1 정도로 줄어들었다. 한국이 해방과 분단을 맞이할 당시 세계에서 가장 가난한 나라 중 하나였다. 뿌리 깊은 권위주의 정치의 문화와 전통으로 고통받고 있었다. 하지만 지금 한국과 미국은 자유, 민주, 그리고 풍요 등 진정한 가치까지도 공유하고 있다.

이러한 측면에서 보면, 북한과 미국 및 다른 나라들과의 관계는 뚜렷한 예외로 볼 수 있다. 북한은 실제로는 모든 면에서 작고 약한 나라인데 특유의 협박과 위기조성 전술, 재래식 군사력이나 핵 능력 과시 또는 둘 다를 최대한 활용하여 실제 세력을 극도로 과장해 왔다. 냉전 시대에 주체사상이라는 명목 하에 북한이 두 이웃 나라인 소련과 중국에 이 전략·전술을 교묘히 활용하여 꽤 재미와 이득을 본 수법을 닮았다.

극히 대조적으로, 한국은 그 실제의 힘(경제력, 군사력)보다 상대적으로 과소평가하는 관습에서, 미국은 실제 힘보다 상대적으로 과대한 영향력을 행사하는 관행에서, 즉 앞서 언급한 '상호권력추정 격차'의 늪에서 아직도 완전히 벗어나지 못하고 있다. 시간이 흐르면서 이 경향이 계속 개선되고 있어 다행이긴 하다.

● 포용정책과 유화정책

김대중 정부의 대북정책(햇볕정책)이 추진하는 정치 화해를 유화 정책으로 오해하고 비판·비난하는 사람도 적지 않다. 이러한 오해는 파당적 이해관계에서 비롯되었거나, 유화의 유래에 대한 역사적인 사실 인식이 부족한 데에서 연유했다고 생각된다. 비판자들은 유화의 의미와 포용의 의미를 혼동하고 있다고 본다.

영국 네빌 체임벌린 수상의 뮌헨협약 체결은 독일 나치 정권 히틀러가 전쟁을 치르지 않고도 사실상 체코슬로바키아를 강점(强占)

할 수 있었던 유화정책의 좋은 예다. 하지만 김대중 정부의 남북 간 포용 과정에서 한국 땅은 한 뙈기도 북한에 양보하지 않았다. 대조적으로 토지 거래에 관한 한 북한은 땅을 많이 내놓았다. 금강산 관광지나 개성공단 프로젝트가 그 증거다.

한국의 포용정책은 북한과의 대화, 협력, 점진적 통합과정을 거쳐 궁극적으로 평화적 통일을 이룩하는 것이 목적이다. 여기에는 한미 동맹의 초석인 전쟁 억제가 기본이다. 탈냉전 시대에 북한과의 대화는 대화를 거부하거나 안하는 것보다 훨씬 낫고, 협상이 굳이 양보를 의미하지도 않는다. 중요한 것은 협상의 내용과 결과다. 이러한 관점에서 부시의 1기 국가외교정책팀이 북한과는 "돈을 주고 사지도, 애걸하지도, 양자협상도 하지 않겠다"고 한 정책은 내용도 없고, 방향도 잘못 잡은 실패작이다.

반세기 이상 북한을 상대해온 기록으로 보면, 남북 간 평화 협상과 북일·북미 간 대화는 결코 평탄치 못했음을 쉽게 알 수 있다. 일시적인 대화와 협상의 진전과 후퇴, 답보상태 등 온갖 우여곡절을 겪어왔다. 하지만 시간이 흐르면서 북한을 상대하는 데 있어 한 가지 일정한 패턴이 나타났다. 장기적으로 보면, 바로 대화와 화해가 대립과 갈등을 뛰어넘는다는 것이다. 한국과 미국, 일본, 중국, 러시아, 그 밖의 우호적인 나라들과 함께 한반도에서 냉전의 빙벽을 평화롭게 제거하여 통일의 길을 닦는 일은 피할 수 없는 역사적 소명이다. 평화·자유·민주적인 통일 한국을 향한 대화와 화해의 길을 방해하는 사람이나 나라가 있다면 그들에게 역사는 가혹한 판단을 내릴 것이다.

한미 관계와 한미 집권 정부 간 이견과 갈등

한국과 미국이 반세기가 넘도록 굳건한 동맹 관계를 유지하고 있다고 할지라도 두 나라의 특정 집권 정부 간의 정책 불일치, 현안을 둘러싼 불협화음은 별개의 문제다. 마치 한국인들의 반(反) 부시 주의 또는 반 부시 대북정책 그 자체가 반(反)미 사상과 동의어가 아닌 것은 지미 카터의 반(反) 박정희 유신체제 정책 자체가 반(反)한 주의가 아니었던 것과 같다.

다른 나라들의 국가 간 관계사에서도 마찬가지이지만, 거의 60년 동안 지속된 한미 관계에서도 무수히 많은 정치적 알력과 갈등이 있었다. 이승만 대통령과 미국 아이젠하워 대통령이 휴전협상 문제와 한국전쟁 포로 석방 문제를 놓고 벌인 갈등과 정책 이견은 유명하다. 카터 전 대통령은 코리아게이트 사건, 미군 철수(減軍) 문제, 유신정권 반대 등으로 박정희 대통령과 충돌했다. 따라서 두 집권 정부 간에 정책 이견이나 갈등이 일어날 것 같은 신호나 징후가 나타나면, 양국의 국민들, 특히 언론 관계자들이 이러한 한시적 정권관계 악화를, 마치 한미 관계 그 자체가 회복될 수 없이 손상된 것처럼 경솔하게 호들갑을 떨고, 침소봉대(針小棒大)해서는 안 된다.

한국은 거의 5,000년에 이르는 오랜 역사를 지닌 반면, 미국은 상대적으로 짧은 역사를 지닌 나라다. 지금의 한미 관계는 1948년 8월 대한민국 정부가 수립되었을 때 시작되었다. 한국에게 미국은 방위조약을 맺은 유일한 군사동맹국이다. 대한민국이 시작된 이후 한국은 이승만에서 노무현까지 9명의 대통령이 있었고, 미국은 같은 기간에 트루먼부터 조지 W. 부시까지 11명의 대통령이 있었다.

한국전쟁이 일어났을 때 두 나라는 유엔기를 달고 20개의 다른 우호국(참전국)들과 함께 북한을 격퇴시키기 위하여 전쟁에 임했다. 한국군은 베트남전쟁에서 다시 미군과 함께 친미 월남 정권을 위해 싸웠다. 한국은 이라크전쟁뿐 아니라 미군이 이끄는 아프가니스탄 군사작전에도 비전투부대를 파견하였다.

한국의 민주주의는 12년 동안 지속된 이승만의 독재 정치, 30년 넘게 이어진 박정희·전두환·노태우의 군부·신군부 정치를 타도하기 위해 국민들이 완강하게, 때로는 유혈 사태도 마다하지 않고 투쟁한 대가로 얻은 것이다. 같은 기간 동안 미국 역시 정치적 혼란과 헌정 위기를 겪었다. 예를 들어 존 F. 케네디 대통령과 동생 로버트 케네디의 암살, 인권 운동가인 흑인 마틴 루터 킹 목사의 암살, 린든 B. 존슨 대통령의 베트남 확전(擴戰), 리차드 M. 닉슨 대통령의 워터게이트 사건, 제럴드 포드 대통령의 닉슨 대통령 사면 파동, 로널드 레이건 대통령 암살 미수사건과 이란-콘트라 사건, 플로리다 대통령 선거 투표, 개표 비리, 부시 대통령의 이라크와 아프가니스탄전쟁 등이 그것이다

따라서 한미 두 나라의 집권 정부 사이의 정치 쟁점이나 이견을 반미주의로 혼동하는 것을 막는 치유책은 다층적 접근방식이라고 본다. 즉, 한국 국민과 정책입안자들은 미국 사회에 있는 최소 다섯 가지 차원의 틀을 구별해야 한다. 구체적으로 미국 국민과 사회, 미

국의 헌법과 정치적 틀, 미국의 건국이념과 축적된 문화와 전통, 집권 행정부와 전반적인 정책, 어느 특정 행정부의 특정 정책이나 프로그램(예를 들어 부시의 대북정책)이다.

이 다층·다원적 접근방식의 관점에서 보면, 일부 한미 언론이 쟁점화한 한국의 반미주의는 엄청나게 과장되었다고 볼 수 있다. 한국 사회의 이른바 반미주의는 기본적으로, 현 부시 행정부의 대북정책에 대한 반발이다. 미국 국민과 사회를 향한 반감도 아니고, 미국의 헌정질서와 정치적 틀을 비하하는 것도 아니고, 미국 '건국의 아버지들'의 건국 이상과 이제까지 축적되고 현재도 지속되는 미국 전통과 문화를 폄훼하는 것도 아니다.

부시 정권의 대북정책에 반대하는 것을 반미주의로 혼동·착각하고, 다수 국민을 호도(糊塗)한다거나 일부 한국 언론 매체 보도나 논객들의 시평에서 미국에 있는 몇몇 한국문제 전문가·학자·논객들의 과장된 의견이나 주장을 마치 미 국민 전체 여론이나 미 정부의 정책인 것처럼 독자나 일반국민들이 오해하고 착각하게 만드는 것도 경계해야 한다고 생각한다.

내 머리와 가슴 속에 남은 사람들

워싱턴 D.C.에서의 임기 동안 이젠 추억이 되어버린 많은 일들이 있었지만, 그 가운데 몇 가지만이라도 여기에 남기고 싶다.

●개인적인 친분과 교제(交際)

코리아 카라반 연례행사를 준비하기 위해 한국경제연구소(KEI)와 함께 일했을 때가 가장 먼저 떠오른다. 한국경제연구소 소장이었던 조세프 윈더, 부소장이었던 제임스 리스터, 유능한 직원들은 코리아 카라반 연례행사뿐만 아니라 미국 전역의 주요 오피니언 리더들에게 한미 관계, 한국 정부의 대북 정책 등을 설명하고, 그들과 대화하고 접촉할 수 있는 수많은 나의 연설 기회를 준비하고 이 행사를 성공리에 마치는 데까지 나와 긴밀하게 협조하며 일했던 것을 고맙게 생각한다.

아시아 소사이어티 워싱턴센터 회장인 주디스 슬론도 좋은 기억으로 남는다. 그녀는 워싱턴 지역의 아시아 커뮤니티를 미국 주류 사회에 접목시키는 일에 헌신했다. 나는 아시아 소사이어티 워싱턴센터에서 첫 연설을 한 후 저명한 인사들로 구성된 미국 전역의 아시아 소사이어티 회원들 앞에서 한국문제와 한미 관계에 대한 연설도 하고 의견도 나누었다. 아시아 소사이어티의 지도부(회장 니콜라스 플랫 대사, 의장 레오 A. 댈리 3세)가 협조해준 덕분이었다. 미국세계정세협의회(WACA)의 전국 여러 지부에서 연설을 해달라는 초청을 많이 해준 것도 고맙게 생각한다.

나는 워싱턴과 서울에서 열린 공식 정상회담에서, 그리고 해마다 크리스마스 시즌에 백악관에서 열린 외국 대사를 위한 연회에서 클린턴 대통령과 부시 대통령 부부를 의례적이지만 만나 인사를 나눴다. 또한 사적인 자리에서 전 대통령인 지미 카터와 조지 H. W. 부시를 만나 대화를 나누는 기회도 가졌다.

카터 전 대통령과는 세 번이나 만났다. 첫 번째는 조지아주 애틀랜타에 있는 카터 센터의 집무실에서, 두 번째는 그의 고향인 조지아주 플레인스에서 국제 해비타트 한국 본부 이사장 정근모 박사와 함께, 그리고 세 번째는 워싱턴 D.C.의 한 호텔 스위트룸에서였다. 나는 카터 전 대통령에게서 깊은 감동을 받았다. 그는 안팎의 정세를 잘 파악하고 있었으며, 겸손하며, 무엇보다도 신앙심이 아주 깊었다. 그의 고향인 플레인스는 목화, 옥수수, 땅콩 농장이 끝없이 펼쳐진 시골이다. 산으로 둘러싸인 나의 고향보다 훨씬 더 시골이고 작았다. 사망한 동생 빌리 카터의 주유소는 문을 닫고 몇 년 동안 버려져, 고장 나고 녹슨 주유기는 무성히 자란 잡초에 묻혀있었다.

카터 전(前) 대통령은 내게 두 권의 자서전을 선물했다. 두 권 다 몹시 재미있게 읽었으며 나에게 오래도록 남는 감동을 주었다. 특히 기억에 남는 것은《해 뜨기 한 시간 전》에서 농부의 아들로서 보낸 그의 유년시절을 묘사한 부분이다. 다음은 죽마고우인 알론조 데이비스(A. D.라고 부름)와 함께 영화를 보러 조지아주 아메리쿠스에 간 일화다.

영화관 입장 요금은 각자 15센트였고, 우리는 기차 안에서 '백인석'과 '유색인석'에 따로 앉아 가야 했다. 아메리쿠스에 도착해서 라이랜더 극장까지 우리는 함께 걸어갔지만, 극장에 도착하면 우리는 다시 헤어졌다. 에이디는 뒷문으로 가서 자기 입장료를 내고 높은 3층에 앉고, 나는 아래층이나 극장 특별석(발코니)에 앉았다. 영화가 끝나면 비록 몸은 다시 다른 차간에 떨어져 있었지만 끈끈한 우정을 느끼며 집에 돌아왔다. 우리는 멋진 나들이에 감사하다는 마음이 가득할 뿐, 의무적으로 행해야 하는 인종분리 관행에 한 번도 의문을 품어본 적이 없었다. 그것은 그냥 매일 아침 눈을 뜨고 숨 쉬는 일상과 같은 것이었다.[31]

카터와 세 번째 만난 곳은 워싱턴이었다. 그 무렵 북한의 고농축 우라늄 사태가 헤드라인 뉴스가 되고 있었다. 카터는 부시 행정부가 북한을 직접 대하는 것을 피하는 데 대한 걱정이 컸고 언론의 과대 홍보도 크게 우려했다. 마지막 만남을 가졌을 때 그는 대사관으로 전화를 걸어 나를 방문하고 싶다고 했다. 나는 시내 호텔에 있는 그의 스위트룸으로 가겠다고 했다. 그가 한국문제에 대해 진심으로 걱정하고 공감한 것에 아직도 고마움을 느끼며, 그를 만나게 된 것을 침으로 감사하게 생각한다.

나는 조지 H. W. 부시 전(前) 대통령도 두 번 만났다. 2002년 3

월 한국 관련 컨퍼런스로 텍사스 A&M대학교에 갔을 때 조지 부시 기념도서관에 있는 그의 집무실에서 처음 만났다. 먼저 만나고 있던 도널드 그레그 전 주한 미 대사와 함께 우리는 한국문제에 대해 많은 이야기를 나누었다. 나는 이 만남에서 부시 전 대통령이 밝힌 두 가지 이야기를 지금도 생생히 기억한다. 하나는 자기의 아들(조지 W. 부시)의 숨 쉬는 소리까지도 들을 수 있을 정도로 그와 그의 아들은 가까우니, 한미 관계도 모든 것이 잘 될 것이라고 내게 확신을 심어 주었다. 2개월 전 연두교서에서 북한을 악의 축으로 규정한 현직 대통령의 아버지로부터 들은 그런 긍정적인 확약은 나에게 큰 위안이 됐다. 두 번째는 논객들, 그리고 대중 매체들이 마치 세계가 큰 위기나 치명적인 위험에 빠진 것처럼 뉴스 헤드라인을 계속 만들어 낸다는 것이다. 하지만 미국과 소련의 각축과 갈등으로 전 세계와 인류가 자멸의 길을 걸었던 냉전 시대와 비교하면, 현재의 위기와 고통은 상대적으로 '사소한' 것이라고 했다.

조지 H. W. 부시 전(前) 대통령과의 두 번째 만남은 부시 대통령이 유럽 및 아시아 6개국 순방길에 오르기 바로 전 워싱턴의 한 고급 클럽에서 열린 오찬 자리에서였다. 그 자리에 초대받은 6개국, 즉 영국·이탈리아·스페인·독일·중국·한국 대사들이 한 자리에 모였었다.

돌이켜 보면, 부시 전 대통령의 확약에도 불구하고, 아들 부시의 한반도 정책은 남북 대화 과정을 크게 손상시켰고, 북미 간 상호 신뢰감에도 회복할 수 없는 상처를 입혔다. 어쩌면 아버지 부시 대통령이 지적했던 두 번째 이야기는 부분적으로 아직도 유효할지도 모르지만, 그것 역시 빠르게 설득력을 잃어가고 있다. 조지 W. 부시 대통령의 안보외교정책팀은 탄도요격미사일 조약(ABM Treaty)을 일방적으로 파기하고 무분별하게 미사일 방어망 구축을 우방국에 요구·추진했다. 이 잘못된 정책·전략 때문에 머지않아 새로운 군비 확장 경쟁이 미국, 중국, 러시아, 일본 등에서 일어나고 있고, 더욱 가속화할 수도 있다는 것을 아무도 부정하지 못하는 상황까지 온 것 아닌가.[32]

워싱턴에서의 근무 기간이 아주 긴 것은 아니었지만 많은 훌륭한 인사들 내외와 친교를 맺은 것은 행운이라고 생각한다. 그 몇몇 이름들을 여기에 잠시 되짚어보도록 하겠다.

먼저, 12년 동안 주일 대사를 지냈던 마이크 맨스필드 전(前) 상원의원이다. 우리는 2000년 12월 그의 소박한 집무실에서 만났는데, 그 후 1년이 채 지나지 않은 2001년 10월 5일 그의 사망 소식을 들었다. 장례식에는 60명 이상이나 되는 미 상원의원들이 조의를 표하러 왔다. 2003년 3월 미 의회 도서관 안 원형 돔에서 맨스필드 탄생 100주년(1903년 3월 16일 생)을 기념하는 조촐한 행사가 열렸다. 나는 가토 일본 대사와 함께 초대받았고, 50명에 약간 못 미치는 인사들이 모였다. 맨스필드 전 의원의 외동딸이 이 기념행사에 참가하기 위해 파리에서 워싱턴으로 왔다. 맨스필드와 함께 상원 동료 의원이었고, 당시 주일 미국 대사였던 하워드 베이커도 도쿄에서 날아 왔다. 에드워드 케네디 상원의원이 추도사에서 맨스필드는 "연기하지 않고 행동한(acting without acting)" 의회의 마지막 정치인이었다는 말이 아직도 내 귀에 맴돈다.

의회 의원들 중 에드워드 케네디, 조 바이덴, 존 케리, 칼 레빈, 다이앤 파인슈타인, 리차드 루거 상원의원과 더그 비라이터, 제임스 리치, 찰스 B. 랭글(한국전 참전용사) 하원의원은 한국문제에 꾸준한 관심을 보였다. 바이든과 케리 상원의원이 대중연설과 기고문을 통해 김대중 햇볕정책을 열렬히 지지해준 것에 심심한 감사를 표한다. 케네디 상원의원은 자신의 집무실로 나를 초대하여 부시의 대북정책에 대해 진지하게 우려를 표했다.

레빈 상원의원이 미 의사당에 있는 자신의 '아지트'에 나를 초대해준 것도 무척 고마운 일이었다. 바쁜 일정이 많았을 텐데 그의 '비밀 장소'에서 한국문제에 관해 오래도록 이야기를 나누었다. 부시 행정부가 집권한 지 얼마 지나지 않아 레빈 의원과 그의 아내는 우리 부부를 초대했다. 그 자리에는 리차드 루거 부부, 크리스토퍼 J. 도드 부부, 매들린 올브라이트 전 국무장관과 웬디 셔먼이 함께 초대되었고, 집에서 함께 저녁 식사를 하며 남북문제에 대한 의견을 진지하게 나눴다. 실무진으로는 윌리엄 페리, 윌리엄 코언, 매들린 올브라이트, 웬디 셔먼, 켄 리버살, 칼라 힐즈, 브렌트 스코크로프트, 앤소니 레이크가 내가 대사로서 업무를 추진할 때 다양한 방법으로 많이 도와주었다. 이들과 겪은 에피소드도 많이 있지만 지면상 이 정도로 마무리한다.

또한 한국의 전 주한 미국 대사들과 여러 차례 만나는 기회가 있었다. 서울에서 처음 만났던 도널드 그레그 대사와는 많이 가까워졌다. 그가 코리아 소사이어티 회장으로서 열정적으로 일하고 햇볕정책을 적극적으로 지지하는 모습이 나에게 깊은 인상을 남겼다. 제임스 레이니 대사 역시 부시 행정부가 북한을 포용하지 못하는 정책을 펼치는 것을 함께 걱정했다. 우리는 이 문제에 대해 여러 번 이야기를 나누었다.

제임스 릴리 대사와는 한국 미 대사관저에서 두어 번 만날 기회가 있었다. 그러다가 워싱턴에서 부부끼리 사적(私的)으로 만나면서 더 잘 알게 되었다. 리차드 L. '딕시' 워커 대사도 오랫동안 알고 지냈지만 내가 워싱턴에 간 뒤로 더욱 가까워졌다. 전 주한 미국 대사들(릴리, 그레그, 글라이스틴)과 전 주미 한국 대사인 박건우 대사와 함께 워커 대사가 콜롬비아의 사우스캐롤라이나대학교에서 마련한 회의에 간 적도 있었다. 나는 딕시를 우리 대사관저로 초대하여 이틀간 함께 지내면서 허물없는 친교를 나눴다. 그는 정말 유머 있고 진솔한 사람이었다. 그의 사망 소식을 들은 것은 내가 미국을 떠난 직후였지만, 2002년 12월 16일 사망한 전 주한 미 대사 윌리엄 글라이스틴 장례식에는 참석할 수 있었다.

서울에서 첫 번째 카운터파트였던 스티브 보즈워스 대사와는 내가 주미 대사로 미국에 가기 오래 전부터 친구처럼 지냈다. 내가 국회의원이었을 당시 서로 친해졌다. 우리는 같은 해에 태어났다는 것을 알았고, 1999년 12월, 4명의 친구(스티브와 나, 나의 학교 동창인 양인모, 주한 중국 대사이자 현재 6자회담의 중국 수석대표인 우다웨이)들이 모여 서울의 한 레스토랑에서 우리 두 사람의 회갑을 자축했다. 보즈워스 대사는 보스턴의 플래처스쿨 학장을 맡고 나서 곧바로 나를 그 대학 회의에 초대했다. 그 뒤 어느 주말에 우리 부부는 대사관저로 스티브와 아내 크리스를 초대하여 함께 시간을 보내기도 했다. 포토맥 강 위에서 잊지 못할 런천 크루즈도 즐겼다.

토마스 허바드 대사는 나의 두 번째 서울의 카운터파트였다. 그가 서울로 임명되어 워싱턴을 떠나기 전부터 우리는 친하게 지냈다. 우리는 북한을 보는 관점도 비슷했지만, 또 다른 공통점도 있었다. 그는 켄터키에서 태어났는데, 나 역시 켄터키대학교를 다녔고, 17년 동안이나 그곳 대학교에서 가르쳤다. 또한 우리 두 아이들이 태어나고 자란 곳이기도 하다. 그의 부부와 우리 부부는 카라반 투어에 2년 동안 함께 참가했다. 첫 해에는 디트로이트, 시카고, 세인트루이스, 루이빌을 방문했고, 그 이듬해에는 앵커리지, 시애틀, 포틀랜드, 샌프란시스코, 로스앤젤레스를 방문했다.

모두 좋은 기억으로 남는 여정이었다. 특히 알래스카주의 배려로 토니 놀즈 주지사 부부와 함께 수어드에서 앵커리지까지 특별열차를 탄 것은 소중한 경험이었다. 우리 부부는 그 여행을 이 세상을 떠날 때까지도 잊지 못할 것 같다.

마지막으로, 나는 애쉬턴 카터 교수와 조지프 나이 하버드 케네디스쿨 학장이 아르코 포럼에 세 번이나 초대해주어, 유명 인사들과 함께 북한문제와 남북 관계에 대한 의견을 교환할 기회를 가질 수 있었다. 고마운 추억이다.

● 김치 외교

내 역할은 간접적이었지만, 김치 외교는 워싱턴에 있는 동안 내가 우리나라를 위해 할 수 있는 최상의 외교로 남을 것 같다. 김치는 그때나 지금이나 헤드라인 뉴스거리는 아니다. 하지만 이수화 대사관 농업당당관은 차분하면서도 효율적인 방법으로 한국의 농림부 일을 열심히 도왔다. 그는 미국 농림부 대표단과 함께 2000년 9월 11일부터 15일까지 워싱턴 D.C.에서 열린 20회 가공과실 및 채소류 규정 위원회 회의에 참가하였다. 이 회의에서 국제식품규격위원회(Codex Alimentarius Commission), 국제연합식량농업기구(FAO)

와 세계보건기구(WHO)가 우리 김치를 코덱스 국제식품규격화안으로 제안하는 성과를 올렸다.[33] 2001년 7월 2일부터 7일까지 제네바에서 열린 24회 국제식품규격위원회에서는 그 제안대로 김치의 코덱스 규격 안건을 통과시켰고[34] 이는 역사적으로 중요한 사건이 되었다. 나는 10년 이내에 김치가 스시와 피자처럼 세계적으로 유명한 음식 중 하나가 될 것이라고 예견했다.

여기에서 김치에 관련된 두 가지 이야기를 덧붙이면, 스탠리 로스 동아시아태평양담당 차관보는 김치를 정말 좋아한다. 북한 조명록 차수가 2000년 10월 워싱턴을 방문했을 때 올브라이트 국무장관은 조 차수와 강석주 외무성 부상 환영 파티를 열었다. 약 120명의 손님들이 참석했다. 그런데 놀랍게도 테이블마다 김치가 놓여있었다. 미 국무부 8층 제퍼슨홀에서 열린 만찬에서 이런 일은 처음이었을 것이다. 더욱 놀라웠던 것은 본격적인 식사가 시작되기 전 로스 차관보가 두 조각의 빵 사이에 김치를 넣어 김치 샌드위치를 먹는 모습이었다. 그것을 본 나는 아내에게 집에서 만든 김치를 로스 차관보에게 보내자고 했다.

콜린 파월 장관과 그의 아내 앨마 역시 김치를 좋아한다. 파월 장관이 1970년대 대대장으로 한국 동두천에서 근무할 당시 김치에 맛을 들인 것 같다. 아내는 파월 부부에게도 김치를 자주 보냈다.

맺는 말

다른 글에서 상세히 분석한 바 있지만,[35] 한국의 분단 상황은 60년 이상 아직도 지속되고 있다. 이것은 이스라엘 사람이 약속된 땅을 찾기 전 사막에서 방황했던 40년의 기간보다 20년이나 더 긴 시간이다.[36]

제2차 세계대전의 여파로 분단된 세 나라 가운데 독일은 1990년 10월 3일 무혈 평화통일을 이룩했다. 물론 우연이지만 우리의 개천절과 같은 날이다. 베트남도 남북으로 갈라져 오랜 전쟁 끝에 북의 월맹이 1974년 6월 무력통일을 실현했다. 이제 오직 한국만이 분단된 채 남아있다. 분단된 상황에서 한국 국민은 한반도에서 인간이 상상할 수 있는 거의 모든 갈등과 분쟁을 겪어 왔다. 한국전쟁, 게릴라전, 북의 대남(對南) 교란 침투, 특공대 청와대 습격, 테러 행위, 열었다닫았다, 오락가락 남북 대화, 협력, 협상, 그리고 현재 추진되고 있는 6자회담에 이르기까지 온갖 시련과 수난을 겪어왔다.

한국전쟁이 끝난 후 한미 군사 동맹 덕분에 한반도가 대체로 평화 상태를 유지하고 있다 해도 과언은 아니다. 현재 우리의 동맹 관계는 전 세계적으로 빠르게 변화하는 안보 환경과 새로운 정보 혁명 시대에 적응하기 위하여 재조정 과정에 있다. 한미 자유무역협정이 체결되어 두 나라의 입법부 비준만 남겨두고 있다. 6자회담은 미 재무부의 방코 델타아시아 은행 북한 불법 금융 거래 조사의 최종 결정과 묶여 사실상 중단된 상태다. 아무튼 한미 자유무역협정(KORUS FTA)이 손 안에 쥔 한 마리 새라면, 한반도 비핵화는 숲 속의 열 마리 새와 같은 상황이다.

한미 동맹 관계는 이따금씩 두 나라 특정 정부의 무지나 고의적인 오만으로 불필요한 실수를 저지르거나 빗나가기도 하지만, 지금도 그렇지만 앞으로도 탄탄하고 굳건할 것이다. 단기적으로는 실제 세계에서 힘이 정의를 압도하는 일이 종종 일어난다. 아마 만약 처음부터 부시 행정부 국가안보외교정책팀이 당시 진행되고 있었던 남북통합 과정 속도를 줄이고, 무슨 수단을 써서라도 의도적으로 제동을 걸려는 전략이었다면, 그 전략은 일단 성공한 셈이다. 하지만 역사 속에서는 정의가 힘이다. 그리고 정의(正義)는 강자(强者)만의 특권도 아니다.

공산주의자 아니면 반공주의자라는 양분화·양극단 흑백 논리는 이념 갈등과 동족상잔이 얽히고설킨 한국전쟁, 지난 냉전 시대의 남북한 이념갈등, 적대적 각축의 결과로 한때 대한민국에서 팽배했다. 이제 대부분의 한국 사람들은 이런 흑백논리에서 벗어났다. 이와 반대로, 부시는 충격적인 9·11 사건의 여파로, 선(善) 아니면 악(惡), 동맹 아니면 적이라는 양분화·양극단 흑백논리와 정책을 재생시키고 있는 것 같아 안타깝다. 부시의 국가안보외교정책팀이 그들만의 근시안적이고 마니교적인 도덕적 투명성과 우월성을 추구하는 과정에서 미국의 세계적인 도덕적 리더십을 잊거나 잃어버리는 어리석음을 범하지 않기를 바란다.

끝으로, 아시아 소사이어티 남캘리포니아센터에서 내가 했던 기조연설의 일부를 인용하는 것으로 결론에 대신하고자 한다.[37]

"맹목적인 애국심이나 빛 바랜 가부장적(家父長的) 행위(고압적 행태) 둘 다 이젠 서로에 도움이 안 됩니다. 우리 두 나라 간의 연대는 견고하며, 무엇보다도 한국과 미국은 민주주의·자유시장경제·인간 존엄성이라는 핵심 가치를 공유하고 있습니다. 한국과 미국은 새로운 시각에서 서로의 관계를 진전시켜야 합니다. 서로가 상대방의 입장에서 자기도 보고, 상대방도 보는 여유와 능력을 많이 길러야 한다고 생각합니다. 그 첫 번째 단계는 두 나라의 인구·정치·경제·안보 상황이 근본적으로 변화하고 있다는 것을 깨닫는 것입니다. 한국 속담에 10년이면 강산이 변한다는 말이 있습니다. 비단 한국과 미국뿐만 아니라 중국, 인도, 일본, 러시아 등과 같은 다른 주변국들도 몇 년 사이에 놀라울 정도의 변화를 거듭하고 있습니다. 1990년대 초까지 중국과 러시아는 한국과 수교하지 않았지만, 현재는 수교한 상태입니다. 구체적으로 말하자면 10년 조금 지난 지금, 중국은 한국의 두 번째 교역국이 되었고(2003년 이후로는 첫 번째), 러시아는 19번째 교역국이(2007년에는 8번째) 되었습니다. 이것이 바로 변화하는 현실입니다. 하지만 일부 사람들은 아직도 한국과 미국을 자신들이 과거에 경험한 시각에서 보거나 한국전쟁이라는 옛날 프리즘을 통해서 보고 있습니다. 계속 시대에 뒤떨어지고 비현실적인 생각과 과거의 이미지로 한국을 본다면 그 부작용도 클 수밖에 없습니다. 한국 인구의 80% 이상이 전후 세대입니다. 이들은 젊고 패기가 넘치며, 독립적이고, 많은 교육을 받았고, IT에 친숙하며, 과거에 비해 부유하며, 대부분 도시에서 성장했고, 냉전 사고의 응어리도 없습니다. 이와 반대로 오늘의 미국은 세계 유일 초(超) 군사강국입니다. 내년(2004년)까지 미국 국방예산은 나머지 세계의 예산, 즉 191개국(유엔 회원국 기준)의 예산을 합한 것과 같게 됩니다. 이것이 현실입니다. 무엇보다도 9·11 테러의 공포는 미국인들의 가슴 속 깊이 스며들었습니다. 이 운명적인 날의 정치, 심리, 경제, 그리고 안보에 미친 쓰나미는 앞으로도 미국과 세계를 강타할 것입니다. 미래의 한미 파트너십은 빠르게 변화하는 욕구와 현실에 서로 주의 깊게 귀 기울일 때에만 강화될 수 있습니다. 결국, 미국이 전 세계에 감동을 줄 수 있는 매력은 무력이 아니라 자유, 다양성, 개방성, 그리고 차별 없는 기회라고 믿습니다."

미주

1) 이 날짜는 내가 워싱턴에 도착하고 떠난 날이다. 공식적인 대사 임무는 2000년 7월에 시작했고 2003년 7월에 끝났다.
2) 2000년 말 켄 리버살이 백악관을 떠나기 전, 주미 일본 대사인 순지 야나이 대사가 일본 대사관저에서 켄의 송별회를 열었다. 샌드라 데이 오코너 연방대법관과 샌디 버거 국가안보 보좌관 등이 함께 초대받았다. 야나이 대사는 한국어에 능통하고 주한 일본 대사관에서 부공관장을 지냈다. 우리는 금세 절친한 사이가 되었었다.
3) 이 방문 계획에 직접적으로 관여하지는 않았다.
4) 자세한 내용은 매들린 올브라이트의 《Madam Secretary: A memoir》, 하이페리온, 455~72쪽 참조.
5) 만찬 후 야나이 대사와 나는 웬디 셔먼으로부터 자리를 뜨지 말고 남아달라는 부탁을 받았다. 만찬 장소와 같은 층에 마련된 특실에서 웬디 셔먼 보좌관은 그 전 날 클린턴 대통령이 조 차수와 가졌던 회담 내용을 우리 둘에게만 알려주었다. 야나이 대사가 떠난 후 나는 잠깐 더 남아달라고 했고 8층 발코니에서 5명이 모였다. 올브라이트 장관, 셔먼 보좌관, 조 차수, 강 외무 부부장, 그리고 나, 이렇게 5명은 약 30분 동안 편안한 마음으로 대화를 나누었다. 그 발코니에서 바라 본 하늘의 총총한 별빛과 워싱턴 시가(市街) 불빛 속의 내셔널 몰, 메모리얼 파크, 포토맥 강의 장관(壯觀). 그 기억은 아직도 생생하다.
6) 올브라이트 자서전에서 "북한의 상명하달(上命下達)식 의사결정 방식은, 대통령에게 결정을 위임하기 전에 가능한 한 많은 부분을 '미리 요리'해 두려고 하는 미국의 방식과는 잘 맞지 않았다"고 썼다. 매들린 올브라이트, 《Madam Secretary: A memoir》, 하이페리온, 460쪽.
7) 위의 책, 470쪽.
8) 위의 책.
9) 빌 클린턴, 알프레드 A. 노프, 《My Life》, 2004년, 929·938·944쪽.
10) 전문은 콜린 파월 장관의 《Press Availability with Her Excellency Anna Lindh, Minister of Foreign Affairs of Sweden》, 미 국무부, 2001년 3월 6일 참조.
11) 《Remarks by President Bush and President Kim Dae-jung of South

Korea》, 백악관 대변인 사무실, 2001년 3월 7일.
12) 부시 대통령이 연설을 할 때 나는 의회에 앉아 있었다. 옆에 있던 얀 엘리아슨 스웨덴 대사는 "만약 북한이 악의 축이라면 한국은 선의 축이겠네요"라고 말해 서로 웃었다. 전문은 2002년 1월 29일 대통령 연두교서에 있고, 온라인 사이트(www.whitehose.gov/news/releases/2002/01/20020129-11.html)에서 찾아볼 수 있다.
13) 부시의 연두교서 발표 이틀 전, 우리 대사관 직원이 연설문에 악의 축 문구가 있다는 것을 알아냈다. 우리는 '악의 축'에 북한을 포함시키지 말아야 한다는 우리 정부의 입장을 전달했지만 별 효과가 없었다. 연설 하루 전날 밤 나는 한 연회에서 짐 켈리 동아시아태평양담당 차관보를 만나 우리 정부 우려를 전했다. 하지만 그는 이 문제가 자신의 권한을 넘어서는 일이라며 얼버무렸다.
14) 전문은 《President Bush & President Kim Dae-jung Meet in Seoul》 참조. 인터넷 사이트 www.whitehouse.gov/news/releases/2002/02/20020220-1.html.
15) 위와 같은 곳.
16) 2002년 10월 〈워싱턴 포스트〉의 밥 우드워드 기자와의 인터뷰에서 부시 대통령은 "나는 김정일을 혐오합니다. 자신의 국민들을 굶주리게 하는 이 사람에게 본능적인 반감이 듭니다. 그리고 (북한) 정치범 수용소를 본 적이 있는데, 가족들을 갈라놓고 사람들을 고문시키는 장면에 소름이 끼쳤습니다"라고 말했다.
17) 2002년 나는 이렇게 언급했다. "햇볕정책을 비판하는 두 번째 이유는 그것이 유화정책의 한국버전이라는 점이다. 북한은 변덕을 부리고 책략을 꾸며 한국을 조종하려고 하는 반면, 한국이 일방적인 양보를 하고 있다는 의혹도 제기한다. 하지만 이러한 비난 역시 근거가 없다. 내게는 유화정책은 네빌 체임벌린 수상의 뮌헨 조약 같은 것이다. 그 조약으로 히틀러는 전쟁을 치르지 않고도 체코슬로바키아를 강점했고, 나치가 오스트리아를 무력으로 합병할 때도 영국은 못 본 척 했다. 하지만 햇볕정책 하에 한국 땅은 한 뼘도 북한으로 넘어가지 않았다는 점을 분명히 짚고 넘어가자. 반대로 토지 거래가 조금이라도 있었다면 50만 명 이상의 한국 관광객들이 다녀간 (한국 기업 현대의) 북한의 금강산 지역 관광 개발일 것이다." 2002년 6월 12일 CSIS(미국 국제 전략문제 연구소) 콘퍼런스에서 내가 했던 개회사 〈Inter-Korean Relations, Past, Present,

and Future〉 발췌문 참조. 자세한 내용은 2002년 8월 〈CSIS International Security Program Conference Report〉 참조.
18) 자세한 내용은 2001년 1월 〈노근리 보고서〉 참조.
19) 위의 보고서, xv 참조.
20) 자세한 내용은 2001년 1월 11일 클린턴 대통령의 로이터스 인터뷰 참조. 이 인터뷰는 앤드류 공군기지로 가는 도중에 미 대통령 전용기, 에어포스 원에서 이루어짐.
21) 박건영, 《A New U.S.-ROK Alliance: A Nine-Point Policy Recommendation for a Reflective and Mature Partnership》, 브루킹스 연구소, 북동아시아정책연구센터, 29쪽.
22) 위와 같은 책.
23) 공동성명의 항목 12는 "두 장관들이 한국의 새로운 미사일 지침을 채택하는 문제가 미사일기술통제체제(MTCR)에 따라 가능한 한 빠른 시일 내에 해결되어야 한다는 데 동의했다"고 설명한다. 자세한 내용은 New Release, 국방차관보실, 워싱턴 D.C., 2002년 9월 21일 참조.
24) MTCR의 자세한 토론 내용은 국제평화연구소(SIPRI)의 〈2002년연감: 군비, 군축, 국제안보(Oxford: Oxford University Press, 2002)〉, 14장에 실린 이안 안토니의 'Multilateral Export Controls' 참조.
25) 자세한 내용은 〈인신매매 보고서〉, 미국 국무부, 2001년 7월 참조.
26) 위와 같은 보고서, 97쪽.
27) 고농축 우라늄 사건의 전말은 양성철의 〈Bush's North Korea Policy: From Disengagement to Entanglement〉(2007년 5월 14~15일, 서울 플라자 호텔에서 열린 2007 서울-워싱턴 포럼에서 발표) 참조.
28) 조지 J. 테닛 CIA 국장이 2002년 11월 19일 기밀로 분류되지 않는 한 페이지 짜리 보고서를 의회에 배포했다.
29) 2007년 2월 13일 베이징과 워싱턴에서 열린 크리스토퍼 힐과 콘돌리자 라이스 기자회견 내용은 양성철 《Bush's North Korea Policy》, 43쪽 참조.
30) 위와 같은 책.
31) 지미 카터, 《An Hour before Daylight: Memories of a Rural Boyhood》, 사이먼& 슈스터, 2001년, 95~96쪽.
32) 2001년 12월 13일 부시는 1972년 소련과 함께 서명했던 ABM 조약에서 탈퇴

한다고 공식적으로 발표했다.
33) 24회 FAO/WHO 합동 국제식품규격위원회 회의 보고서 〈*Draft Standards and Related Texts at Step 8 or at Step 5 of the Accelerated Procedure, or at Steps 5/8 of the Normal Procedure: Fresh Fruits and Vegetables*〉, FAO/WHO 합동식품규격사업단, 2001년 7월 2~7일.
34) 위와 같은 보고서.
35) 양성철, 《Bush's North Korea Policy》.
36) 신명기 8장.
37) 양성철, '*The Enduring Republic of Korea-United States Alliance*', 아시아 소사이어티 남캘리포니아센터 연례 만찬행사 기조연설, 로스앤젤레스, 2003년 4월 8일.

Chapter 10

토마스 허바드
(2001~2004년)

토마스 허바드(Thomas Hubbard) 대사는 코리아 소사이어티 회장과 맥라티 어소시에이츠에서 선임국장을 맡고 있다. 앨라배마대학교 정치학 학사를 받고, 메릴랜드대학교와 앨라배마대학교에서 명예 박사학위를 받았다. 1994년 제네바합의에서 주 협상가로 활약했고, 북한에 파견한 미국 대표단의 수석대표로 활동했다. 1996~2000년까지 주필리핀·주팔라우 대사를 지냈다. 2001~2004년까지 주한 미국 대사를 지냈다. 2000~2001년까지 미국 국무부 동아시아태평양담당 부차관보를 맡았다. 40년에 이르는 외교관 생활 중에는 주말레이시아 미국 부대사, 국무부 일본 담당 과장, 일본주재 미국 대사관에서 7년 동안 근무한 이력이 있다. 아킨 검프 스트로스 하워드 & 펠드 법률회사에서 일했다.

　　2001년 9월 10일 새로운 부임지인 서울로 가기 위해 워싱턴을 떠났다. 이때만 해도 내가 도착한 다음날이 미국 역사상 가장 음울한 날이 되리라는 것은 상상도 하지 못했다. 서울에 막 도착하였을 때 뉴욕과 워싱턴을 뒤흔들어놓은 자살테러 사건이 일어나 미국의 외교 방침은 완전히 바뀌었다. 9·11 참사는 몇 가지 면에서 한국인과 미국인을 더 가까이 엮어주었지만, 이미 약간의 긴장감이 흐르던 한미 관계에 새로운 도전 과제를 남긴 것도 사실이다.

2001년 조지 W. 부시 대통령으로부터 주한 대사직을 임명받기 전에 나는 한 번도 서울에 와 본 적이 없었다. 그렇지만 10년 전 클린턴 행정부 시절 워싱턴 국무부에서 일할 때 북한문제에 깊이 관여한 적은 있었다. 미 국무부 동아시아태평양담당 부차관보로서 나는 북한 핵 개발을 중단시키기 위해 1993~1994년 제네바합의에서 로버트 갈루치 대사대리 역할을 했다. 그리고 평양 및 다른 곳에서 북한과 집중적인 협상에 임했다.

부시 대통령의 취임 직후 서울로 발령을 제안받았을 때, 나는 한국에 있는 동료들과 더 많은 시간을 보낼 수 있고, 북한문제에만 초점을 맞추지 않고 전체적인 관계를 다룰 수 있는 아주 좋은 기회로 받아들였다. 무엇보다도 한국은 민주적인 친구·동맹국·무역 상대국으로서 미국의 관심 대상이었다. 나는 주한 대사로서 이 중요한 동맹관계를 잘 관리하는 것을 가장 중요한 업무로 삼을 계획이었다. "나의 상대국은 한국이야"라고 중얼거리면서 북한을 어떻게 상대할 것인가에 관한 논쟁은 워싱턴에 있는 사람들에게 맡겼다.

물론 서울에서나 워싱턴에서 북한에 대한 논쟁에 관여하지 않을 수는 없었다. 부시 행정부 초기부터 북한은 워싱턴에서 논란거리가 될 기미가 보였다. 또한 대북 정책에서 생기는 이견은 미국과 한국의 양지적 관계에 큰 부담으로 작용할 것이 분명했다.

2001년 3월 김대중 대통령과 부시 대통령 정상회담에서 새로운 행정부가 클린턴 대통령의 북한 포용정책을 수행하지 않을 것으로 드러나자 냉랭한 분위기가 감돌았다. 두 나라 국민들은 두 정부의 서로 다른 입장을 생생하게 목격했고, 북한에 대한 공동 목표를 분명히 세우지 않은 채 건강한 양자적 관계를 유지하는 것이 얼마나 어려운지 깊이 깨달았다. 북한을 상대하는 방법에서 나타난 입장 차이는 한미 관계에 검은 그림자를 드리웠다. 이 어두움은 나의 대사 임기 내내, 그 이후에도 지속되었다.

나는 한미 동맹의 한복판에 자리한 북한문제에 고심하고 관심을 기울이지 않고서는 한국과 효율적으로 일할 수 없다는 사실을 확실히 깨달았다. 또한 미국 정책결정자들이 우리의 남쪽 동맹국의 요구 및 우려 사항을 진지하게 고려하지 않고서는 북한문제를 효과적으로 처리하리라 기대할 수 없다는 것도 똑같이 깨달았다.

그러므로 주한 대사로서 한미 두 정부가 북한에 대해 상의하고 의견을 조율하는 데 많은 시간과 관심을 들여야 한다는 것은 당연한 일이었다. 하지만 내게는 주한 대사직으로서 이루고 싶은 다른 중요한 목표도 있었다. 하나는 동맹의 인식 범위를 확장시키는 것이었다. 종종 안보문제나 무역 분쟁이 우리의 관계 전체를 지배하는 것처럼 보인다. 나는 그보다 국민 대 국민의 유대관계를 맺고, 민주주의와 시장경제라는 우리의 공통된 가치의 인식을 높이고 싶었다. 이러한 점에서 자유무역협정 협상이 내가 한국을 떠난 후에라도 바로 시작된 것을 기쁘게 생각한다.

또 다른 중요한 목표는 주한 미군을 서울의 중심에서 옮길 방법을 찾는 것이었다. 서울 중심에 자리 잡은 주한 미군은 끊임없는 마찰의 소지가 되어왔다. 많은 한국인들이 국가의 독립심과 성공에 대한 자부심을 키워가고 있는 마당에 그들은 일종의 모욕감을 주는 존재였다. 주한 미군을 한강 이남으로 재배치하는 과정은 단기적으로는 많은 어려움을 수반할 수밖에 없다. 그러나 결국 한미 동맹을 더욱 견고하게 만들 것이다. 이 과정들이 내 임기 동안 시작되어 다행이라 생각한다. 이러한 목표를 세우고 2001년 9월 11일 서울에 도착하고 보니 테러가 제일 시급한 문제인 걸 보고 적잖이 놀랄 수밖에 없었다. 주필리핀 대사였을 때 테러는 개인적 위협이자 지속적인 협력이 필요한 주제였다. 마닐라를 떠나면서 이제는 그 문제에서 벗어났다고 생각했는데, 9·11 참사로 테러는 한국을 포함한 전 세계 곳곳에서 미국 최대의 고민거리가 되었다.

미국 사람들은 가끔씩 뉴스에서 대규모 반미 시위운동과 북한의 위협 행위 같은 것을 보고 놀라기도 하는데, 나는 한국에서 신변의 위협을 느껴본 적은 한 번도 없었다. 하지만 우리가 세계 다른 나라에서 테러를 다룰 때 한국의 지원은 아주 중요했다. 미국이 슬픔에 잠겨 힘겨운 시간을 보낼 때 우리 옆에 있어준 한국인들에게 나는 깊은 감동을 받았다. 그들은 아낌없이, 진심으로 위로해주었

다. 또한 우리가 아프가니스탄에서 테러와 싸울 때에도 군사·경제적 지원을 빠르게 해주어 매우 많은 도움이 되었다.

여러 모로 한국은 미국 외교관에게 아주 훌륭한 근무지다. 아내 조안과 나는 3년 동안 서울에 살면서 훈훈한 친분을 쌓았고 한국 문화의 진가를 알게 되었다. 각계각층의 한국 지도자들과 쉽게 어울릴 수 있었고, 언론은 나의 의견을 항상 듣고 싶어 했다. 다양한 범위에 이르는 도전적 과제, 즉 북한·이라크·군사관계의 현대화, 무역과 투자 문제를 두 나라의 정부가 협동하며 처리하는 능력은 감탄을 자아냈다. 그럼에도 불구하고 미국 정책에 대한 국민들의 지지가 현격히 떨어지는 것에 대처해야 했고, 양자 관계에서 미국 국민의 공신력이 같이 떨어지고 있다는 것을 알 수 있었다.

2004년 서울을 떠나면서 공통점이 많은 동맹국이 난관을 함께 헤쳐나간 귀한 협력의 시간이었다고 생각을 하면서도 한편으로는 한미 관계에 드리워진 불안감이 느껴졌다. 3년이 지난 지금 그때보다 더 긍정적으로 이 글을 쓰고 있다.

호의는 모두 어디로 갔나

임기가 거의 끝나갈 때까지 많은 한국인들은 역사상 가장 힘든 시기에 미 대사를 맡았다고들 했다. 일부 미국인들도 비슷한 식으로 나를 동정했다. 하지만 나는 오히려 선배 대사들이 독재 정권 때문에 힘든 시절을 겪었을 것이라고 답했다. 민주적인 한국과 상대하는 것은 내게 큰 즐거움이었다. 정말로 그렇게 생각하기 때문에 그런 대답이 쉽게 나왔다. 한국의 민주주의와 경제가 발전한 덕분에 한미 관계는 최근 여러 모로 부쩍 더 가까워졌다. 하지만 한국의 역동적인 민주주의는(그 역동적인 발전이 바람직하기도 하지만) 양국 관계를 관리하는 사람들에게는 새로운 모험이 되기도 했다.

많은 사람들은 아마 9·11 참사의 여파로 각국의 모든 미 대사들이 힘든 시간을 보낼 것이라고 생각할 것이다. 9·11 참사는 전 세계적인 긴급 사안들의 순위에 상당한 변화를 준 것은 두말할 나위가 없다. 하지만 미국인들은 나머지 세계마저 극적으로 변화했을 것이라고는 생각하지 않는다. 한국 정부는 아프가니스탄에서의 대테러작전에 군사·경제적으로 상당한 지원을 하겠다는 결정을 신속히 내렸다. 이어 한국은 세 번째로 큰 이라크 파병국이 되었다. 한국은 전쟁 지역으로 자산 및 인력을 보내고 있었으나, 미국이 유럽에서 그랬던 것처럼 한국 국민들은 정부가 미국의 '일방주의'에 너무 맞추는 것은 아닌지 의혹을 품게 되었다. 그리고 한국의 민주주의와 자유로운 언론을 통해 그러한 의혹을 공개적으로 표현했다.

한국인들은 미국의 우선순위에 분명한 변화가 생겼음을 감지했다. 미국의 관심이 점점 중동으로 쏠리면서 한국은 예민한 사안, 예를 들어 북한문제, 미군 주둔문제, 역사와 영토를 놓고 벌이는 일본과의 갈등, 동북아시아에서 비중이 점점 커지는 중국과 중국에 점점 끌려가는 한국의 전략 및 경제적 입지 등에 초점을 맞추게 되었다. 미국이 테러문제에 집착하면서 한국에 대한 공약을 흐지부지하게 만들어버릴 것처럼 느꼈다.

더구나 미국이 군 규모를 줄이겠다는 계획을 발표하고 한국 최전방에 배치된 미 육군 제2보병사단을 이라크 전장으로 파병한다고 갑작스럽게 결정하는 바람에 우려의 목소리가 나날이 높아졌다. 당시 부시 대통령의 '악의 축' 발언과 미국 신보수주의자들의 신중하지 못한 발언들 때문에 한국인들은 미국이 테러와 핵확산이라는 두 골칫거리를 근절하려고 집착하는 것이 혹시라도 북한을 자극하여 한반도의 평화를 위협하는 어떤 도발적 행위를 유도하지 않을까 걱정을 했다. 일이 더 복잡하게 되려고 했는지, 나는 대선 운동의 뜨거운 열기가 한창일 때 한국에 도착했다. 1년에 걸쳐 진행된 선거 운동은 양극화된 한국 사회의 모습을 그대로 드러냈고 한미 관계에 영향을 미치는 많은 트렌드와 이슈를 몰고 왔다.

세대 교체

2002년 12월 대선은 소위 386세대(1960년대에 태어나 1980년대에 대학을 다녔고, 현재 30대인 세대)가 정치적·사회적 전면에 등장할 무렵 실시되었다. 젊은 유권자들의 투표참여율이 높았던 만큼 이제 새로운 세대가 권력을 장악하게 되었다. 이 세대는 한국전쟁의 기억이 거의 없고 미국이라는 나라와 맺은 동맹의 가치에 대해 전반적으로 부정적이다. 2003년 2월 노무현 대통령이 취임했을 때 한국과 미국 대통령의 유일한 공통점은 나이와 부족한 국제적 경험뿐이었다. 부시 대통령이 2002년 김대중 정부 시절 한국을 국빈방문하기 전에는 한 번도 한국에 와본 적이 없었던 것과 마찬가지로, 노무현 대통령도 취임 이전에 미국을 한 번도 방문해본 적이 없는 최초의 한국 대통령이었다.

정치적 배경과 철학이라는 관점에서, 새로 당선된 한국 대통령과 측근들은 미국 대통령 및 측근들과는 완전히 정반대 입장에 있었다. 간단히 말해 한국 정치는 좌회전을 했고, 미국 정치는 우회전을 한 셈이었으니, 원만한 관계를 맺기 어려운 구조였다. 대사관 사람들 모두는 그 간극을 메우기 위해 초과근무를 해야 할 정도였다.

북한문제, 점점 더 커지는 이견

부시 대통령이 2002년 연두교서에서 북한을 악의 축이라고 규정했을 당시 한국은 1년 전에 대선을 치른 상황이었다. 악의 축이라는 표현이 미국인들에게 어떤 의미이든, 한국인들에게는 정치적 성향에 상관없이 충격적이었다. 이제 북한을 대적하기보다 포용하겠다고 했던 미국 지도자가 북한과의 대화를 진실로 원했다면 어떻게 그러한 발언을 할 수 있었는지 의아하게 생각했던 것이다. 또 미국이 또 다른 악의 축을 침략할 목표를 세우고 있는 것 같아 부시 대통령의 그러한 발언은 한반도에도 전쟁을 예고하는 것이라는 우려도 들끓었다.

김대중 대통령은 그 며칠 전 신년사에서 미국이 북한의 체면을 살려주는 표현을 하며 대화의 발판을 마련할 것을 촉구했다. 그런

데 새로운 미국 대통령에게 다시 한 번 묵살당했다는 생각이 드니 충격에 휩싸이지 않을 수 없었다. 다행히 부시 대통령은 같은 해 2월 방한하여 품위 있는 자세로 존경을 표하며 김대중 대통령과의 개인적인 관계를 다시 회복했다. 또 미국은 북한을 침략할 의도가 없다고 선언함으로써 국민들의 불안을 어느 정도까지는 누그러뜨렸다. 하지만 북한에 대한 인식이 서로 다른 데다 대화의 추진 속도에서 좌절감을 느꼈고, 클린턴 시대 핵 동결 파기 등의 일로 한미 관계는 마찰을 빚었다. 이는 내 임기가 끝난 다음에도 계속되었다. 새로 취임한 노무현 대통령은 자신이 가장 두려워하는 것 중 하나는 미국이 북한을 공격할지도 모른다는 점이라고 종종 말했었다.

상승하는 민족주의

한국의 민족주의는 2002년 두 번의 국제 스포츠 경기 때 극에 달했다. 바로 솔트레이크 동계올림픽과 한일 월드컵 경기다. 쇼트트랙 스피드스케이팅 경기에서 한국 선수가 분명히 우승을 했는데도 불공정한 판정으로(호주 심판이었음) 일본 출신의 미국 선수 아폴로 안톤 오노가 승리한 사건이 일어났다. 즉시 인터넷에는 한국인들의 분노에 찬 (때론 위협적인) 글이 가득했고, 같은 시기에 있었던 미국 대통령 방한 기사는 거의 묻혀버렸다. 내가 임기 동안 겪은 가장 인상 깊었던 경험 중 하나다.

며칠 후 나는 한국 국방대학교에서 미국 대통령 방문에 관한 질문에 답을 하는 강연이 있었다. 나는 이 강연을 하면서 스포츠와 한국인의 민족 자긍심 간 관계에 대해 소중한 교훈을 얻었다. 질문 받는 시간이 되었는데 모든 질문이 온통 오노 사건에 관한 것이었다. 나는 우승자를 결정한 사람은 미국인이 아니라는 점을 강조했고, 지식인들, 정부와 군의 고위관리들이 모인 이 자리에서 '모호한' 스포츠 얘기보다 더 중요한 문제에 대해 이야기를 나누자고 주장했다. 그러자 청중의 반응이 어찌나 적대적이었던지 썩은 계란과 벽돌 조각 세례를 맞으며 단상에서 퇴장당할 수도 있다는 생각이 들 정도였다. 스포츠는 정말 이해하기 힘든 것이다.

다음날 기업인들과의 모임에서도 똑같은 질문이 들어오자, 나는 기지를 발휘했다. 중요한 경기에서 억울하게 진 한국 선수와 국민들이 얼마나 많은 실망감을 느꼈을지 짐작이 간다고 유감을 표현했다. 내가 이처럼 한국의 민족주의와 정서를 인정하고 나니 기립박수를 받기까지 했다. 그리고 나서 무역과 북한에 관한 정책 토론으로 넘어갈 수 있었다. 나는 나머지 임기 동안에도 논란의 소지가 있는 문제를 발표할 때마다 이 경험을 떠올렸다.

아폴로 오노 사건은 월드컵으로 번져나갔다. 국가 자긍심, 홈경기라는 이점, 훌륭하게 훈련받은 팀의 요소가 조화를 이루어 한국

은 4강에 진출하는 놀라운 결과를 만들어냈다. 미국과 한국 팀이 세계 최상급 경기에 참여하여 모두 좋은 성과를 거두었다는 것은 (미국도 역대 최고의 결과를 냈다) 한국에 머무는 동안 아내와 내가 경험했던 커다란 기쁨 중에 하나였다.

우리는 시청 광장 근처에 살았기 때문에 대형 스크린으로 경기를 보려고 모여든 100만 명 이상의 '붉은 악마'들이 쏟아내는 함성과 응원에 말 그대로 둘러싸여 살았다. 이탈리아에 극적인 승리를 거둔 날, 아내와 빨간 티셔츠를 꺼내 입고 행복감에 도취된 군중의 무리에 합류했다. 미국과 한국이 동시에 16강에 진출할 수 있다는 생각에 한미전 1-1 무승부 결과도 만족스러웠다. 한국의 공격수가 동점 골을 기록한 후 아폴로 오노 선수 흉내를 냈을 때 한국 군중들로부터 터져 나온 엄청난 함성소리에도 우리는 그 만족감 그대로 젖어있었다. 하지만 고백하건대, 미국이 한국이 아닌 다른 나라와 경기를 하고 있는데 한국 사람들이 미국을 겨냥한 야유 섞인 함성을 보낼 때에는 응원부대에 끼어있던 우리 부부와 많은 미군 병사들은 그저 어리둥절해질 수밖에 없었다.

비극

한국 언론의 관심이 2002년 월드컵 개막식에 온통 쏠려있을 때, 그보다 며칠 전 서울 북쪽 의정부 근교의 미 훈련 센터 부근에서 여중생 2명이 미군 장갑차에 치이는 비극적인 사건이 있었다. 이 일로 인해 반미감정은 점차 피어오르기 시작했다. 이것은 한국전쟁 이후 미군과 한국 민간인 사이에 있었던 사고 중 가장 큰 일이었다.

당시 부임 초기였던 리언 라포트 주한 미군 사령관과 나는 이 사건이 한미 관계에 미칠 파괴적인 영향을 곧바로 인식하고 곧 공개 사과를 했다. 이어 사과, 장례식, 보상금 등 유가족을 위로하기 위해 우리가 할 수 있는 모든 것을 다했다. 당시 언론들은 월드컵 경기에 치중해있었던 터라 이 끔찍한 사건은 약 2주일 뒤 축구 경기가 막을 내린 뒤에야 큰 뉴스로 부각되기 시작했다. 그때는 우리가 진작 했던 사과는 거의 잊힌 상태였고, 이 비극적인 사건에 대해 미국이 냉담하게 대처하고 있다는 비난을 받고 있었다. 이 사건에 연루된 미군이 한국 당국에 기소되지 않았다는 사실이 밝혀지자 2년 전에 개정했던 SOFA(한미주둔군지위협정)를 다시 개정해야 한다는 항의가 거세게 일었다. 또한 미국 대통령의 사과를 요구하는 운동이 전국적으로 일어났다.

내가 이 사건을 다루던 방법에 가장 큰 후회가 드는 점은 사건이 발생한 직후 바로 미국 대통령의 사과를 강력히 밀어붙이지 않았던 점이다. 라포트 사령관과 나는 워싱턴의 최고위급 관리들이 성명을 발표하라고 권했다. 하지만 일이 금방 이루어지지 않자 우리는 한국에서 할 수 있는 일로 신경을 돌렸다. 지금 생각하면 사고가 일어난 후 2주일 동안 월드컵 경기가 끝날 때까지 국민의 분노가 표출되지 않았기 때문에 우리가 초기 대응을 잘못했던 것 같다.

나는 당시 워싱턴에 있는 한국 특파원들이 대통령의 직접적인 사과는 아니더라도 백악관 대변인의 사과 정도는 끌어낼 질문을 할 것이라고 기대하고 있었다. 그런데 그렇지 않았던 것이 아직도 의아하다. 좌우간 한국 국민들은 거세게 항의하며 들고 일어났다. 그리고 장갑차를 몰았던 두 명의 미군이 기소되기만 하고, 결국에는 군법회의에서 무죄판결을 받자, 대통령의 사과도 아무런 소용이 없었다. 국민들은 매일 밤 촛불 시위를 벌여 희생된 어린 소녀들을 애도하고 이 비극적인 사건의 책임자를 단 한 명도 잡아들이지 못한 미국 사법 제도에 분통을 터트렸다. 찬미 단체가 대항 시위를 벌이기도 했으나 당시 서울을 압도하고 있던 반미 분위기를 약화시키기에는 역부족이었다. 성조기를 불태우거나 서울에 사는 미국인들을 위협하고 공격하는 행위를 낳기도 한 촛불 시위는 2002년 12월 한국의 대선 운동이 한창일 때 최고조에 달했다.

부시-노무현 시대

국민들은 여중생 치사사건을 다룬 미국의 태도에 분통을 터트렸고 이것은 노무현 대통령 당선에 결정적인 역할을 했다. 노무현 후보가 이 문제에 대해 특별하게 유세를 벌였던 것은 아니지만, 선거 준비 기간 동안 외면당했던 한미 동맹에 뭔가 변화를 추구하려는 사람이라는 것을 한국과 미국 모두 분명히 느꼈다. 선거운동이 막바지에 접어들 무렵 노무현 후보의 경쟁자, 보수파 이회창 후보가 촛불 시위에 참여하고 대통령 사과와 SOFA 개정을 요구하는 탄원서에 서명했다는 사실을 아는 한국인은 거의 없을 것이다(이 후보는 그의 불쾌감을 표현하기 위해 나를 불러 회담을 여는 큰 행사도 벌였다).

이 문제에 대한 개인적인 생각이 있었겠지만 노무현 대통령은 선거 후 평정을 원했다. 다음날 그는 나와 회담을 열어 동맹관계를 계속 지지할 것임을 분명히 밝혔다. 노무현 대통령이 취임한 직후 도널드 럼즈펠드 미 국방장관이 주한 미군의 규모와 배치 지역에 상당한 변화를 주겠다는 계획을 발표한 것에 대해 대부분의 한국인들이 놀랐을 것이라 생각한다. 일부 보수 인사들은 미국이 변화를 추진하는 이유가 반미시위와 한국에서 한때 반미주의자였던 인물이 대통령에 취임한 것을 미국이 언짢게 생각하기 때문이라고 주장했다. 사실 미국이 주한 미군을 감축하려 한 이유는 한국 정치 상황과 관련되어 있다기보다 미군을 좀 더 합리적으로 만들고자 했던 럼즈펠드 장군의 의도가 있었고 다른 지역에서 미군이 더 필요했기 때문이었다. 내 생각으로는 그렇게 하는 것이 옳은 방법이었지만, 우리가 좀 더 용의주도하게 일을 처리했어야 했다.

우리 시대의 기자들은 부시-노무현 대통령 시대가 한미 관계의 최저점이라고 기술한다. 역사가들이라고 양국의 관계에서 두 대통령의 영향을 더 긍정적으로 평가할 것 같지는 않다. 물론 북한은 줄곧 상황을 악화시키는 주범이었고 한반도의 영원한 평화를 위해 노력하는 일은 장기적인 도전 과제일 것이다. 남북한의 근본적인 문제에 한미가 공동 정책을 추구하는 것은 앞으로의 탄탄한 관계를 위해 무척 중요하다. 하지만 우리 두 정부는 함께 일한 많은 부분에서 언론에 일반적으로 비쳐지는 것보다 더 많은 성공을 거두었다고 생각한다. 노무현 대통령의 정치적 배경을 고려하면, 그가 동맹 관계를 완전히 수용하는 것은 매우 중요했다. 노무현 대통령과 새로운 세대의 지도자들이 우리와 세계관을 완전히 공유하지 않고, 다른 정치 지도자들이 하는 것처럼 외국인으로서는 이해하기 힘든 방식으로 자신들의 국내 지지기반에 연설을 할 때도 있다. 하지만 나는 그들이 현실적인 권력에 승차한 것이 한미 동맹을 지지하는 저변을 확장시키는 효과를 낸다고, 미래를 위해 뭔가 좋은 징조가 될 것이라고 믿는다.

한국은 테러 대항에 힘껏 지지해주었고, 특히 노무현 대통령은 지지자들의 반대에도 불구하고 3,000명의 부대를 이라크에 파병하는 결정을 내렸다. 이는 비록 미국 국민들에게는 그 가치만큼의 인정을 받지 못했지만 매우 중요한 것이었다. 양국의 정부가 군사 관계에 신기원을 열겠다는 의지를 보인 것은 높은 평가를 받을 만하다. 게다가 우선적인 일과 능력이 무엇인지 새로이 인식했으니, 수십 년 만에 미군을 재배치하는 일이나 미군이 맡은 역할과 임무를 잘 진척시켜 나가고 있는 셈이었다. 그 과정이 항상 평탄했던 것은 아니었지만, 미군을 감축하고 미군 기지와 훈련장을 통합하는 것은 앞으로 미군이 주둔하는 데 도움이 될 것이라고 확신한다.

우리는 전략적 유연성에 합의를 보았고 전시작전통제권 전환을 위한 작업을 할 것이다. 회담의 주제를 확대해나가면서 우리는 동맹

관계를 강화하겠다는 공동 결의 및 세계 문제에 힘을 모으겠다는 의지를 반영하는 새로운 전략적 대화를 시작했다. 노무현 대통령은 유엔 사무총장 자리에 한국인 후보자, 나의 좋은 친구이자 동료인 반기문을 추천하겠다고 결정했다. 한국이 세계를 무대로 좀 더 큰 역할을 하겠다는 의지로 보이는 것 같아 몹시 반가웠다.

부시와 노무현 대통령이 FTA(자유무역협정)를 추진한다는 용기 있는 결정을 내린 것에 역사가들은 분명히 호평을 할 것이다. 사실 FTA 합의 발표로 나는 한미 관계를 더욱 긍정적으로 보게 되었다. 양국 입법부의 지원 속에서 FTA는 양국에 실질적인 경제적 이익을 가져다줄 뿐만 아니라 중요한 차원의 전략적 파트너십이 될 것이다.

이 글을 쓰는 지금 한미는 6자회담을 통해 북한문제에 대한 새로운 합의를 이끌어내기 위해 함께 작업을 하고 있다. 만약 한미 간이 주요 사안을 놓고 같은 노선을 걸을 수 있다면 아울러 우리 국방관계의 현대화를 성공적으로 완수할 수 있다면, 그동안의 힘겨웠던 시기도 나중에 돌이켜 보면 미래의 더욱 굳건한 동맹으로 나아가기 위한 필수불가결한 과도기가 될 것이다.

Chapter 11

한승주
(2003~2005년)

한승주 대사는 현재 아산정책연구원 이사장과 서울국제포럼 회장을 맡고 있다. 서울대학교 외교학과를 졸업하고 캘리포니아 버클리대학교에서 정치학 박사학위를 받았다. 외무부 장관(1993~1994년), 유엔 사무총장의 사이프러스 특사(1996~1997년), 유엔 르완다 인종학살 조사위원(1999년), 동아시아비전그룹 의장(2000~2001년), 주미 한국 대사(2003~2005년)를 거쳤다. 고려대학교 총장을 역임했으며 정치외교학과 명예교수를 지냈다. 또한 고려대학교 일민국제관계연구원 원장(1995~2002년)을 맡은 바 있다. 뉴욕시립대학교 교수(1970~1978년), 컬럼비아대학교(1986~1987년)와 스탠포드대학교(1992년, 1995년) 방문교수, 록펠러형제 기금 특별연구원이기도 하였다. 저서로는 《글로벌시대의 한국외교(Korean Diplomacy in an Era of Globalization)》, 《변화기의 한국(Korea in a Changing World)》, 《아시아의 변화하는 가치(Changing Values in Asia)》가 있다. 그 외에 《남과 북, 그리고 세계》를 포함하여 한국어로 쓴 많은 저서가 있다.

· 2005년 2월 초, 22개월간의 주미 대사직을 마치고 워싱턴을 떠날 준비를 하고 있었다. 대사로서의 마지막 공식 활동은 2주 전 조지 W. 부시 2기 행정부의 국무장관으로 취임한 콘돌리자 라이스 장관에게 작별을 고하는 일이었다. 라이스 장관은 2005년 1월 26일 취임한 후 바로 유럽과 중동의 9개국 공식 순방길에 올랐기 때문에 그 이전에는 만날 기회를 갖지 못했다.

이제 기회가 찾아왔다. 처음에 미 국무부 방문 일정을 잡을 때 수행해야 할 3가지 특정한 목적이 있었다. 우선 새로운 국무장관을 만나기 위해 온 한국 외무장관 대동하기, 둘째 최근에 일어난 북한의 핵무기 보유 공식선언 문제 토론하기, 셋째 국무장관에게 공식적으로 작별 인사하기였다.

예상대로 회의는, 바로 며칠 전에 있었던 북한의 핵무기 보유 공식선언에 어떻게 대처할 것인가를 위주로 진행되었다. 한국의 외교통상부 장관은 북한의 주장을 액면 그대로 받아들일 필요가 없다고 주장했다. 북한이 미국의 관심을 끌고 미국을 양자 협상 테이블로 불러내기 위해 엄포를 놓고 있는 것 같다고 했다. 어느 경우든, 미 외무장관은 우리가(미국을 의미) 과잉 대응을 해서는 안 된다고 강조했다. 북한의 핵무기는 나머지 세계에 큰 위협이 아니므로 미국은 과잉 대응을 해서는 안 된다는 것이 2002년 10월 두 번째 핵 위기가 발생한 이후 한국이 취해온 입장이었다. 실제로 2003년 2월 취임 이후 노무현 대통령의 주요 관심사는 북한이 핵무기 능력을 키우느냐가 아니라 미국이 정밀 타격 같은 방법을 써서 북한을 공격하고 한반도에 군사 분쟁을 일으킬 가능성이었다.

이번에는 라이스 장관이 우리가(미국과 한국 둘 다를 의미) 긴장된 상황을 가볍게 넘겨야 한다고 말했다. 다시 말해 북한이 쓰는 '조금씩 공포로 몰아넣기' 작전에 휘말리지 말자는 것이다. 미국이, 특히 라이스 장관이 북한의 선언을 큰 이슈로 부각시키는 것을 원하지 않는다는 것은 이해가 갔다. 국무장관이 되기 전 국가안보보좌관으로서 활약했던 라이스 장관을 포함한 미국 측은 북한 핵문제에 초점을 맞추어왔다.

특히 미 행정부는 2002년 10월 북한이 '은밀히 추진한 우라늄 농축' 사건을 놓고 북한과 맞섰다. 북한이 우라늄 농축 프로그램에 대한 사과를 거부하자, 미국은 1994년 10월 제네바합의에서 중유를 매달 공급하기로 한 규정을 보류했다. 이에 북한은 핵 프로그램(북한이 핵 프로그램을 보유한다고 실제로 인정했는가는 여전히 논란이 되고 있다)과 (폐연료 재처리 과정을 통해) 플루토늄을 추출하는 데 쓰이는 5메가와트 원자로를 다시 가동시켰다. 그 이후로, 미국은 '완전하고(comfortable), 검증 가능하며(verifiable), 돌이킬 수 없는(irreversible) 핵 폐기(dismantlement)', 이른바 CVID를 주장하며 북한이 이 문제를 실토하도록 압박해왔다. 미국은 북한의 핵 프로그램이 플루토늄형이든 우라늄 농축형이든 상관없이 CVID방식을 주장했다.

북한 핵문제에 대한 미국의 정책은 겉보기엔 강경한 듯하지만, 사실 미국은 북한이 핵문제 합의를 거듭 위반해도 속수무책이라는 사실을 덮고 숨기는 것뿐이었다. 북한이 가상의 금지선(예를 들어 원자로 재가동이나, 폐연료 재처리, 심지어 핵무기 보유 선언)을 넘었을 때, 미국은 북한과 협상을 할 수도 없었고 강경책을 끝까지 펼칠 수도 없었다. 사실 미국은 금지선을 긋거나 무엇이 금지선에 해당한다

고 구체적으로 명시하려 들지 않았다. 내가 들은 바에 의하면, 미국이 북한에 대해 금지선을 구체적으로 밝히거나 어떤 시한을 설정하지 않아온(사실은 그러지 못해온) 이유는, 만일 그런 특정한 금지선을 그어둔다면 북한은 결국 그 선을 넘을 것이라고(시한 설정도 마찬가지다) 전문가들이 확신했기 때문이다. 만약 북한이 그 선을 넘는다 하더라도 미국은 어떤 대응조치를 취할 수 없을 것이고, 따라서 종이호랑이로 비쳐질 것이다. 미국은 이미 2003년 이후로 이라크문제에 얽매여 온 데다, 한국 같은 '동맹'과 중국 같은 '우방국'들이 섣불리 행동하지 말 것을 촉구했기 때문에, 북한을 다루는 데 쓸 만한 방안을 갖고 있지 못했다. 북한은 이러한 궁지에 빠진 미국의 상황을 이용한 것이었다.

따라서 내가 주미 대사직을 떠나며 작별 인사를 위해 콘돌리자 라이스 국무장관을 찾아갔을 무렵, 한국과 미국의 입장은 일치하고 있었다. 미국은 부시 행정부 전반기 강경책이 사실상 북한이 핵무기 보유국이 되지 못하도록 막는 데 실패했다는 사실을 인정하고 싶지 않았다. 그렇다고 해서 북한의 핵무기 보유를 절대로 용인하지 않겠다는 등 실제로 감당할 수 없는 약속을 하고 싶지도 않았다. 북한의 핵무기 보유 선언이 얼마나 도발적이고 위험하게 들렸는지를 떠나 한국은 국제 사회, 특히 미국이 북한의 핵 보유 선언에 대해 과잉 대응하지 않기를, 아니면 어떤 대응도 하지 않기를 원했다. 그렇기에 북한의 핵무기 보유 선언에도 미국이 걱정 없이 편안하게 있는 것을 보고 너무나 기뻐할 뿐이었다.

하지만 그러한 상황에서 두 정부가 마냥 가만히 있는 것처럼 보일 수는 없었다. 양측이 합의할 수 있는 최선의 방책은 그날 있었던 미국 국무장관과 한국 외교통상부 장관의 회담과 같은 가시적인 고위급 회담을 여는 것이었다. 실제로 두 정부는 6자회담에 참여한 정부 관리 간의 회담 전체 일정을 계획했다. 단, 참가국은 6자회담에 참여한 일본·중국·러시아·미국·한국까지였고 북한은 제외되었다. 한국 외교통상부 장관이 회담 일정을 줄줄이 잡자 라이스 장관이

"달력식 외교(calendar diplomacy)가 되겠네요?"라고 웃으며 말했다.

1993~1994년 북한의 첫 번째 핵 위기가 발생했을 때 나는 한국에서 외무부 장관을 했었기 때문에, 이 고위급 회담이 시행되는 방법에 불만이 없었다. 그보다 북한에 접근하는 방식이나 북한의 핵무기 공식 선언에 대응하는 방식에서 긍정적인 합의를 보는 것이 중요하다는 생각이 들었다. 외무부 장관 시절 미국 측과 회담을 하면, 우리는 앞으로의 회담을 언제 어디에서 개최할지에 대한 세부 사항을 굳이 정해놓지 않았다. 대신 회담은 현실적이고 실질적인 반응을 고안하는 브레인스토밍 작전에 가까운 것이었다.

우리는 두 나라가 아무것도 하지 않을 경우 어떤 위험이 초래될지, 이 중요한 상황에 어떻게 함께 접근할지, 그리고 의미 있으면서도 효율적인 대응을 어떻게 할지 논의했다. 그렇지만 그 무렵엔 북한 또는 핵문제를 어떻게 다루어야 할지에 대한 브레인스토밍이 잘 되지 않았다. 이는 당장 미국과 한국이 함께 아니면 각자라도 추구할 수 있는 선택사항이 별로 없다는 생각에 서로 멀어졌기 때문이거나 아니면 양측이 극도로 다른 기질·이념·배경을 가져 함께 일할 수 없었기 때문이었다.

사실 두 나라의 회담은 어느 급이든 적수와의 협상이나 조화를 가장한 허울에 가까웠다. 아이러니하게도 북한이 핵무기를 보유하고 있다고 선언할 때에만 한미 두 나라는 다시 친해져 공동 대책(변변치 않았지만)을 마련했다. 하지만 공동 대책을 내놓는 이유는 두 나라가 매우 달랐다.

하지만 내가 보기에 회담은 완전한 실패는 아니었다. 회담이 열렸을 때는 3년간 주한 미국 대사를 수행했던 토마스 허바드 대사가 서울을 떠나고 부시 행정부가 아직 후임을 정하지 않은 상태였다. 한국 정부는 허바드 대사에 이어 유능한 사람이 임명되길 바랐다. 반기문 장관은 그 자리에 적합한 인물을 빨리 찾으라고 라이스 장관을 재촉했다. 라이스 장관은 내가 주미 대사직이 끝나가는 걸 알고 내게 와서 웃으며 말했다.

"그 자리에 관심 있으세요?"

혹시라도 이 말을 오해하는 독자가 생기지 않도록, 농담이라는 것을 강조해야겠다. 나 역시 "한국에선 이미 내가 미국 대사가 된 것으로 알 걸요"라고 농담으로 답을 했다.

시작

주미 대사직은 그리 만만한 일이 아니었다. 한마디로 말하자면 나는 대북정책에 있어 미국의 강경책과 한국의 온건책 사이에 끼어 있었다. 외무부 장관이었을 때와는 완전히 반대의 입장이었다. 그때에는 강경한 한국 대통령과 수용적인 미국 행정부 사이에 있었다. 그렇다고 2003년 3월 노무현 대통령의 주미 대사 제안을 받아들였을 때 내가 가고 있는 방향을 몰랐다는 건 아니다. 그 당시 우리는(미국과 좋은 관계를 유지하는 것이 중요하다고 생각했던 많은 한국인들) 한미 관계가 새 대통령, 노무현과 험난한 시작을 하게 될까 걱정이었다.

노무현 대통령이 미군의 여중생 치사 사건으로 촉발된 반미 시위에 힘입어 당선되었다는 것은 다 아는 사실이다. 노무현 대통령의 지지자들은 미국과 주한 미군을 비난하는 촛불 시위·집회·시위운동으로 반미 감정을 극단으로 일으키며 그 사건을 이용했다. 전임 대통령과 다르게 한국전쟁 당시 네 살이었던 노무현 대통령은 전쟁을 몸소 체험한 기억이 없고 공산주의가 침입한 한국을 미국이 도와준 것에 대한 고마움을 잘 모른다. 사실 당선되고 취임하기 전 노무현 대통령이 했던 말이 잊히지 않는다.

"반미주의면 어때요?"

나는 그의 생각에 찬성하지 않았고 그를 뽑지도 않았다. 이것은 노무현 대통령도 잘 아는 사실이다. 그러면 왜 노무현 대통령은 내게 대사직을 권했고 나는 또 왜 받아들였는가? 노무현 대통령이 나를 지목한 이유라든가 나를 추천한 사람 등은 명확히 모른다. 하지만 짐작할 수는 있다. 노무현 대통령 취임 당시 재임 중이었던 대사는 그의 전임 김대중 대통령에 의해 임명되었고 김대중의 햇볕정책

전향자였다. 하지만 바로 그 이유 때문에 조지 W. 부시 행정부와 일하면서 업무 효율성에 한계가 있었다. 노무현 대통령은 미국과 좋은 관계를 맺고 있을 것 같은 사람을 임명하고 싶었을 것이다. 또한 한반도에 군사 분쟁을 막는 것이 절대적으로 중요하다는 자신의 의견을 공유할 수 있는 사람을 원했던 것이다.

그리하여 나는 노무현 대통령의 미 대사로서 할 일이 많았다. 그 중에서 특히 중요한 두 가지가 있었다. 하나는 노무현 대통령이 반미주의자가 아니고 미국과 좋은 관계를 맺고 싶어 한다는 인식을 부시 행정부에 심어주는 것이었다. 또 하나는 미국이 북한의 핵 프로그램에 과잉 대응하거나 북한을 공격하여 한반도에 무력 충돌을 일으키는 일이 없도록 하겠다는 확답을 받는 것이었다. 노무현 정권은 지미 카터 전 대통령이 평양을 방문하여 김일성 대통령을 만나 북미 대화를 재개할 약속을 잡지 않았다면, 미국이 1994년 영변을 공격하기로 결정했을 것이라고 믿었다.

2003년 4월 20일 워싱턴에 도착하자마자 맡은 임무는 5월 노무현 대통령의 방미일정을 계획하는 것이었다. 다음은 2003년 4월 20일자 〈뉴욕 타임즈〉의 하워드 프렌치 기자가 서울에서 나의 임무에 대해 쓴 글이다.

> 한국 대통령이 지난 번 워싱턴을 방문했을 때 부시 대통령은 취임한 지 얼

마 안 된 상태였고, 김대중 대통령은 노벨평화상을 받은 원로정치인으로 북한을 포용하는 자신의 정책을 미국인들이 확실히 지지할 것이라고 생각했다. 하지만 미국은 김대중 대통령에게 북한 지도자 김정일은 신뢰할 수 없는 사람이며 깊은 상처를 지닌 사람이라고 설명할 뿐이었다. 그 결과 두 사람은 공감대를 형성하지 못했고, 오랫동안 유지했던 두 나라의 동맹 관계가 흔들렸다.

다음달, 새로 당선된 노무현 대통령이 워싱턴을 방문할 예정이다. 그 전에 새로 부임한 한승주 대사가 먼저 도착할 것이다. 한국과 미국에 있는 한국 전문가들은 "한 대사를 임명한 것은 외교적 파국을 피하겠다"는 결심을 반영하는 것으로 보고 있다.

첫 번째 정상회담

나는 나의 임무가 무엇인지 또 그것이 어려울 것이라는 점을 잘 알고 있었다. 부시 대통령은 북한을 '악의 축'으로 낙인찍었다. 노무현 대통령은 '불공평한' 한미 관계를 공개적으로 비판했다. 그럼에도 불구하고 회담은 성공적으로 끝나야 하는 분위기였다. 무엇보다도 두 대통령은 2년 전의 비극을 되풀이하지 않고 자신들의 첫 번째 정상회담을 성사시키고 싶어 했다.

사실 노무현 대통령의 방미 계획 한 달 전, 부시 대통령의 아버지, 조지 H. W. 부시 전 대통령이 노무현 대통령이라는 사람을 판

단하기 위해 서울을 방문했다. 물론 자신의 아들이 어떤 사람이라는 것도 말해주었다. 아버지 부시는 둘 다 솔직하고, 망설임이 없고, 가식적이지 않고 개성 있다는 점이 꼭 닮았기 때문에 둘이 확실하게 죽이 잘 맞을 것이라고 확신했다.

"제 아들을 잘 알지요. 사실 그대로 솔직하게 말하면 됩니다. 부시 대통령은 그런 방식을 좋아하니까 그렇게 하면 원만하게 지내게 될 거예요."

전 미국 대통령이 큰 용기를 불어넣어 주었다.

드디어 두 대통령이 실제로 만난 자리, 그들은 서로를 기쁘게 해주고자 노력하는 건 아니지만 적어도 상대방에게 유쾌하게 대하려고 애를 썼다. 노무현 대통령은 미국이 한국의 안보에 미치는 공헌을 인정하고 감사를 표했다. 그리고 부시 대통령이 북한 정권을 비하했던 발언에 불쾌감을 드러내지 않았다. 한편 부시 대통령은 미국이 한반도의 평화·안보·비핵화를 위해 노력하겠다는 공약을 다시 한 번 공고히 했다. 부시 대통령이 노무현 대통령을 "함께 이야기 나누기 쉬운 사람"이라고 한 것은, 비록 국내에서는(노무현 대통령의 지지 당원들) 노무현 대통령이 미국의 압력에 쉽게 굴복했다는 증거라고 비판했지만, 서로 진심으로 대했음을 반영하는 것 같다.

한미 양국은 적절한 시기에 양자 관계를 개선했고 예전의 관계를 회복했다. 한국은 이라크에 군대를 파병하여 미국과 영국에 이어 세 번째로 큰 파병국이 되었다. 두 정부는 주한 미군의 재배치문제에 합의를 보았다. 한국은 주한 미군 문제에 대하여 전략적 유연성 원칙을 받아들였다. 또한 2012년까지 한국군에게 전시작전통제권을 이양하기로 합의했다. 노무현 대통령은 임기가 끝나기 전에 미국과 자유무역협정의 협상을 마치기로 했다.

노무현 정부의 참모진에는 좀 더 독립적이고 균형 잡힌 한미 관계를 만드는 일에 몰두하고 있는 사람들(워싱턴에서는 이들을 '탈레반'이라고 부르기도 했다)이 많았다. 전반적으로 부시 행정부는 미국과의 관계를 이끌어나가는 데 있어 "말보다 행동이 낫다"라고 평가했다. 사실 노무현 정부는 이라크 파병에 대한 정부의 결정을 받아들이자고 국회를 설득하기가 더 좋았다. 왜냐하면 가장 격렬하게 반대하고 있는 사람들은 노무현 대통령 자신의 정치 지지자들이었기 때문이었다. 파병동의안을 국회에 보내면서 노무현 대통령은 비록 자신도 이라크전쟁의 정당성에 전적으로 동의하지 않지만 미국과의 동맹관계를 위해서 반드시 파병을 해야 한다고 말했다. 그런 말이 워싱턴 입장에서 달갑지 않았지만, 부시 대통령으로서는 한국에서 논란이 심했던 결정을 내리기 위해 필요했던 수사법으로 받아들이고 이해할 수밖에 다른 도리가 없었다.

북한 난제

이라크 파병에 협조했음에도 불구하고 워싱턴과 서울은 노무현 정권이 끝날 때까지 북한을 다루는 문제를 놓고 어찌해야 할지 모르고 있었다. 2007년 2월까지 부시 행정부는 북한과 핵문제에 대해 강경책을 굳게 고수했다.

처음에 부시 정책팀은 1994년 제네바합의에서 드러난 클린턴 행정부의 방식을 비판했다. 부시 대통령은 악의 축에 있는 나라와 양자 회담을 열지 않을 것이며 미 행정부 역시 북한이 하는 나쁜 행동에 대해 '보상'하지 않겠다고 했다. 2003년 리비아에 했던 방식대로 북한 핵문제를 한 방에 날려버릴 해결책을 고집했다. 이와 대조적으로 노무현 대통령의 관점은 북한이 핵 프로그램을 개발한 이유가 미국의 압도적인 군사력과 번영하는 한국에 직면하여 안보 불안감을 느꼈기 때문이라고 여겼다. 노무현 대통령은 사석에서도 공개적으로도 이렇게 주장했다.

"만약 불안감의 원인이 제거된다면 북한은 핵무기와 핵무기 프로그램을 스스로 없앨 것입니다."

부시 행정부는 북한의 핵 위협을 보는 노무현 대통령의 '순진한' 시각을 어떻게 잘 해석해야 할지 난감해했다.

한편 노무현 정부는 부시 대통령의 완강한 대북 강경책을 받아들일 수도 이해할 수도 없었다. 두 정부의 180도 다른 견해는 양자 회담에서뿐만 아니라 한·미·일 3자 조정감독그룹과 같은 다자간 회담에서도 마찰과 언쟁을 유발했다. 더 심각한 문제는 이로 인해 오랜 시간 유지해온 동맹국의 신뢰와 우정에 금이 가는 것이었다.

2007년 2월 13일 상황이 극으로 치닫게 되자 미국은 태도를 일변했다. 양자 차원에서 북한과 협상하기로 결정한 것이다. 북한이 '선한 행동', 즉 핵무기와 재료·시설을 동결 및 해체한다면 그에 대한 보상을 하기로 결정했다. 하지만 핵 프로그램을 완전히 해체하지 않아도, 핵 개발 및 이양 활동을 완전히 신고하지 않아도, 부시 대통령은 북한을 테러지원국 리스트에서 빼고, 적성국 교역법 하에 북한과의 무역 제한을 없애고, 에너지·식량·안보를 보장하겠다고 발표했다.

북한을 포용하겠다는 노무현 대통령의 한국 정부는 부시의 정책 변화를 반겼다. 압박보다 포용이 북한 정권이 느끼는 불안감을 줄일 것이고 북한의 심정·정책·사회의 변화를 가져온다는 이유에서였다. 하지만 대북정책을 수렴하기 전에, 주미 한국 대사에게 주어진 임무는 의사소통 창구를 분명히 열어놓아 신뢰와 우정을 유지하고, 견해의 차이가 두 나라 사이에 오해나 의혹으로 번지는 것을 막으라는 것이었다.

2004년 12월 중요한 사건이 하나 일어났다. 노무현 대통령이 칠레 산티아고에서 열리는 APEC 정상회담에 참석하러 가는 길에 로스앤젤레스에 기착했을 때였다. 노무현 대통령은 세계문제협의회(WAC)에서 연설하면서 만류하는 보좌진들의 우려에도 불구하고 몇 가지를 지적했다. 그는 북한이 왜 핵무기를 가지려 하는지 알 것 같다고 말했다. 그리고 북한을 핵보유국으로 이끈 것은 안보 불안감 때문이며, 그것이 해소되면 스스로 핵무기를 포기할 것이라고 확신한다고 했다.

노무현 대통령의 말 뒤에 숨은 의도와 이유가 무엇이든 한 가지는 확실했다. 그 말로 워싱턴은 노골적인 화를 내는 것까지는 아니더라도 깜짝 놀라거나 큰 실망을 할 것이었다. 연설 후에 나는 노무현 대통령에게 부시 대통령과의 예정된 양국 정상회담에 참여하기 위해 산티아고로 갈 것이라고 말했다.

노무현 대통령은 정상회담이 열리기 전 브라질과 아르헨티나를 포함한 다른 남미 나라를 방문할 계획이었기 때문에, 나는 산티아고에 가기 전 워싱턴으로 돌아와 백악관 관계자들과 이야기를 나눌 시간이 있었다. 나는 워싱턴에서 회의를 하며 노무현 대통령은 한반도에서 전쟁이 일어날 가능성을 진정으로 깊이 걱정하고 있으며, 북한 핵문제가 서로 이득이 되는 방향으로 평화롭게 해결되기를 바라고 있다고 설명했다.

내 설명이 얼마나 효과가 있었는지는 모르겠으나, 어쨌든 우리는 노무현 대통령의 로스앤젤레스 발언 문제가 산티아고에서 열릴 한미정상회담에서 다시 거론되지 않는 것이, 한미 관계나 북한을 다룰 한미의 능력을 위해서도 좋겠다는 데 의견일치를 보았다. 부시 대통령도 그런 보고를 받았을 것이므로, 정상회담에서 노무현 대통령이 로스앤젤레스에서 했던 발언의 의미나 의도를 묻기는커녕 아예 언급조차 하지 않았다. 그런데 놀랍게도 노무현 대통령이 그것을 거론했다. 그는 자신의 발언이 부시 행정부의 정책을 비난하려는 의도가 아니었고 워싱턴의 일부 '초 강경파 논객'들에 의해 표현된 견해를 비판하려고 한 것이었다고 설명했다. 그러나 부시 대통령은 회담에 더 이상 그 문제를 논하지 않았다. 모든 참석자들은 안도했다.

정치와 외교

북한문제를 놓고 한국과 미국 사이에 생긴 엄청난 견해 차이를 극복하는 일 외에도 나는 한국과 워싱턴의 정치적인 문제를 다루어야 했다. 한국의 정치 상황에서는 예측 가능하고 정돈된 외교를 펼치는 게 불가능한 것이 사실이었다. 2004년 3월 워싱턴에 도착한 후 11개월이 지나 노무현 대통령은 국회에서 탄핵되었으나 나중에 헌법재판소에서 기각되었다. 이 사건으로 한국은 2개월간 대통령 자리에 공백이 생겼다. 이 공백 기간은 미국을 상대하는 한국 외교에 득실양면의 기간이었다. 하지만 워싱턴에서 근무한 22개월의 대부분은 참견하기 좋아하는 청와대 앞에서 외교통상부는 크게 주눅 든 상태로 일해야 했다. 과거 외무부 장관을 지낼 때에는 외무부가 정책을 만들고 실행 전략을 지키는 중심에 있었기 때문에 그러한 상황이 낯설었다.

워싱턴이라고 좋은 상황은 아니었다. 콜린 파월 국무장관이 이끄는 국무부는 부통령과 정책 차이가 있고 때로는 도널드 럼즈펠드 국방장관이 이끄는 국방부와도 이견이 있었다. 심지어 국무부 내에서도 존 볼튼 국무차관이 맡은 핵 비확산 사무실이 북한에 대한 강경 입장을 고수하여 정책분립이 생긴 것 같았다. 국내에서도 미국 정부 내에서도 정책 대립이 존재하는 이러한 환경에서, 한국 대사가 두 나라 정부에서 각각의 당을 거스르지 않고 어떤 정책을 지지하기란 참 어려웠다. 그러므로 내게는 정당과 부처들의 이념적 대립을 멀리하고, 가능한 한 합리적·실용적으로 입장과 방안을 정립하며, 두 정부 내의 각 정당과 단체들이 함께 일하도록 격려하는 것이 중요했다.

의회의 상·하원과 상대하는 것도 마찬가지였다. 의회 의원들이 특히 관심을 쏟는 한국 관련 주제는 무역과 북한의 인권이었다. 무역에 있어서는 쇠고기와 자동차를 생산하는 주의 의원들이 시장 자유화와 한국과의 '대등한 무역'을 완강하게 주장했다. 나는 불만·요구·호소를 한국 정부에 전하는 메신저 역할에다가 무역 소송과 벌금 부과와 같은 일이 생겼을 경우 해결사 역할까지 도맡았다.

북한의 인권문제에 있어 대사가 미국 의회 의원이 우려하는 바를 완전히 파악했다 해도, 인권문제 제기 자체의 가능성과 제기 범위의 한계를 설명해야 한다.

또한 북한의 인권을 공개적으로 철저하게 알릴 필요성과 인권·핵문제 같은 민감한 사안에 대해 역효과를 줄여 효율적으로 대처할 필요성 사이에서 균형을 잘 잡아야 한다. 북한은 인권을 강화하라는 요청을 정권 자체를 종말하려는 압력으로 간주하기 때문에, 외부의 인권 압력에 크게 관여하지 않는 소련이나 중국보다 훨씬

더 민감하고 저항적이다.

해외로부터 온 약 150명의 대사들은 일정 기간 동안 워싱턴에 둥지를 틀고, 다양한 명분으로 일을 한다. 이들은 그 나라의 가장 유능한(가장 연장자일 수도 있음) 외교관이거나 정치적인 영향력이 큰 사람이거나, 지도층의 가까운 지인이거나, 아니면 학식이 뛰어나고 존경받는 사람이거나, 혹은 이 몇 가지가 조화를 이룬 사람이다. 워싱턴의 외교관 사회는 규모가 큰 데다 배경이 다양하고 각자 일정이 바빠서 다른 나라에서처럼 결속력이 대단한 그런 그룹은 아니다. 하지만 나는 많은 대사들과, 특히 아시아와 유럽 출신의 대사들과 개인적인 친분을 쌓을 수 있었다.

그중에서도 아시아 학술연맹에서 수 년 동안 알고 지낸 찬헹치 주미 싱가포르 대사의 도움을 많이 받았다. 내가 워싱턴으로 오기 전 4년 동안 주미 대사를 지냈던 터라 나를 다른 나라의 대사들에게뿐만 아니라 언론계, 비정부 조직, 기업, 행정부 및 의회의 주요 인물들에게 소개시켜주었다. 그 밖에도 나는 중국·일본 대사 및 ASEAN 대사들과도 친밀한 관계를 유지했다. 우리는 주기적으로 만나 서로 공통된 문제를 논의했다.

한편 유럽 대사들과 가깝게 지낸 것은 내가 유엔 사무총장의 사이프러스 특사를 할 때 함께 일했던 사람들이 있었기 때문이다. 그 경험으로 사이프러스 외 터키, 그리스 출신 대사들과도 친하게 지

내게 되었다. 그리고 1993년 르완다에서 인종 학살이 일어났을 때 나는 유엔 르완다 인종학살 조사위원으로 일한 적이 있는데, 우연히 르완다 대사와 같은 날 부시 대통령에게 대사 신임장을 제정했다. 외교 행사가 있을 때마다 대사들은 으레 신임장을 제정한 순서대로 앉기 때문에, 새로 태어난 아기가 있는 젊은 친구인 르완다 대사와 나는 늘 나란히 서거나 앉았다.

주미 대사로서의 임기 동안 2004년 미국 대선이 열린 것은 특별한 행운이었다. 나는 민주당과 공화당이 보스턴·뉴욕에서 각각 전당대회를 개최하는 것을 직접 볼 수 있었다. 전당대회 자체에서 큰 영감을 받는다기보다는 한 번 볼 만한 장관이 연출되었다. 양 당의 전당대회에서 기억에 남는 한 구절은 후보자 중의 한 명인 존 케리, 조지 W. 부시의 말이 아니라 테드 소렌슨의 말이었다. 소렌슨은 부축을 받으며 연단에 올라와 말했다.

"저는 눈이 점점 나빠지고 있습니다. 그렇다고 비전까지 잃는 건 아닙니다."

선거운동 기간 동안 후보자들 간에 논쟁이 붙었던 한국문제는 미국이 북한과 양자 협상을 해야 하느냐, 아니면 6자회담에서 끝내야 하는가의 문제였다. 부시 대통령은 자신이 북한과의 양자 협상을 받아들이지 않을 것이라고 단호하게 말했는데, 실제로는 2년 후에 회담을 가졌다. 부시 대통령은 재임 기간 동안 이라크 모험을 감행했음에도 불구하고 또 다른 4년을 연임하게 되었다. 2005년 1월 21일 취임연설에서 그는 민주주의와 인권을 전 세계로 확산시키는 일이 얼마나 중요한 일인지 강조했다. 아울러 대사들과 의회 의원들 및 정부 관리들에게 윌슨의 명언을 선사했다.

"민주주의를 확산시키면 평화가 온다."

떠남

2005년 2월 나는 서울로 돌아왔다. 대사의 임기로서 22개월은 다소 짧을 수도 있다. 2004년 여름 나는 노무현 대통령에게 워싱턴 대사직을 그만두고 싶다는 서한을 보냈는데 두 가지 이유가 있었다.

하나는 소위 '외교적 파국'을 막는다는 내가 워싱턴으로 온 주목적을 완수했기 때문이었다. 또 하나는 고려대학교 교수직 퇴임이 2006년 봄으로 다가오고 있었기 때문이었다. 당시 휴직 상태였는데, 은퇴 전에 최소 1년 이상 더 가르치고 싶었다. 나는 노무현 대통령이 나의 바람을 들어준 데 감사했고 돌아가게 되어 무척 기뻤다.

하지만 뭔가 아쉬운 느낌이 남았다. 22개월의 대사직을 마칠 때의 심정은 1994년 12월 외무부 장관직을 떠날 때와 같지 않았다. 그때에는 북한 핵문제를 제어했다는 만족감이 들었다. 외무부를 떠날 때 한미 관계는 상대적으로 좋은 편이었다. 하지만 10년 후 지금은 북핵문제가 미해결되고 한미 두 나라 간의 신뢰와 우정이 완전히 회복되지 않은 불확실한 상태에서 물러나게 되었다. 2005년 워싱턴을 떠날 때 나는 대기 상태인 두 나라의 경로가 조만간 전진할 수 있기를 간절히 희망했다.

지금도 여전히 그 희망을 버리지 않은 채, 정부 이외의 곳에서 내가 할 수 있는 일을 찾아 최선을 다하고 있다.

Chapter 12

크리스토퍼 R. 힐
(2004~2005년)

크리스토퍼 R. 힐(Christopher R. Hill) 대사는 2009년부터 주이라크 미국 대사로 활동하고 있다. 메인주 브런스윅에 위치한 보우든대학(Bowdoin College)에서 경제학 학사학위, 미국 해군대학(Naval War College)에서 석사학위를 받았다. 크리스토퍼 힐 대사는 1974년 카메룬에서 평화봉사단(Peace Corps) 단원으로 활동하면서 정부 업무에 발을 들여놓았다. 초기 외교관 시절 베오그라드 · 바르샤바 · 서울 · 티라나에 부임했고, 미 국무부의 정책기획실과 작전센터에서 근무했다. 1977년 미 국무부에 채용되어 주마케도니아 미국 대사(1996~1999년), 주폴란드 미국 대사(2000~2004년), 주한 미국 대사(2004~2005년)를 역임했다. 또한 코소보 특사(1998~1999년) 및 국가안전보장회의 남동유럽담당 대통령 선임보좌관직을 맡았다. 미 국무부 동아시아태평양담당 차관보와 북핵문제 관련 6자회담 미국 측 수석대표를 맡은 바 있다. 미 국무부 최고 영예인 우수공로상을 두 차례 수상하였다. 첫 번째는 보스니아 평화 정착에 대한 공로를 기리기 위한 상이었고(1996년), 두 번째는 차관보와 6자회담 미국 수석대표로서 리더십을 인정받은 상이었다(2009년). 코소보에서의 공로를 인정받아 로버트 S. 프레이저 평화협상 메모리얼상을 수상하기도 했다(1999년).

　나는 16년 만에 '고요한 아침의 나라' 한국에 다시 돌아왔다. 1980년대에 주한 미 대사관 경제부에 근무했는데, 그때 한국은 경제 개방과 성장이 활발히 일어나고, 민주화에 대한 열망이 몹시 뜨거웠던 시절이었다. 한국에서 지냈던 시간은 지난 16년 동안 줄곧 내 기억 속을 맴돌았다. 한 국가의 생에 있어 일어나는 모든 일들은 많은 우여곡절을 겪겠지만 결국 올바른 방향으로 향하게 된다. 한국은 이러한 말을 증명하는 좋은 예라고 할 수 있다.
　미 외무부에서 근무하며 이미 한 번 갔었던 나라에 돌아가는 것은 쉽지 않은 일이었다. 또한 대사직을 수행하면서 16년간 축적된 경험을 한껏 활용하는 것이 내가 1980년대 중반 이태원에서 구입한 8개 트랙이 담긴 테이프만큼이나 유용하다는 것도 알고 있었다. 실제로 한국의 상황과 한미 관계의 전후 사정은 극적으로 변했다. 오래 전부터 한국에는 반미 감정이 존재하고 있었다. 하지만 한국전쟁에 대한 기억이 희미해져 가면서 당시 미국이 기여한 점에 대한 고마운 마음이 약해졌고 반미 감정은 과거에 비해 점점 증대되었다.

반미 감정은 한국 젊은이들 사이에서 미국을 부정적인 인자로, 심지어 한반도의 분단을 지속시키는 음모의 일부로 오인하게 하였다. 그들은 한국에 미군이 주둔하는 것에 대해 점점 의문의 목소리를 높여갔다. 그러다가 2002년 6월 두 명의 여중생이 미군 장갑차에 치여 사망한 끔찍하지만 우발적이었던 사건이 발생하자 반미 시위는 더욱 강경해졌다. 양국의 담당자들은 우리 관계의 잠재성보다는 눈앞에 닥친 무수한 문제들에 초점을 맞추었다. 이러한 힘든 상황에서도(실제로는 이 힘든 상황 때문에) 나는 파월 장관과 부시 대통령이 나를 주한 미국 대사로 지명하기로 결정했다는 소식을 듣고 매우 기뻤다.

폴란드 대사로 근무했던 마지막 해에 나는 한국으로 갈 준비를 시작했다. 언뜻 보기에 폴란드와 한국은 비슷한 점이 없어 보이지만, 두 나라 모두 쓰라린 과거를 갖고 있다는 공통점이 있다. 한국과 폴란드는 문화적·역사적 유산에 대해 매우 자랑스럽게 생각하고 있다. 하지만 두 나라 모두 이웃 나라들 간 전쟁에서 가운데 낀 작은 나라로서 억압을 받는 바람에 동서양의 강대국으로부터 수 세기 동안 희생되었다. 두 나라 모두 주권을 빼앗기는 고통을 겪었으며 관여할 수 없는 상황 속에서 주권이 회복되는 것을 지켜보았다. 그리고 양국 모두 미국과의 관계에서 균형을 찾기 위해 투쟁하면서 새로운 정부를 수립하였다.

나는 폴란드를 떠나기 전, 폴란드에 거주하는 많은 한국 교민들과 대화를 나누었다. 이때 느낀 점은 한미 관계가 좀 더 현대화되어야 하고, 한국인들에게 좀 더 가까이 다가가는 새로운 방법과 당대의 이슈와 문제점을 초월할 수 있는 새로운 길을 찾아야 한다는 점이었다. 1953년 휴전협정 및 한미상호방위조약이 체결될 때의 상태 그대로인 양국의 안보 관계, 아울러 당시의 상태로는 북한에 대한 보조가 맞지 않았던 우리의 정치적 관계를 현대화할 필요가 있었다. 그리고 특별히 양국이 긴밀히 의사소통을 할 수 있는 새로운 방법을 찾아야 했다.

전임자들과 마찬가지로 나는 공항에 내리자마자 많은 한국 기자들에 둘러싸였다. 그들은 기분 좋은 미소로 나를 반겼고 17살 된 내 딸이 '메이드 인 코리아'라고 한 재미없는 농담에도 박수갈채를 보내주었다. 나는 필요한 곳에 변화를 일으켜야 한다고 느꼈다. 그 당시에는 어디에서부터 어떻게 해야 할지 몰랐지만, 빠른 시일 내에 무엇인가를 시작해야만 했다.

존중하는 마음으로

한국 현대사 중에서 1980년 5·18 광주항쟁만큼 반미 감정을 증폭시킨 사건도 없었을 것이다. 민주화 운동을 하는 수천 명의 시위대가 군부에 의해 살해되거나 투옥되었다. 그 당시 군부는 전두환 정권이 내린 시위대 진압 명령에 따라 행동했지만, 많은 한국인들은 미국이 한국 정부의 그러한 행동을 용인하거나 눈감아 주었기에 가능한 일이었을 것이라고 믿었다. 게다가 군사독재에 대한 저항의 물결은 한국 현대 민주주의가 호된 시련을 맞으면서 점차 변해가고 있었다. 미국인들에게는 이해하기 어려웠지만, 이러한 감정들은 많은 한국인들 사이에서 실존하며 지난 20년간 반미 감정을 부채질해왔다. 그리고 시간이 지날수록 한국인들의 기억 속에 미국은 공모자로 각인되었다. 나는 이제 미국이 역사의 올바른 편에 서야 할 때라고 생각했다.

2004년 9월, 한국에 도착한 지 한 달 후 나는 광주 무등 도서관에서 열린 아메리칸 코너 개관식과 광주 비엔날레에 참석하고자 광주로 떠났다. 나는 서울에 있는 나의 친구와 동료들, 특히 가장 오래되고 가까운 손명현(마이크)에게 내가 직접 광주 5·18묘역에 들러 참배하는 문제에 관해 이야기를 나누었다. 역대 미국 대사 중에 그렇게 한 사람은 없었다. 나는 이것이 홍보를 위한 일종의 계략으로 취급되거나 미국의 역할에 혼란을 초래하기를 바라지 않았다. 마이크는 포커스 그룹(focus group, 여론 조사를 위해 각 계층을 대표하도록 뽑은 소수의 그룹-역주)에 이를 의뢰하였고, 묘역을 방문하되 사전에 이를 알리지 말라는 결론을 얻었다.

오후 4시 30분경, 아내 패티와 함께 비엔날레 전시장에 들러 여태껏 본 적 없는 혼합 미디어 예술을 감상한 후, 광주 시내가 내려다 보이는 묘역으로 향했다. 대사관 직원인 매트 센저는 준비가 완료되었는지 현장을 확인하러 미리 가 있었다.

드디어 알링턴 국립묘지와 분위기가 비슷한 묘역으로 들어갔다. 250명의 광주항쟁 희생자들이 평화롭게 안치되어 있는 깨끗하게 잘 정돈된 곳으로 들어갔다. 그러자 책임자가 우리를 관리 묘비가 잘 정렬되어 있는 곳으로 안내했다. 우리는 발걸음을 멈추고 지는 해를 바라보며 이 사람들이 희생될 당시 몇 살이었으며 살아있었다면 몇 살이 되었을지 생각해 보았다. 나는 묘역 입구 방명록에 서명하였고 흰 장갑을 끼고 기념비에 국화를 헌화한 뒤 향을 피웠다. 사진사들은 기념비 앞까지 따라왔다. 나는 공식 사진사 뒤쪽으로 또 다른 사진사가 있는 것을 봤지만 그다지 신경을 쓰지 않았다. 우리는 땅거미가 지고 나서도 45분이 흐른 후에야 그곳을 나섰고 바로 출발하였으며 호텔로 돌아왔다.

다음날 아침 나는 전라남도 도지사를 접견했다. 우리 여정이 어땠는지 묻는 질문에, 나는 아메리칸 코너와 비엔날레, 대나무 박물관(대나무의 유용성을 보여준 특이한 박물관)에 갔던 것과 5·18국립묘역에 들른 것을 얘기하였다. 도지사는 잠시 놀란 듯 침묵하더니 이내 내 말을 똑바로 알아들었는지 확인하기 위해 역시 잘 알아듣지 못한 듯 보이는 직원 쪽으로 몸을 기울였다. 나는 사무실에서 나와 대나무 박물관을 경유하여 서울로 돌아왔다.

그리고 다음날 모든 주요 신문들이 이번 일정을 1면에 헤드라인 기사로 다뤘다. 오마이뉴스라는 자극적인 이름의 진보계열 인터넷 매체가 사진과 함께 이 기사를 터트리자 모두 사실로 인정했다. 묘역참배가 나 개인적으로는 그다지 큰 일이 아니었을 수 있으나, 한국의 입장에서는 양국 관계에 큰 영향을 끼치는 사건이었던 것이다. 전문가들은 여러 날 동안 이번 방문의 의미를 놓고 우왕좌왕하였다. 그들은 이번 방문이 미국의 사과를 뜻하는 것이 아니라는 것을 재빨리 눈치 챘고, 고맙게도 방문의 진정한 의미를 이해했다. 바로 미국이 항상 미국의 입장만을 고집하는 것이 아니라 한국인들이 광주에 관해 느끼는 감정을 깊이 공감한다는 것이다.

경청하는 법 배우기: 그리고 새로운 한미 파트너십

내가 광주를 방문하면서 얻은 한 가지 교훈은, 한미 관계의 과제를 다룰 때 한국 사람들의 말을 잘 들어주고 그들이 우려하는 바에 잘 반응하는 것이 매우 중요하다는 것이다. 주한 미 대사관의 한국인 직원들도 같은 말을 하였다. 한국은 내가 부임하기 전부터 극적인 변화과정을 겪었다. 최근의 변화를 잘 이해하기 위해 내 경험에 의지할 수도 있지만 그보다 사람들의 말을 많이 듣는 것이 중요했다. 또한 한국 사회 저변에 흐르는 살아있는 생각을 듣기 위해서는 대사관과 교류하는 사람들만이 아닌 한국 사회 각계각층의 소리에 귀 기울일 필요가 있었다.

모린 코맥이 담당하는 대사관 홍보부는 내가 이 과정을 시작할 때 알게 된 대학 교수들이나 연구원들을 비롯하여 신문 잡지 기자, TV 기자 및 한국의 새로운 언론 매체 기자들로 구성된 그룹을 여럿 조직하였다. 그들과의 정기적 모임은 한미 관계에서 꾸밈없는 의견을 지속적으로 듣는 데 도움이 되었다. 나는 그들을 나의 '키친 캐비닛(kitchen cabinet, 대통령의 식사에 초대받아 담소를 나눌 수 있을 정도로 격의 없는 지인들-역주)'이라고 불렀고, 그들의 직설적인 표현("대사님, 대사관 홈페이지가 너무 지루합니다")에서 한국인들의 통찰력을 알게 되었으며, 이는 한국인들이 어떤 한미 관계를 추구하는

지를 이해하는 데 큰 도움이 되었다.

나는 분명 우리가 기로에 서있다고 믿었다. 2002년 한미 동맹 50주년 기념식이 거행되었다. 이제 앞으로의 50년을 바라보고 동맹을 위한 일을 해야 했다. 한국과 미국은 더 이상 형과 아우의 관계가 아니며, 한국은 이미 동반자로서 파트너십을 나눌 준비가 되어 있었다. 나는 조찬회의(많은 한국인들이 들여오고 싶지 않았던 미국 수출품이라 생각함)에서 이러한 주제를 논하려고 시도했다. 나는 한국이 비단 동북아시아에 한정된 역할만이 아니라 그 이상의 역할을 하고 있음을 강조하였다. 우리의 새로운 동반자 관계를 이라크문제와 엮으며, 이라크에 펼쳐질 미래에 대해서는 잘 모르겠지만 한국이 보다 나은 미래를 위해 국제적 노력에 동조할 필요가 있다고 말했다.

다리 놓기

한국 국민들은 변화를 원하면서도 두려워했다. 한국인들을 직접 만나 그들이 우려하는 바를 들어보니, 다급한 일이 중요한 일을 밀어내고 있다는 것을 알 수 있었다. 즉, 당장 닥친 일을 해결하는 데 급급하여 더욱 광범위한 목적을 간과하고 있었다. 한 발 물러서서 앞으로 우리가 무엇을 해야 할지 다시 생각해봐야 했다. 연설이나 인터뷰를 통해 한국의 대중들에게 다가가면서 우리가 나아가야 할 방향을 모색해 보았다. 성공적인 한미 관계를 정립하는 데 필요한 시간과 노력을 집중적으로 들이기 전에 먼저 이 관계가 왜 꼭 필요한지 점검할 필요가 있었다.

우리가 목표 지향적인 관점에서 사고하고 서로 어떤 입장을 취할지를 잘 파악한다면, 난해한 과제들을 해결하기 위한 한미 공동의 노력은 우리의 동맹을 돈독히 하는 데 도움이 될 것이다. 같은 맥락으로 우리가 궁극적으로 원하는 게 무엇인지 알게 될 때, 현존하는 문제를 직시할 수 있으며 이를 통해 현실적인 해결책을 얻게 될 수 있을 것이다. 다르게 말하면 장기적인 목표가 단기적 문제의 해결 방법이 될 수 있는 것이다.

네 개의 기둥

서울에서 나의 첫 연설은 2004년 9월 신라 호텔에서 열린 주한 미국 상공회의소에서 있었다. 나는 그날 아침 전설적인 서울의 교통 체증 때문에 늦을 뻔했다. 남산 터널이 꽉 막혀있었다(나는 당시 참석한 사업가들에게 한국이 "고요한 아침의 나라"에서 "아침 교통이 혼잡한 나라"가 되었다고 말했다).

광범위하고 다면적인 양국 관계를 묘사함에 있어 많은 요소들은 '네 개의 기둥'으로 집약될 수 있다. 첫 번째는 알다시피 50년간 동맹의 역사에 초석이 된 안보동맹이다. 두 번째는 우리의 미래를 결정짓는 데 가장 중요한 측면인 경제적 관계다. 그 밖의 지역적·세계적으로 우리가 직면한 도전들과 그것을 해결하려는 노력이 있으며, 마지막으로 우리를 하나로 묶고 100년 전으로 거슬러 올라가는 민족 대 민족의 유대 관계가 있다. 나는 이 모든 영역에서 우리의 접근 방식을 어떻게 개선해야 할지 살펴볼 필요가 있다고 말했다.

동시에 한국 사람들은 한미 관계에 변화가 있어야 한다고 얘기하였다. 그들은 한미 관계가 평등, 상호 존중, 그리고 상호 이익에 기반을 두길 원했다. 물론 한미는 이미 많은 이익을 나누고 있긴 하나 나는 진정한 파트너십을 위해 우리가 한국인들에게 좀 더 손을 내밀어야 한다고 생각했다. 한국 사람들이나 대사관 직원들과 변화된 환경에 어떻게 접근해야 할지 얘기를 나누다보면, 한국이 변화하였기 때문에 미국 역시 한국인들을 대하는 방법에 변화를 주어야 한다는 결론이 나왔다. 진부한 방법은 통하지 않을 것이다. 정부나 엘리트 계층뿐만 아니라 일반적인 한국인들, 특히 한국의 젊은 층의 의사소통 노력이 필요했다.

양국의 관계에서 이러한 네 가지 기둥을 다루는 것이 필수였다. 그러나 2002년 두 명의 여중생이 사망한 비극적인 사건 때문에 가장 시급한 문제는 안보동맹을 현대적으로 개선하는 것이었다.

안보동맹 없이는 그다지 많은 일을 할 수 없다. 2002년 사고의 여파로, 미국은 한국과 함께 미군 배치를 현대화하기 위한 작업을 시작했다. 내가 도착하기 몇 달 전 우리는 향후 50년간의 동맹을 위하여 한반도에서 미군의 지위를 변화시키는 한미 안보정책구상회의의 착수를 발표하였다. 가장 돋보였던 부분은 미군이 용산 기지에서 철수하는 것이었다. 장기적인 관점에서 나는 미군을 효율적으로 배치하는 것이 중요하다고 생각했다. 용산은 19세기 청나라 시대에 중국 부대의 기지로 처음 활용됐으며 일제 시대 때는 일본제국군이 주둔하였던 곳이다. 처음 용산은 변두리에 위치하였지만, 서울이 놀라울 정도로 성장하면서 한국의 수도 한 가운데에 위치하게 되었다. 전임자들과 마찬가지로 나는 우리의 중심 기지를 세계에서 가장 크고 바쁘게 돌아가는 도시 중 하나인 서울 한복판에서 철수하여 지역 주민에게 폐를 끼치지 않으면서도 미군의 훈련과 임무를 수행할 수 있는 장소로 옮겨가야 한다고 생각하였다.

앞서 말한 대로 미군 구조를 재편성하는 과정은 계속 진행되고 있는데, 결과적으로 주한 미군의 수가 감소할 것이며 토지 이용 면적 역시 줄어들 것이다. 또한 이 방법은 한반도의 안정 유지를 위한 주요 임무 수행에 훨씬 더 효과적일 것이다. 미국은 지난 3년간 미군을 최신 기술로 재무장하기 위해 110억 달러를 들였다. 우리는 새로운 위협에 대비하기 위해서는 작은 규모로 기동성이 좋으며 최신 장비로 무장한 군대가 더 적합하다는 것을 알게 되었다. 이러한 변화는 대한민국 자체의 뛰어난 군사 역량을 반영하고 있다. 한국군은 현재 판문점 공동경비구역을 초계하고 있으며 다른 중요한 임무를 수행하고 있다.

나는 한미 동맹을 잘 유지하기 위해 필요하다면 어떤 것이라도 해야 한다고 믿었다. 동맹의 근거는 너무나도 타당했다. 즉, 강대국으로 둘러싸여 있는 한국은 크지만 멀리 떨어져 있어 한국의 영토를 전혀 노리지 않는 동맹국으로부터 이익을 얻고 있었고, 미국은 세계에서 가장 역동적인 지역에서 민주적이며 번영하는 국가와 동맹을 맺음으로써 역시 이익을 얻고 있었다. 미국과 한국은 지난 50년 동안 특별한 관계를 유지해왔고, 그 관계를 다지기 위해 나는 내 임무를 다하기로 결심하였다.

대사들은 새 부임지로 갈 때마다 해야 할 일들에 대해 심도 있는 교육을 받는다. 이 교육에는 일반적으로 광범위한 주제가 포함되는데, 정치적인 개방성과 민주주의에 대한 미국의 공헌을 강조하면서 자율적인 기업의 중요성에 대해서도 강조한다. 나는 미국 시민이나 기관, 그리고 한국에 있는 미국 사업자들이 상업적·자선적 목적을 추구하게끔 도와달라는 부탁을 특별히 받았다. 사업은 한미 관계의 핵심이다. 내 주요 목표 중 하나는 한미 경제 관계에 있어 건전한 쌍방향 통로를 유지하는 것이었다.

한미 경제 협력 관계는 역동적이면서 강력하다. 한국 정부 통계에 따르면 3,000개 이상의 미국 회사들이 한국에 진출해 있으며 2만 2,000명에 가까운 미국 사업가들과 가족들이 한국에 거주하고 있다고 한다. 미국에는 4,000개 이상의 한국 기업과 자회사들이 있다. 한국 언론들은 한국이 작은 나라이므로 인근 강대국이나 세계적인 강대국들의 경제적 횡포에 피해를 입기 쉬울 것이라고 말한다.

그러나 사실 한국은 그동안 영향력 있는 경제 대국으로 성장했으며 전 경쟁국들과 활발히 교류하면서 미국에게도 이득을 가져다주었다. 한국은 다양한 기술 분야에서 세계적으로 두각을 나타내고 있다. 미국에서만 130억 달러에 달하는 등 많은 국가에서 무역수지 흑자를 내고 있다. 한국은 자본과 생산 기술에 대한 투자로 많은 순이익을 남겼다. 역사적으로 볼 때 한국의 지리적 위치는 주변 강대국들 때문에 그다지 좋지 않았지만 동북아시아에서의 지정학적 위치는 경제적으로 매우 유리했다. 한국의 목표는 아시아의 허브가 되는 것이며 그러한 역할을 할 수 있는 더할 나위 없이 좋은 위치에 있다. 이것이 이른바 '허브론'이다.

내가 도착했을 때 한미는 자유무역협정을 맺기 위한 디딤돌인 상호투자협정을 결론 짓기 위해 몇 년 동안 논쟁 중인 상태였다. 이 과정에는 한국 영화 시장 개방의 비율을 의미하는 '스크린 쿼터제'의 문제가 걸려있었다. 한국 영화 제작자들은 훌륭한 작품성과 상품성으로 한국 영화 시장을 지배하고 있지만, 스크린 쿼터제가 가져다주는 보장된 시장점유율을 포기하고 싶지 않았다. 관련된 모든 사람들은 앞으로 이 쟁점을 해결할 분명한 방법을 고심해야 할 것이다.

한국 사람들은 자유무역협정을 진정 원하고 있었다. 미국과의 자유무역협정은 한국이 세계 경제의 선두에 섰다는 것을 미국이 인정한다는 의미를 내포했기 때문이다. 한국의 협상가들 및 워싱턴의 동료들과 많은 토론을 거친 끝에 얻은 결론은 FTA 체결을 분명한 목표로 삼아야 '스크린 쿼터제'와 같이 눈앞에 닥친 문제들을 극복할 수 있다는 것이었다. 이 목표를 지지하기 위해서는 한미 간 당연히 자유무역협정의 동반자라는 믿음이 필요했다. FTA는 양국의 경제를 번영하게 하는 원동력이 될 것이며 더욱 광범위한 관계로 나아가는 데 도움을 줄 것이다. 한국은 미국과 FTA를 체결함으로써 동북아시아 지역에 대한 미국의 경제적 다리 역할을 확고히 할 수 있으며, 태평양을 넘어 남아메리카 및 북아메리카와 유대 관계를 확보하는 데도 도움을 줄 것이다.

미 국무부 차관이 되기 전 나는 미국 무역대표부 대표였던 밥 졸릭과 FTA를 검토했고, 그 역시 FTA를 추진하는 것이 옳다고 했다. 우리 협상가들은 협정을 체결하기 위해 매우 열심히 일했다. 정책은 정책이고 민주주의는 민주주의였다. 이제 공은 우리의 입법부로 넘어갔다.

우리의 세계적 관계: 6자회담과 북동아시아의 미래

내가 도착하기 몇 달 전 한국은 이라크 연합군에 세 번째로 많은 군사를 파병함으로써 세계무대로 나아가는 중요한 단계를 밟고 있었다. 이후 아프가니스탄과 동티모르, 아프리카에 평화 유지군을 파견함으로써 국제 사회에서 한국의 역할은 한층 더 성장했다. 나는 종종 강연에서, 지구상에 존재하는 분쟁 지역의 미래가 어떻게 될지 알지 못하지만, 국제 사회가 그들과 계속 접촉하는 한 세계 제12번째 경제 대국(한국)은 그곳에 함께 있을 것이며 그 해법을 제시할 수 있을 것이라고 설명하였다.

하지만 북한은 우리의 관계에 매우 특별한 문제를 제기하였다. 특히 한국의 젊은 층 사이에서 미국이 한국의 의견을 존중하지 않은 채 북한을 악의 축으로 명시하는 등 북한의 행동을 변화시키지 못할 것이면서 과도하게 적대적인 정책을 취하고 있다는 것과, 한국이 '햇볕정책'을 위해 애쓰는 노력을 경시하고 있다는 비판이 일고 있었다. 나는 햇볕정책의 효과에 대해 의구심을 가졌다. 또한 이 문제를 어떻게 제대로 시작할 것인지, 북한에 대한 우리의 적개심이 의도하지 않은 결과를 초래하거나 한반도에서 훨씬 더 중요한 관계에 혹시라도 해를 끼치지 않을지 심각하게 걱정을 하였다.

전통적으로 미국 정책은 가능한 한 한국이 북한과 직접 접촉하도록 밀어주는 것이었다. 그러나 지금 미국은 한국의 발목을 잡고 있는 정책을 펴고 있는 것처럼 되었다. 이러한 과정 속에서 미국은 한국이 계속 분단된 채로 있기를 원하면서 한국의 발전을 은근히 저해하고 있다는 좌파의 비판을 받았다.

우리 모두 높은 위험성을 안고 있었다. 미국에 있어서 핵확산 방지는 세계적으로 가장 높은 우선순위 문제인 반면, 한국에게는 기본적으로 실존의 문제였다. 핵확산 가능성, 가까운 이웃에 핵무기를 둔다는 걱정을 넘어 한국은 북한의 가능한 미래 모습에 대해서도 분명히 생각해 보아야 했다.

한국을 방문했던 미국인들은 누구나 한반도 역사에 관한 깊은 감정과 그 속에 묻어있는 쓰라린 기억, 그리고 분단된 현실에 진정한 경의를 표할 수밖에 없다. 이러한 측면에서, 역사적으로 볼 때 한국 사람들은 주변 이웃들과 함께 협력해야 하는 부분이 있으며, 이러한 과정을 통해 분단의 상처를 치유해 나갈 수 있을 것이다. 나는 한국 대사들과의 더욱 더 친밀한 접촉을 통해 한미 관계를 실질적으로 강화시키는 방법으로 이와 같은 난제에 접근해야 한다는 특별한 의무감 같은 것이 들었다. 북한과 6자회담 문제에 있어서 나는 한국과 '편대 비행'을 함께 해야 함을 절실히 느꼈다. 북한의 독재자에게 한미 간 친밀한 협조를 보여줌으로써 한국과 미국이 갈라서지 않을 것임을 확실히 각인시켰다.

미국과 한국은 한반도의 안정을 위해서는 능숙한 외교력이 군사력만큼 중요하다는 데 의견 일치를 보았다. 6자회담에서 우리는 중국·러시아·일본과 함께 북핵문제의 외교적 해결책을 강구하는 의견을 나누었다. 협상의 성사와 결렬이 반복되었지만, 그래도 6자회담은 한반도에서 다자간 외교가 중요한 역할을 한다는 사실을 보여주었다. 나는 우리가 북핵문제를 해결한 이후에도 향후 이러한 접근 방법을 지속시켜 나가길 기대한다.

유럽에서처럼 다자 구조가 실패한 지역에서 6자회담은 아시아의 공동체 의식의 발현에 도움이 될 수 있다. 아시아에서는 몇 가지 긍정적인 발전이 있었다. APEC은 1980년대 처음 시작된 이후 계속 발전했고, ASEAN 국가들은 공동의 이익을 위해 서로 협력하였다. 하지만 더 많은 것을 얻을 수 있다. 6자회담을 통해 동북아시아 국가들은 공동의 문제를 해결하기 위한 지역적 구도를 만들 수 있다. 우리는 6자회담을 순조롭게 진행해 나가기 위해서 회담 자체를 목적으로 보는 것이 아니라 동북아시아의 평화와 안보에 관한 대화, 오랫동안 지속되어 온 쟁점의 해결을 위한 대화의 시작으로 여겼다.

두 민족 간의 유대

한미는 보기 드문 유대감을 지니고 있다. 가끔 공식적인 주목을 못 받을 때도 있지만 두 나라 국민들은 긴밀히 연결되어 있다. 2003년 한국인 이민 100주년 기념식이 있었다. 군사 동맹을 맺기 이미 50년 전부터 많은 수의 한국인들이 경제적 기회를 찾아 미국으로 건너온 사실을 되새기는 자리였다. 미국에는 현재 150만 명 이상의 한국인들과 한국계 미국인이 거주하고 있다.

한국은 10억 명 이상의 인구를 가진 중국과 인도보다 미국 유학생의 수가 많으며 매년 가장 많은 유학생을 보내는 나라로 꼽힌다. 일부 한국인들은 미 국무부의 국제 방문 프로그램과 같은 미국 정부부문 교환 프로그램이나 풀브라이트와 같은 민간부문 교환 프로그램을 통해 정규적으로 미국을 방문하고 있다. 나는 이러한 교환 프로그램을 적극 지지하며 훨씬 더 굳건한 미래 관계를 위해 중요하다고 생각했다.

양국을 쉽게 오고갈 수 있는 환경은 한미 모두에게 중요하다. 2004년 미 대사관은 42만 명의 비자를 승인했다. 이는 총 신청 건수의 95%로 20명 중 19명에 해당 셈이다. 우리는 더 많은 비자 업무를 처리하기 위해 영사관 직원을 늘리고 공간을 확장했다. 또한 대기 시간을 줄여 모든 한국인들이 비자 신청 2주 이내에 발급을 받을 수 있도록 하였다.

영사 직원들의 헌신적인 노력이 있었지만 지문인식처리와 같은 새로운 보안 장치 도입 등 많은 요구 사항을 따라갈 수는 없었다.

한국은 단기 여행자나 사업가들에게 비자를 면제해 주는 비자면 제프로그램에 당장 가입하길 원했다. 이미 27개국에 적용하고 있지만, 2001년 9월 11일 사건 이후 이 프로그램에 새로 가입한 나라는 없었다. 한국의 경우 비자 거부율이 3% 이하로 법적 요구 조건에 매우 근접해 있었다.

서울과 워싱턴을 오가며 토론한 이후, 우리는 한국을 비자 면제 프로그램에 포함시키는 목표를 추가했다. 다른 세 가지 목표들과 마찬가지로 이 작업은 쉽지 않았으며 총영사 마이클 커비와 나는 한국 정부와 국민들에게 이 작업으로 인해 얼마나 많은 업무가 추가될지 솔직히 말했다. 비자거부율은 점차 낮아졌다. 한국 정부는 미국의 요구 조건을 충족시키기 위해 여권의 보안성을 개선하였고 함께 노력한 끝에 우리는 2008년 말에 한국을 비자 면제 프로그램에 가입시키는 데 성공하였다.

다가가기

우리의 관계를 정립하는 것 다음 단계는 한국의 대중들과 소통하는 방법을 찾는 것이었다. 내가 한국인들을 대할 때 좋았던 것 하나는 매우 솔직할 수 있다는 점이다. 예를 들어 나는 대사관 웹페이지가 매우 맘에 들었는데, 한국인 친구에게 어떻게 생각하는

지 물었더니 그는 별로 마음에 들지 않는다고 분명히 말하였다. 한국은 세계에서 정보통신이 가장 잘 발달한 나라 중 하나로 미 대사관은 이 빠른 변화 속도를 잘 따라가지 못했다. 주변 관계자들이 내게 조언해주기를, 사람들이 우리의 웹사이트를 방문할 것을 기다려서는 안 되고 한국 대중들, 특히 젊은 층에게 직접 다가가야 한다고 했다.

대사관 홍보부 직원들은 한국 젊은이들 및 일반 대중들과 접촉하기 위해 새로운 방법을 강구하였다. 새로운 매체 관계자들을 대사관저에 초대하여 오찬과 함께 환담을 나누었고 이런 종류의 의사소통 기회를 규칙적으로 가져야겠다고 생각했다. 우리는 온라인 사이트 '다음'으로 눈을 돌렸다. '다음'은 등록된 이용자만 3,500만 명이었으며 다양한 '카페'가 개설되어 비슷한 관심사를 가진 사람들끼리 온라인상에서 만나 대화하고 의견을 교환하고 있었다. '다음'은 한국 시민들이 미 대사관과 의견을 공유할 수 있는 '가상의 공간'을 만드는 프로젝트를 진행했다. 2004년 11월 8일 미 대사관은 '카페 USA'를 개설하였고 미 대사관과의 온라인 대화에 한국인을 환영한다는 짧은 메시지를 게시하였다.

반응은 폭발적이었다. 처음 이틀 동안 방문자 수만 2만 명이 넘었고 1,000개 이상의 글이 올라왔다. 첫 글이 '카페' 개설 5분 만에 올라왔으며, 3,600명 이상이 회원으로 가입하였다. 텔레비전과 주요 신문, 그리고 인터넷 매체 모두 우리 사이트를 주목했다. 많은 이용자들이 한국 국민과 미 대사관 사이를 가깝게 만드는 이 프로젝트를 지지한다는 의사를 밝혔다. '한국인들이 노크하니 미 대사관이 문을 열어주었다'라고 묘사한 기사도 있었다. 게시글의 내용은 축하 메시지부터 비자 문의, 주한 미군 문제, 북한 인권 질문 등 매우 다양했다. 다음은 11월 8일 올라온 전형적인 글 중 하나다.

> "카페 USA의 개설을 축하합니다. 인터넷을 통해 알게 되었습니다. 한국인에 대해 더 많이 알기 위한 바람으로 카페를 개설했다는 얘기에 매우 감동을 받았습니다. 우리가 이 카페를 통해 미국에 대해 더 많이 배울 수 있고 한미관계가 앞으로 더욱 발전하길 진심으로 기원합니다."

하지만 처음으로 웹상에서 대화를 시작했을 때 내가 정말로 대화에 참여하고 있는 것이 맞는지 의심을 하는 네티즌들도 많았다. 그 후 나는 실시간으로 내가 대화하고 있음을 보여주기 위해 시계를 배경으로 나와 대사관 방송부 직원이 함께 질문에 답을 하고 있는 모습을 사진으로 찍어 남겼다. 신뢰도를 더 높이기 위해 큰 이벤트가 있을 때도 웹사이트를 이용했다. 콜린 파월 국무장관의 방한 기간 동안 파월 장관이 대사관저에서 한국 학생들과 만남의 시간을 가졌던 유스타운 홀 이벤트 동영상을 게시하였다. 콘돌리자

라이스 미 국무부 장관의 첫 방한 때에도 '다음'에서 12명의 인터넷 기자들과의 토론 내용을 한국어 버전으로 생중계했다. 이는 미 국무부의 국제 정보 프로그램 담당부서 웹사이트에서도 영어로 방영되었다. CNN 위성방송은 2분짜리 특집 방송을 만들어 라이스 장관의 이러한 참여가 한미 관계의 변화를 반영한다는 내용을 보도했다.

미 대사관이 서울의 한가운데 '요새'처럼 존재한다는 선입견을 깨기 위해 온라인 '카페'를 통해 경연대회를 열었고 수상자들을 대사관으로 초대하였다. 나는 그들을 로비에서 맞이하고 비이민국 사증 부서를 포함하여 대사관의 모든 구역을 둘러보게 하였다. 그 밖에도 우리가 하는 일을 한국인들에게 보여주기 위해 대사관의 모든 공공 행사와 활동에서 찍은 사진을 정기적으로 올렸으며, 나 또한 매주 글을 남겼다. 그해 보스턴 레드 삭스가 월드 시리즈에서 우승했을 때(한국인 구원 투수, 김병현이 공을 바닥에서 들어 올리는 보기 드문 잠수함 투구 스타일로 우승에 기여함) 우리 사이트는 축하 메시지를 주고받는 장이 되었다.

다시 워싱턴으로

2005년 2월 14일 나는 6자회담의 미국 대표단 대표로 지명되었고 그 후 얼마 지나지 않아 동아시아태평양담당 차관보로 발령받아 4월 8일 취임하였다. 나는 부시 대통령과 라이스 장관으로부터 지명된 것을 매우 영광스럽게 생각하였다. 이 지역을 위한 업적을 남길 수 있는 절호의 기회 같았고, 지지부진하던 6자회담에 나의 협상 경험을 살려 가속도를 붙일 수 있을 것이라는 생각이 들었다.

하지만 한국의 친구들을 떠나야 하니 매우 서운한 마음이 들었다. 여러 관료들을 만날 때나, 대사관 뒤쪽에 있는 작은 식당에서 내가 가장 좋아하는 순두부를 먹을 때나, 대학교에 가서 학생들을 만날 때나, 야구 경기에서 시구를 할 때나(두산베어스의 경기에서 시구할 수 있는 영광을 얻었는데 100번의 피칭연습 동안 손명현 대사의 정강이에 지워지지 않을 상처를 남기고 말았다), 나는 고향에 있는 것처럼 편안한 마음이었다. 한국에서의 대사 생활은 내가 이제껏 했던 어떤 일보다 더 값진 경험이었다.

알렉산더 버시바우
(2005~2008년)

알렉산더 버시바우(Alexander Vershbow) 대사는 러시아와 유럽 안보정책을 총괄하는 미 국방부 국제안보담당 차관보도 활동 중이다. 예일대학교에서 러시아학 및 동유럽학으로 학사학위를, 컬럼비아대학교에서 국제관계학 석사학위를 받았다. 미 국무부 유럽담당 수석부차관보, NATO의 미국 부상주대표, 미 국무부 소련담당 과장 및 제네바전략무기감축회담의 미 대표단 자문관으로 일했다. 1990년대 중반, 백악관 국가안보회의 대통령 특별보좌관 겸 유럽담당 선임국장으로 재직했다. 러시아, 동서 관계, 대량 살상무기 비확산 및 유럽 안보 분야에 상당한 경험을 갖춘 전문가로서 북대서양 조약기구(NATO)의 대사직(1998~2001년)과 주러시아 미국 대사(2001~2005년)를 역임하였다. 모스크바에서는 반테러 및 비확산 분야에서 미국과 러시아의 협력을 증진시키며 민주주의, 인권과 법치주의 신장을 주창하기 위해 꾸준한 노력을 기울였다. NATO에서는 NATO의 탈냉전시대로의 변환, 신규 회원국 가입과 NATO-러시아 관계, 코소보 사태를 해결하려는 NATO의 운동에 주도적 역할을 하였다. 2005년 10월부터 2008년 9월까지는 주한 미국 대사로 근무했다. 미 국무부 코델헐상(2007년)과 우수외교관상(2001년), 미 국방부의 조셉 J. 크루젤상(1997년), 미국 변호사 협회가 수여한 '올해의 대사상'(2004년), 구소련 유대인 연합회가 수여한 아나톨리 샤란스키 자유상(1990년) 등을 수상했다.

　　주한 미국 대사로서 보낸 3년은 32년간의 외교관 생활 중 가장 인상 깊은 시간이었다. 사실 아시아로 발령받으리라고는 예상하지 못했다. 그동안 NATO(1998~2001년)와 러시아(2001~2005년)의 미국 대사를 맡은 것을 비롯하여 대부분 러시아 및 유럽 안보와 관련된 일을 해왔기 때문이었다. 다행히 유럽의 탈냉전 시대 전환 및 핵·국가방어문제를 등을 다루었던 경험 덕분에 한반도가 직면한 몇 가지 이슈들에 대비할 수 있었다. 그렇지만 한국 사회의 역동성이라든지 한국인들이 지닌 열정과 창조성, 한국 정치의 변동성은 2005년 10월 서울에 도착하고 나서야 알게 되었다. 3년 뒤 서울을 떠날 때에는 한국을 좀 더 깊이 이해하게 되었고 한미 관계의 중요성을 되새기게 되었다.

한편 최근 한국이 미국의 동맹국 및 파트너로 과소평가되는 점이 염려되었다. 한국인들은 옳은 일을 하려고 할 때에도 종종 상대하기가 어렵다는 점 때문이리라. 아닌 게 아니라 나는 양극화되어가고 격동적이기까지 한 한국 정치가 한미 관계를 진전시키는 데 방해가 될 수도 있다는 것을 알고 있었다. 이럴 경우 미국 대사는 외줄 타기 배우 같은 역할을 해야 했다.

그럼에도 불구하고 대부분의 한국인이 미국에 대해서 친밀감을 느끼고 우리 두 나라는 가치와 전략적 이익을 공유하고 있었다. 그래서 나는 한미 관계의 미래를 낙관한다. 더욱 굳건한 관계를 약속한 워싱턴과 서울의 새 지도자들과 함께 우리는 한미 동맹을 개선하고 가까운 미래에 한국이 더욱 비중 있는 세계적 동반자로서의 입지를 굳히도록 대비할 수 있어야 한다. 이 목표를 달성하기 위해 가장 중요한 것은 2009년 내 가능한 한 빨리 한미 자유무역협정(FTA)을 시행하는 것이다. 한미 FTA가 이뤄지지 않는다면 양국 관계 및 동북아시아에서 미국의 지위와 영향력은 향후 몇 년 동안 손상을 입을 것이다.

한미 관계의 과제

서울에서의 임기 동안 나는 양국 관계에서 다음의 세 가지 면에 주력했다. 첫째 북한에 대한 견해가 서로 다른데 어떻게 협력해나갈 것인가, 둘째 방어동맹에 어떤 변화를 줄 것인가, 마지막으로 경제 관계를 어떻게 개선할 것인가다.

북한문제에 대한 마찰

조지 W. 부시 행정부와 한국의 관계는 시작부터 험난했다. 북한을 다루는 방법을 놓고 김대중·노무현 대통령과 첨예한 의견 대립을 보이며 1기 내내 긴장감이 흘렀다. 노무현 대통령이 채찍보다 당근에 더 비중을 둔 전임자의 햇볕정책을 견지하기로 함에 따라 한국과 미국은 6자회담 전략에 잦은 마찰을 빚었다. 미국과 한국의 대북정책이 같이 움직이도록 하는 일이 주한 대사 재임 3년 중 가장 어려웠던 과제로 남을 정도였다.

내가 서울에 부임한 것은 노무현 대통령의 임기 중반, 그러니까 2005년 9월 19일 6자회담에서 공동성명이 채택된 직후였다. 미국이 북한에 대한 강경노선을 버리고 북한과의 관계 개선에서 오랫동안 추구해온 돌파구를 찾았다는 점에서 한국인들은 큰 기대감에 도취되었다. 또한 미국이 과거 모스크바에서 크고 중요한 역할을 했던 '영향력 있는' 대사를 파견하였다는 점에서도 큰 흥미를 느꼈다. 많은 전문가들은 이러한 점을 미국이 한반도에서 냉전을 종식시키려는 신호를 보내는 것으로 해석하였다.

하지만 부임 얼마 후, 대북정책을 놓고 한미 간 긴장감이 다시 표출되었다. 미국이 북한의 돈 세탁 및 위폐 유통 창구였던 방코 델타 아시아(BDA) 은행에 제제를 발표했던 것이다. 이 때문에 화가 난 북한은 6자회담 연기와 9월 19일 협정한 비핵화 시행에 관한 논의를 거부하였다. 노무현 대통령과 외교안보팀은 한반도와 동북아시아의 새로운 평화 구조라는 포괄적인 비전을 담은 9·19 공동성명을 발판으로 진전을 이뤄 나가려 했다. 그런 와중에 왜 미국이 북한의 불법 활동을 엄중 단속함으로써 그 모든 가능성을 위험에 빠뜨리려는지 한국은 이해할 수가 없었다.

이러한 이견은 결국 2005년 11월 경주에서 열린 한미정상회담을 사상 최악으로 만들고 말았다. 노무현 대통령과 부시 대통령은 방코 델타 아시아 은행 문제를 둘러싸고 1시간이 넘도록 격렬한 논쟁을 벌였다. 이러한 마찰은 공론화되어 한국의 보수언론조차 미국 정책에 의문을 가지게 되었다. 또한 북한의 위폐 유통 및 돈 세탁, 마약 밀매, 그 밖의 다른 범죄행위에 대한 북한 정부의 개입 여부에 의심을 던졌다. 내가 북한을 "범죄정권"이라고 한 발언은 백악관으로부터 절대적 지지를 받은 것이었지만, '회담 참여 상대'에게 부적절한 말이었다고 비판을 받았다.

긴장감은 2006년까지 이어졌다. 북한은 6자회담을 거부하고 위협도 불사함으로써 한미 관계를 틀어지게 하였다. 그러나 2006년 7월 북한의 미사일 실험발사와 10월의 핵실험은 노무현 정부의 대북정책을 보다 현실화시켰다. 그해 여름 나는 송민순 당시 청와대 외교안보 수석과 몇 차례 난상토론을 가졌다. 그 후 한국과 미국은 6자회담을 부활시키기 위해 '공통의 폭넓은 접근'을 향해 움직여 나갔다. 송민순 수석은 노무현 대통령에게 남북 관계에서 진정한 돌파구를 찾으려면 한국 혼자로는 안 되고, 채찍과 당근의 균형에 기초한 한미 공동 정책을 마련하여 미국과 함께 작업을 해야 한다고 설득했다.

북한의 핵실험에 대한 노무현 대통령의 반응은 우리가 예상했던 것보다 미약했지만, 북한에 경제적 지원을 중단하였고 미국이 유엔 안전보장이사회에서 북한에 법적 제재를 가하는 것을 지지하였다. 몇 달 후 노무현 정부는 2007년 2월과 10월에 열린 6자회담에서 북한의 플루토늄 생산력을 동결·무력화시키는 합의를 도출하는 데 결정적인 역할을 했다. 2007년 10월 김정일과의 남북 정상회담은 약간의 어색함이 있었지만 큰 무리 없이 진행되었다.

2008년 2월 이명박 대통령의 취임으로 한국은 대북정책에 있어

미국과 좀 더 조화를 이루면서 북한 정권의 잔인성을 잘 파악하고 있는 지도자를 갖게 되었다. 이명박 대통령은 대북 경제 지원은 반드시 북한의 구체적인 비핵화 조치와 대등하게 이루어져야 한다고 주장했다. 또한 그는 상호호혜주의 실천을 말하며, 북한 인권에 대해서도 적극적으로 논의할 자세가 되어있었다. 북한은 이명박 대통령이 햇볕정책에 등을 돌린 것에 분노하며 그를 '배신자' 및 '미국의 하수인'이라며 맹렬히 비난했지만, 한국의 여론은 잠잠했다.

이런 반응에는 2008년 7월 발생한 금강산 관광객 피살 사건의 영향이 컸다. 일부 평론가와 관료들은 미국이 한국보다 앞서 북한과의 양자 관계를 조율한다고 염려했다. 하지만 이명박 대통령은 '상호이익과 공동번영'을 목표로 한 회담 준비에 전념하며 북한이 새로운 현실에 적응하기를 기다렸다.

이명박 대통령의 현실적인 대북정책으로 인해, 버락 오바마 행정부는 김대중·노무현 정부 시절에는 상상할 수 없었을 정도로 북핵문제와 남북 관계에서 한국과 조화를 이룰 수 있게 되었다. 앞으로 우리가 할 일은 북한에 한미 관계를 틀어지게 만들지 못할 것이라고 못 박아두면서 이명박 대통령을 비난하는 선전공세를 중단하고 정상적인 남북대화를 재개할 것을 촉구하는 것이다. 아울러 6자회담과 남북협력에서 한국과 미국이 협동전략을 펼쳐 북한의 행동에 미치는 영향력을 극대화시켜야 한다.

우리의 목표는 김정일 위원장에게 핵무기냐, 문명 세계와의 정상적인 관계유지냐 중 하나를 택하라고 분명하게 들이대는 것이다. 김정일 위원장이 그 둘을 다 가질 수는 없다. 만일 우리가 중국·러시아·일본과 호흡을 맞출 수 있다면, 단합된 한미 전략으로 김정일의 계략을 변화시킴과 동시에 한미를 대적시키려는 기회를 제한하고 나아가 핵무기를 포기하도록 설득할 수 있을 것이다. 혹시 김정일 위원장이 계속 비협조적으로 나올 경우, 이명박 대통령도 북한에 압박을 점점 더할 수 있도록 가세할 것이라고 생각한다.

한미 방어동맹의 변화

노무현 대통령은 2002년 미군 장갑차에 두 명의 여고생이 치어 사망한 사건으로 반미 감정의 여파가 고조될 때 당선되었다. 당시 많은 전문가들이 한미 방어동맹은 파기될 것이라고 예상한 반면 노무현 대통령은 중국과 일본에 대응한 보험 정책으로 한미 동맹이 필요하다고 생각했다.

2005년 말 내가 부임했을 때 노무현 대통령은 3,000명 이상의 부대를 북 이라크에 파견하였고(이라크 연합군 중 한국이 세 번째 많은 파병), 한미 두 정부는 주한 미군의 지위를 낮추고, 임무를 공평하게 분배하며, 2001년 9·11 테러 후 더 많은 융통성을 발휘하는 방식으로 동맹을 변화시켜 개선하는 안에 합의했다. 변화의 세부 내용은 다음과 같다.

- 주한미군을 서울 남쪽 세 군데로 통합 및 재배치하여 더 이상 인계철선의 역할을 하지 않게 하고 정치적 논란을 잠재우도록 한다[가장 중요한 것은 주한 미군 사령본부를 서울의 중심부인 용산 주둔지(garrison)에서 이전하고 일본 식민지 전초기지를 반환하는 것이다].
- 한국은 세계 비상사태 시 주한 미군을 '전략적으로 융통성 있

게' 운용할 것에 동의한다(대만과의 전쟁 시 한국을 중국과 함께 전쟁에 투입하지 않는다는 합의 하에).
- 주요 군사 임무의 책임을 미군에서 한국군으로 전가하고, 특히 한국군에 대한 전시작전통제권을 한미 연합사령부에서 대한민국으로 계획적으로 이임한다.

하지만 한국의 국내 정치 상황 때문에 이러한 협약은 제대로 시행되지 않았다. 결국 군비 분담, 기지 주변의 환경, 전시작전통제권 이양의 시기 등의 문제가 오래도록 애를 태웠다. 노무현 대통령은 자신의 정당 의원들이나 비정부 기구, 반미 단체들이 거스르는 일을 꺼렸고 외교부나 국방부에 불합리한 요구를 가했다. 예를 들어 기지 반환 문제의 경우 미국에 주한미군지위협정(SOFA)의 의무에서 훨씬 벗어나는 시정 조치를 요구하였다.

하지만 다행히도 노무현 대통령은 임기 말년에 육군 참모 총장을 지냈던 김장수 장군을 40대 국방부 장관으로 지명하였다. 김장수 장군의 리더십과 한미 동맹에 대한 강한 책임감 덕분에 우리는 노무현 정권의 마지막 달에 그간의 여러 걸림돌들을 제거할 수 있었다. 2006년 말 미 국방장관이 융통성 없는 도널드 럼즈펠드에서 로버트 게이츠로 교체되면서 미국은 전작권 이양 시기에 관한 절충안을 내놓을 수 있었다. 즉, 3년 이내가 아니라 5년에 걸쳐 이양하기로 김장수 장군과 합의를 본 것이다.

　한미 방어동맹에 있어 노무현 대통령은 올바른 일을 그른 명분으로 시행하곤 하였다. 예를 들어 이라크 파병의 목적을 북한에 대해 미국의 융통성을 유도하는 것에 두었으며, 한국군이 한미 연합사령부의 틀 내에 이미 통치권을 갖고 있는 상태인데 전시작전통제권 이양문제를 한국의 '주권' 회복이라고 잘못 규정하였다. 노무현 대통령의 한미 동맹 정책의 정치 쟁점화는 한국 보수층 내에서 전작권이 전환되면 미군이 철수할지 모른다는 염려를 불러일으켰다.

　우리는 2008년 4월 부시-이명박 대통령의 첫 정상회담에서 한반도 내 미군을 추가 감축하지 않겠다는 데 합의함으로써 이러한 염려를 어느 정도 누그러뜨렸다(2만 5,000명까지 감축하려던 것을 2만 8,000명 정도로 유지). 또한 주한 미군으로 1년간 혼자 복무하던 것을 3년간 가족과 함께 복무하는 것으로 전환하는 등 복무형태 정상화 계획을 발표했다. 이는 미군이 환영받기만 한다면 장기적으로 한국에 주둔할 것이라는 의미를 표현했다.

　한미 사이에 아직 작업이 많이 필요한 분야는 부시 대통령과 이명박 대통령이 함께 제시했던 목표, 즉 더욱 광범위하고 보다 세계적인 임무를 위한 한미 동맹이 무엇인지를 규정하는 일이다. 한국인들은 한국이 세계에서 더 큰 역할을 담당하는 것에 대해 심리적으로는 받아들일 준비가 되어 있다. 하지만 한미 방위동맹이 그 수단이 될 수 있다는 것을 선뜻 받아들이지 못하고 있다. 많은 한국인들은 아직도 한미 동맹을 일방통행로로, 즉 미국이 아시아 본토에 주둔하는 전략적 이득의 대가로 한국을 지켜주는 것으로 보고 있다. 미국이 '글로벌 동맹'을 말하면, 한국인들은 그것이 공동의 위협에 대처하고 세계적 차원의 정책 결정에 한국의 영향력을 증대시키는 수단으로 생각하지 않는다. 그보다는 오히려 위험성이 큰 지역에 파병하라는 미국의 '요구'를 한국이 받아들이도록 압박하기 위한 음모라고 생각한다.

한국이 더 큰 세계나 지역 사회에서의 역할을 좀 더 편안하게 받아들이도록 하기 위해 오바마 행정부는 한·미·일 3자 방어 협력을 증강시키고, 한국이 NATO에 더욱 활발하게 활동하도록 유도해야 한다. 또한 미국-일본-호주 방어 회담 및 훈련에 한국을 참여시켜야 한다. 그리고 중동과 아프가니스탄, 그리고 세계 다른 지역의 평화 확립을 위해 비군사적인 지원 역시 전투 부대 파견만큼 가치 있는 일로 우리의 동맹을 강화시키는 중요한 방법임을 강조해야 한다. 실제로 우리는 기후변화나 에너지 안보와 같은 비군사적 과제에 협력하는 것과, 한국이 개발도상국의 발전에 더 많은 도움을 주는 것이 우리의 '21세기 전략적 동맹 관계' 깊이와 폭을 확대하는 중요한 방법이라는 것을 분명히 할 필요가 있다.

2008년 여름 나는 한국에서의 마지막 연설을 통해 이러한 메시지를 전달하려 했지만 그 전에 해결할 과제가 여전히 많이 남아 있었다.

경제 관계 개선

노무현 정부가 이룬 가장 큰 성공은 2007년 6월에 체결한 한미 자유무역협정(FTA)이었다. 자국 시장 개방에 대한 여론이 좋지 않은데다가 노무현 대통령의 국가주의 및 재분배주의에 입각한 경제 정책 때문에 한국은 미국의 FTA 상대국이 될 가능성이 낮아 보였다. 하지만 노무현 대통령은 FTA를 추진하고 체결하는 과정에서 자신의 정치 기반 이탈도 감행했다. 또한 회담 기간 내내 요란하게 지속된 농민과 좌익 운동가들의 거리 시위를 견뎌냈다. 노무현 대통령은 보호무역론자들의 우려들을 넘어설 수 있는 강력한 한국을 만들고, 시장 개방과 국제적 기준 수용을 통해 한국의 경쟁력을 높이는 데 FTA는 필수불가결한 선택이라는 점을 정확히 이해하고 있었던 것이다.

FTA를 추진하는 과정에서 한미 양국은 격론을 펼쳤다. 한국 측 협상대표들은 가끔씩 지나칠 정도로 완강했다. 2007년 3월 31일 막바지 밤샘 협상이 진행되는 동안에도 의견 차이는 좁혀지지 않았다. 미국 수석 협상대표는 내게 이 정체를 타파하기 위해 한덕수 국무총리와의 비공식 루트를 찾아보라고 수시로 부탁했다. 결국 한미 협상대표들은 미 의회의 협상 권한이 종료되기 전 20분을 남겨놓고 합의에 도달하였다. 결과는 매우 놀라웠다. 관세 인하와 비관세 장벽의 제거, 지적 재산권에 대한 투명성과 보호를 보장하는 등 FTA의 기준이 마련되었다.

우리가 노무현 대통령에게(매우 심하게) 실망했던 한 가지는 FTA 협상 막판에 국제수역사무국(OIE)이 정한 국제적인 과학기준에 의거하여 쇠고기 시장을 재개방한다는 약속을 이행하지 않은 것이다. 2007년 봄, OIE는 미국을 광우병 '위험 통제'국으로 판정하며, 미국산 쇠고기를 연령과 부위에 상관없이 한국 및 다른 나라에 안전하게 수출할 수 있다고 발표했다. 그러나 노무현 대통령은 뼈가 포함된 쇠고기 수입을 주저했다. 2007년 여름 한국의 협상대표들이 뼈 없는 쇠고기만을 수입하겠다고 주장하여 문제를 다시 원점으로 돌리는 바람에 일이 매우 복잡하고 어렵게 되었다.

2007년 말 한국의 12월 대선이 끝난 뒤 노무현의 레임덕 정부는 OIE의 결정에 따라 쇠고기 시장을 두 단계에 걸쳐 전면 개방하겠다는(2008년 4월 이명박 정부가 동의한 내용과 같은 조건) 제안을 했다. 그러나 노무현 대통령은 정권 이양기에 당파 싸움이 달아오르자 공식 협상이 채 시작되기도 전에 중단해버렸다. 2008년 5월 '미국산 광우병 쇠고기'에 대한 과장된 보도로 인해 대중들의 과잉반응이 터져 나왔다. 노무현 정부 당시 여당은 자신들의 지도자가 제안했던 일에 집단적인 기억상실증에라도 걸린 듯 여름 내내 국회를 파행으로 이끌었다. 쇠고기 사태는 내 32년 외교관 생활 동안 일어난 가장 기이하고 불미스러운 사건이었다.

이명박 대통령은 쇠고기 시장 개방이 미 의회에서 한미 FTA의 비준을 추진하는 데 필수 단계라는 것을 알고 있었다. 그래서 2008년 4월 캠프 데이비드(미국 대통령 전용 별장-역주)에서 열린 한미정상회담 전날 밤 쇠고기 시장을 전면 개방하기로 결정하였다. 하지만 이명박 대통령은 자국민들에게 이 결정을 미리 이해시키지 못했다. 4월 9일 열린 국회의원 선거에서 여당 후보들이 피해를 입지 않도록 하기 위한 것이었다. 이명박 대통령은 2007년 말 노무현 정부 때와 같은 조건을 제시했지만, 국민들은 정부가 미국산 쇠고기의 안전성에 여전히 많은 의문을 표출했다. 왜 그렇게 급작스럽게 입장을 바꾸었는지에 대한 합당한 이유는 듣지 못했다. 이미 다른 분야에서 이명박 대통령의 행동에 실망해 있던 국민들은 이명박 대통령이 캠프 데이비드 초청을 받기 위해 자국민의 안전은 안중에도 없었다고 믿게 되었다.

쇠고기 협상이 발표된 후 반대 여론은 즉시 들끓어 올랐다. 이는 미국에 대한 것이라기보다 이명박 대통령을 향한 반대였다. 미국산 쇠고기에 관한 잘못된 정보는 인터넷과 휴대폰 문자 메시지(공식 언론 매체보다 독립적이라는 이유로 한국의 많은 젊은 층의 신뢰도가 높음)를 통해서 퍼져나갔다. 특히 큰 물의를 일으킨 (사실상 왜곡된) MBC TV의 다큐멘터리가 4월 말에 방송된 이후 전국적인 패닉 현상이 일어났다. 이에 따라 미 대사관에서 불과 몇 블록 떨어지지 않은 곳에서 거의 3개월 동안 철야 촛불시위가 계속되었다. 시위가 극에 달하고 가끔 폭력 사태로 변할 때에는 아내 리사와 나는 집에서 한 발짝도 못 나가 마치 구금되어있는 듯한 느낌이었다.

쇠고기에 대한 우려가 학생으로부터 일반 국민에게까지 퍼지면서, 쇠고기 협상에 대한 정부의 망설임과 잘못된 조치로 사태는 악화일로로 치달았다. 제대로 교육받은 한국의 동료들과 지인들조차 아는 미국인들에게 이렇게 물었다.

"왜 당신네들과 우리 정부는 우리를 죽이려고 하지요?"

나는 사람들에게 "사실과 과학에 근거하여" 미국산 쇠고기를 살펴보라고 설득했지만 쇠귀에 경 읽기일 뿐이었다. 심지어 일부 왜곡된 언론은 내가 과학적으로 교육을 잘 받은 한국인들을 모욕했다고 주장하였다. 쇠고기 파동은 그야말로 최악의 상황이었다.

국민들의 격렬한 항의에 대한 이명박 정부의 대응은 미약하고 불확실했지만, 쇠고기 협상을 통째로 폐기하라든가 재협상을 요구하는 압력에 굴복하지 않았다. 그건 한국의 신용을 무너뜨리고 FTA를 실패로 끝내는 길이라는 것을 알고 있었다. 미국 정부는 이루 말할 수 없을 정도로 실망했지만, 인내와 이해심을 발휘하여 사태가 진정되도록 융통성 있게 대처하자는 내 제안에 협조했다. 우리 두 정부는 시작단계에서 여러 번 실패를 겪은 후, 마침내 6월 '국민의 신뢰가 회복될 때까지' 30개월 미만(광우병 가능성이 적음)의 쇠고기만 제한적으로 수입한다는 임시 조치에 합의하였다.

그해 여름이 끝나갈 무렵 미국산 쇠고기 안전성에 대한 논란이 다시 도마 위에 올랐을 때 논란을 일으켰던 MBC 다큐멘터리의 담당 PD가 프로그램의 핵심 내용을 왜곡한 것으로 드러났고 한국 정육점에 첫 미국산 쇠고기가 등장하였다. 그리고 말 그대로 날개 돋힌 듯 팔려나갔다. 촛불시위 동안 미국산 쇠고기 판매에 대한 긴장이 고조되었지만 FTA 때와 마찬가지로 한국인들이 미국에 지닌 태도는 긍정적으로 남아있었다. 이 원고를 집필하는 지금 한국 국회는 2008년 연내에 FTA를 비준할 것으로 보인다. 2008년 말 발생한 세계 금융 위기가 한국에 미친 악영향으로 FTA가 한국 경제의 미래에 끼치는 중요성이 부각되었다.

쇠고기 협상 과정에서 이미 큰일을 겪었던 한국인들은 만일 국회가 FTA를 비준했는데 미 의회가 아무런 조치를 취하지 않는다면 (아니면 심지어 거부한다면) 정치적으로 더 휘둘릴 것이라고 염려하였다. 또한 FTA의 자동차 협상을 미국에 많이 불리한 실패라고 비판했던 오바마 당선자가 재협상을 요구하거나 아예 뒷전으로 미루어버릴 것을 걱정하였다.

　만일 미국이 한미 FTA에서 손을 뗀다면 이명박 대통령이나 한미 동맹은 심각한 타격을 입을 수 있다. 협력자로서의 신뢰에 금이 갈 것이고 이명박 대통령은 장차 일어날 수 있는 위기에서 도움을 요구할 정치적 힘을 잃게 될 것이다. 한국은 아마 유럽연합이나 캐나다·호주·중국·일본과 FTA를 체결해 나갈 것이며 이를 통해 미국이 한국 시장에 투자하거나 판매할 기회를 줄이고 미국의 정치적 입지를 약화시킬 것이다. 또 미국은 한미 FTA를 통해 중국과 일본이 시장을 개방할 수 있도록 하고 차별적 무역 관행을 끝내도록 유도하는 데 아무런 영향력도 행세하지 못할 것이다.

　이러한 많은 이유들로 우리는 2009년 최대한 빠른 시일 내에 FTA를 미 의회 투표에 부치려고 했다. FTA가 시행되면 미국의 공산품과 농산품을 한국에 수출할 때 사실상 모든 관세가 없어지므로 투자하기 유리한 환경이 될 것이다. 이는 100억 달러에 이르는 막대한 수출 효과를 가져 올 것이며 50개 주 전역에서 수만 개의 새로운 일자리를 창출할 수 있기 때문에 상하 양원을 가뿐하게 통과할 것이다. 미국의 새로운 행정부 및 의회 지도부는 자동차 협상을 일부 수정해야만 비준이 가능하다고 주장하기 때문에, 미국 자동차 수출이 한국에서 좀 더 용이해지도록 보장하는 추가 협상에 한국이 동의하도록 설득해야 할 것이다(이 과정에서 우리는 이전에 체결한 쇠고기 협상을 수정하는 '추가 협상'에 임할 용의가 있다). 그러한 추가 협상으로 의회의 비준을 확실히 얻을 수 있고 FTA 자동차 기본 조항(사실 미국에 매우 유리)을 변경하지 않는다면, 이명박 대통령은 계속 FTA를 추진해나갈 것이라고 기대한다. 한미 동맹을 위해서 그리고 동북아시아에서의 더 많은 이익을 위해 2009년 1월 내에 한미 FTA 비준이 이루어지는 길이 열리길 바란다.

동맹의 진정한 힘: 민족 대 민족의 유대

한미 두 나라가 장기적으로 풀어야 할 지역적·세계적 과제뿐만 아니라 내가 앞서 기술했던 과제를 보면, 미국과 한국이 먼 미래에도 동반자로 남을 것이라는 확신이 든다. 그러나 주한 미국 대사로 근무한 3년 동안 한국과 미국 국민들의 끈끈한 유대감이야말로 한미 관계를 진정으로 지속시키고 특별하게 만드는 것이라는 점을 깨달았다. 이 사실은 다른 어떤 나라 출신보다 많은 10만 명의 한국 학생들이 미국에서 공부하고 있으며 한국 대학 교수의 대부분이 미국에서 박사학위를 취득했다는 점에서도 알 수 있다. 또한 수십 개에 이르는 한미 우호 단체, 참전 용사회, 로타리 클럽에서도 알 수 있다.

매년 미국을 방문하는 한국인들은 수십만 명에 이른다. 사업,

휴가, 혹은 미국에 살고 있는 약 200만 명의 한국계 미국인 친인척을 만나기 위해서다. 기질적으로도 한국인과 미국인은 매우 유사하다. 정직하고 단도직입적이며, 가정에 헌신하고, '할 수 있다'는 신념을 가졌고 조국의 역사와 업적에 대한 자부심이 높다.

대사 재임기간 동안 한국인의 미국 비자면제프로그램을 도입하는 것을 도와 두 나라의 유대를 더욱 돈독하게 한 점을 뿌듯하게 생각한다. 주한 미국 대사관은 매년 40만 건 이상의 미국 비자 신청을 처리하고 양질의 고객 서비스를 제공하지만, 미국 비자 취득이 어렵다는 목소리가 높았다. 아울러 비자 신청 건수의 95%가 승인되고 있지만, 일본은 비자면제 대상국이면서 한국은 그렇지 않다는 불만도 많았다. 비자면제프로그램의 도입으로 한국인들은 미국에 더욱 긍정적인 감정을 가질 것이고, 관광객과 단기간의 비즈니스 여행도 현격히 증가할 것을 기대한다.

한미 유대 관계를 돈독히 하려는 노력의 일환으로 나는 한국의 대중들과 빈번하게 접할 수 있는 기회를 만들었다. 공개 강연, 문화 및 교육의 교류를 활발히 하고, 대사관과 상호작용을 할 수 있는 웹 사이트 'Cafe USA'를 통하여 직접적인 대화를 시도하였다. 실제로 이러한 작업은 FTA 협상과 한미 동맹의 변화에 관여했던 것만큼이나 흥미진진했다.

따라서 한미 관계에 내가 크게 기여한 일들은 전국을 돌며 한국

의 학생들, 시민단체, 비정부기구 및 사업가들과 함께 한 150번 이상의 만남을 통해서 이루어졌다고 생각한다. 덕분에 미국 정책에 대한 오해를 없앨 수 있었고 한국과 미국이 많은 공통점을 가지고 있다는 점을 일깨우는 데 도움이 되었다. 한국 학생들의 록 밴드나 재즈캄보와 함께 드럼 연주를 했던 것은(음악 평론가들에게는 별 감동을 주지 못했겠지만) 한국 청소년들에게 미국 대사의 이미지를 쉽게 설명할 수 있는 계기가 되었다. 아내 리사도 전문 보석 디자이너로서 창조 예술 모임이나 대학 강연, 개인 혹은 단체 전시회에 활발히 참여함으로써 비슷한 영향력을 행사하였다. 아내는 한국의 빼어난 자연 경관과 심미적 감각에 영감을 받아 작품에 한국적인 소재나 전통을 반영한다.

하지만 안타깝게도 미국인들은 한국에 대해 많이 모르고 있다. 미국에 가는 한국인의 수에 비해 한국에 여행을 오거나 공부하러 오는 미국인의 수는 매우 적다. 많은 미국인들은 자기 거실에 있는 TV나 주머니에 있는 휴대폰이 한국제품이라는 사실을 잘 모른다. 또한 동맹국 중 영국 다음으로 한국이 이라크에 가장 많은 파병을 한 나라라는 사실은 더욱 모르고 있다. 한미경제연구소(KEI)가 주관하는 연례 '대사와의 대화'에서 연설을 할 때면 한국은 세계에서 가장 신비로운 나라 중의 하나라는 인상을 자주 받는다.

아내 리사와 나는 한국에 매료되었고 이 생기 넘치는 나라에 3

년간 부임하게 된 것을 행운으로 여긴다. 우리를 방문한 모든 사람들은 예술이나 건축·과학·문화·음식분야에서 전통과 현대성이 훌륭한 조화를 이룬 아름답고 매력적인 한국을 보고 감탄을 금치 못했다. 나는 앞으로 한국의 신비로움이 그 베일을 벗고, 미국인들이 한국에 대해 더 많이 알기를 바란다. 그리고 미국에 새로운 행정부가 들어서면 미국의 중요하고 소중한 동맹국으로서 한국이 그만한 지위를 누리길 바란다.